# 스틱 멍키:
## 탐닉의 대가

# 스턱 멍키:
## 탐닉의 대가

### 제임스 해밀턴-패터슨

HEAD
ZEUS

*An Apollo Book*

# Also by James Hamilton-Paterson

## Non-fiction

A Very Personal War: The Story of Cornelius Hawkridge

Mummies: Death and Life in Ancient Egypt

Playing with Water

Seven-Tenths: The Sea and its Thresholds

America's Boy

Three Miles Down

Empire of the Clouds: When Britain's Aircraft Ruled the World

Marked for Death: The First War in the Air

Beethoven's Eroica: The First Great Romantic Symphony

Blackbird: The Story of the Lockheed SR-71 Spy Plane

What We Have Lost: The Dismantling of Great Britain

Trains, Planes, Ships and Cars: The Golden Age 1900–1941

## Fiction

The View from Mount Dog

Gerontius

The Bell Boy

Griefwork

Ghosts of Manila

The Music

Loving Monsters

Cooking with Fernet Branca

Amazing Disgrace

Rancid Pansies

Under the Radar

# 스턱 멍키
## STUCK MONKEY
### 탐닉의 대가

제임스 해밀턴-패터슨 지음    박명수 옮김

로이트리프레스

'현대인은 더 이상 미래를 예측하거나
예방하는 방법을 모른다.
자신과 다른 생물에게 식량을 주는 지구를
파괴하고 말 것이다.
가여운 벌,
가여운 새,
가여운 인간'

알베르트 슈바이처Albert Schweitzer가
프랑스의 양봉업자에게 보낸 편지에서
레이철 카슨Rachel Carson 인용

# 목 차

# 원숭이는 어떻게 갇힌 걸까?

이 책은 유엔기후변화협약 당사국총회(COP26) 정상회의가 글래스고Glasgow에서 막 시작한 2021년 11월 초부터 쓰기 시작했다. 러시아와 중국 같은 주요 국가들이 노골적으로 불참했는데도, 대부분의 연사와 대표단은 COP26 정상회의를 다시는 없을 중요한 기회로 여겼다. '세계 지도자들'의 정치적 결단에 우리 인류의 생존이 달려있기 때문이었다. 이런 사실을 모르는 사람은 없지만, 현실은 다르다. 적어도 자칭 민주주의 국가의 원수에게는 에너지 가격은 물론 거의 모든 것을 통제하거나 급진적인 정책 변화를 지시할 권한이 없다. 다국적 기업에 권력을 양도했기 때문이다. 민주주의는 유명무실할 뿐이다. 그럼에도 불구하고 지구 온난화가 우리 모두의 적이며 주로 천연 가스, 석탄, 석유와 같은 화석연료 의존도를 줄이는 것이 해결책이라는 점에 의례적으로 합의했다. 화석연료는 세계 경제뿐만 아니라 수십억 명의 삶 자체에도 너무나 중요한 몫을 차지한다. 11월 1일 영국 BBC 방송의 웹사이트에 지구 온난화가 얼마나 심각한지를 단적으로 보여주는 제목의 기사가 실렸다. '인간의 활동으로 인해 지구의 기온이 상승하고 있으며 이제 기후 변화로 인해 인류는 삶의 모든 영역에서 위협받고 있다. 이대로 가면, 인간과 자연은 가뭄의 악화, 해수면의 급상승, 종의 대규모 멸절과 더불어 거대한 재앙을 맞이하게 될 것이다.'

유엔기후변화협약 당사국총회(COP26) 정상회의에 대한 언론의 보도는 진부하기 짝이 없었다. '재앙적'이라는 단어가 빠진 사설은 눈을 씻고 봐도 찾을 수 없었다. 당시 대영제국의 찰스 왕세자를 포함해 많은 이들은 우리 인류에게 이제 마지막 기회만 남았다며 숙고의 뜻을 내놓았다. 더 이상 마술병에서 튀어나올 요정도 없고, 흔들 수 있는 마술봉도 없다. 이제 모든 것이 기술에 달렸다. 즉, 에너지 저장 효율성이 좋은 새로운 배터리와 전기 생산을 위해 바람, 파도, 태양열과 같은 '청정' 에너지원과 같은 대안으로 전환해야 한다는 뜻이다. 동시에 차량 엔진용 액화수소처럼 배기가스 걱정 없는 대안을 개발해야 할 것이다. 가장 청정한 핵에너지는 전기를 생산할 때 탄소가 전혀 배출되지 않지만, 사람들은 핵에너지에 늘 침묵한다.

인간이 유발한 지구 온난화가 실제 벌어지고 있는지는 더 이상 중요하지 않다. 지구 온난화라는 현실은 오랫동안 지구과학 분야의 저명 학자들과 대부분의 전 세계 언론에 의해 적나라하게 드러났으며, 하나도 과학적이지 않은 단어인 '합의'라는 말과 결부되는 일이 점점 늘고 있다. 오늘날 지구 온난화의 영향은 어디에서나 알 수 있다. 지구 온난화는 UFO처럼 말한대로 된다는 자기 충족성을 갖고 있어서 이제는 거의 모두가 '정말 무언가 있는 게 틀림없다'라고 믿게 되었다. 스코틀랜드 글래스고Glasgow에서 열린 기후 정상회담에 위대하고 선량하다는 세계의 지도자들은 뭘 타고 왔는지를 파헤치려고 언론은 혈안이었다. '겉과 속이 다른 항공?'과 같은 헤드라인으로 이들의 위선적 도덕성을 지적했다. 제프 베이조스Jeff Bezos가 타고 온 7,500만불짜리 걸프 스트림Gulf Stream을 시작으로 모나코의 앨버트 왕자, 수십 명의 왕족과 수많은 "친환경" CEO들이 탄 400대의 전용기가 줄을 지어 날아들었다.[1] 지구를 살릴 마지막 기회인 COP26 정상회담에 참석하려고 이들이 타고 온 400대의 전용기가 공항을 가득 메운 사진은 풍자의 묘미를 더했다. 로마에서 열린 G20 정상회담을 마치고 도착한 미국의 조 바이든Joe Biden 대통령도 빼놓을 수 없다. 바이든 대통령과 일행은 무려 85대의 차량 호송을 받으며 로마를 돌아다녔다. 이러한 소위 '세계 지도자'의 오만한 위선은 그들의 국가와 단체가 지구에 입힌 피해와 묘하게 어울린다. 베이조스의 아마존은 거인이라기보다 문어처럼 지구 곳곳에 발을 뻗고 있다. 160개국에 4,800개 기지를 거느리고 있는 바이든의 미군은 '세계 최대의 단일 석유 소비자이

자 세계 최대 온실가스 배출원'으로 지목되어왔다.[2]

배기 가스가 어떻게 토네이도, 산불, 가뭄, 2021년 7월 독일의 아르 계곡Ahr valley에서 발생한 참혹한 홍수를 일으켰고 그 의미가 무엇인지 이제는 모두가 알고 있다. 강의 습지처럼 보존되어야 할 지역에 대규모 건설을 허용하는 것은 비난받을 짓이다. 이처럼 일부 홍수는 개발 계획이 직접적인 원인이 되기도 한다. 실제로 아르 강이 라인강과 합류하는 지점과 아르 계곡에서 1804년 범람으로 인해 수많은 인명피해가 발생했다. 하지만 도시계획 설계자들은 과거의 교훈은 무시한 채 현대 기술이라면 과거의 위협 요인을 어떻게든 해결할 수 있다는 맹목적인 믿음을 내세울 뿐이다. 정장을 차려 입은 '세계 지도자들'과 열정적인 10대 기후 활동가들이 지구의 미래를 걱정하며 목청을 높인 가운데, COP26이 내린 전반적인 결론은 지구의 암울한 미래는 기술로 해결하기 어렵다는 것이다. 이 책을 통해 기술이 해결책이라는 어리석은 긍정론을 부각하고자 한다. 이렇게 순진한 낙관주의에 빠진 나라들이 많다. 미국은 병적으로 유치하고 멍청한 낙관론에 사로잡혀 꿈에서도 상상 못한 혁신 기술로 인류를 구할 수 있다는 망상에 빠져있다(수 세기에 걸친 과학 혁신을 거듭했지만, 지구가 현재 처한 곤경의 원인은 바로 이것이다). 이러한 낙관론의 큰 문제는 증상을 질병 자체로 착각한다는 사실이다. 지구온난화는 단지 하나의 증상일 뿐이지, 질병이 아니다. 우리는 지구온난화의 원인이 무엇인지 근본적으로 분석을 달리 해야 한다. 지구의 진짜 질병은 우리 인간이며, 이 책에서는 원숭이로 묘사한다.

우화이든 실화이든, 정글에서 원숭이를 사냥하는 사람들이 간단한 덫을 만들었는데 아주 효과가 좋았다는 이야기가 있다. 그 덫은 소금에 절인 자두와 같은 지역 특산물을 담았을 법한 비교적 목이 좁고 통통한 모양의 작은 유리 항아리에 불과했다. 사냥꾼은 항아리에 군침이 도는 커다란 바나나 하나를 집어넣고는 점심을 먹으러 정글을 지나 마을로 돌아갔다. 돌아와보니 정말 원숭이 한 마리가 잡혀 있었다. 바나나를 꺼내려 항아리에 손을 넣은 원숭이는 바나나를 움켜 쥔 주먹이 항아리의 목보다 굵어서 손을 빼낼 수 없다는 것을 알게 된다. 항아리 속 바나나가 너무나 탐이 난 원숭이는 바나나를 쥔 손을 풀고, 손을 뺀 다음, 항아리를 뒤집기만 하면 간단히 바나나를 가질 수 있었는데 말이다. 사냥꾼이 다가오는 것을 보자, 원숭이는 당황한 나머지 항아리를 바위나, 나무 둥치에 내려쳐 깬 다음 그토록 먹고 싶어하던 바나나를 갖고 도망갈 생각도 못했다. 오히려 어쩔 줄 모르는 원숭이는 무거운 항아리에 손이 끼인 채 미친 듯이 위아래로 날뛰었다. 사냥꾼은 불쌍한 원숭이를 손쉽게 잡아서 훨씬 더 큰 항아리에 집어넣었다.

우리가 바로 이 원숭이이다. 생활 방식과 지구 경제가 의존하는 소비재를 내려놓거나 바꾸지 못하는 무능함으로 인해 우리는 마비되고 만다. 시대의 흐름과 유행에 맞춰, 환경에 신경 쓰고, 그럴 여유가 되는 선진국 시민들은 하이브리드 자동차를 구입하고, 태양광 패널과 (전기로 구동하는) 히트 펌프를 설치하고, 비닐 봉투를 사용하지 않는다. 하지만, 이들이 여전히 아마존 프라임 Amazon Prime에서 더 많이 구매하고 (영국의 상류층이 주로 이용하는 웨이트로즈Waitrose에서) 일본산 아케비akebi 포도를 쇼핑하고, 마추픽추Machu Picchu 트레킹이나 세계적인 다이빙 명소인 세이셸 Seychelles에서의 다이빙 휴가를 예약한다면 이는 위선적 미덕에 불과하다.

시간이 지나면 우리가 사용하는 기계는 길들고, 오염의 일부는 사라질 수 있을지도 모른다. 운이 따른다면, 원숭이가 사는 정글 한 자락을 살려낼 수도 있다. 하지만, 정기적으로 열리는 COP26 과 같은 행사와 탄소 중립을 위한 필사적인 노력은 너무 비싼 헛발질이다. 지구의 건강을 위협하는 최대 요인은 과도한 인구 그리고 한정된 자원을 놓고 끝없이 집착하는 인간의 수요에서 찾을 수 있다. 환경 역사학자 스티븐 제이 파인Stephen J. Pyne은 우리가 사는 이 시대를 설명하기 위해 산불세Pyrocene라는 용어를 만들었다. '석탄과 석유, 농지와 숲, 수풀과 습지 등의 대부분을 계획적으로 태우는 전세계적인 현상을 의미한다. 어디를 보더라도, 지구는 불타고 있다. 그 결과 일산화탄소, 이산화질소, 오존, 검은 탄소, 이산화황 그리고 PM2.5로 알려진 미세먼지가 뭉쳐진 특히나 유해한 물질이 발생한다. 우리가 태우는 모든 것을 우리가 들이마시는 것이다.'[3]

셀 수없이 많은 사람들이 불쌍하게도 의사로부터 치명적인 암에 걸렸다는 진단을 접하는 끔찍한 경험을 했다. 이런 충격이 예후가 좋다거나 희망이 담긴 의례적인 말로 완화될는지 모르지만, 창틀에 자리 잡은 스위스 치즈 화분과 조명이 환하게 밝혀진 병원 사무실에서 환자는 죽음이라는 피할 수 없는 현실과 마주하게 된다. 40년 뒤면 분명히 치료제가 발견되겠지만, 더 이상 희망적인 40년 후를 기다릴 수 없다. 더 이상 다른 사람들 얘기가 아니다. 느닷없지만 정말 여러분의 차례이다.

암 진단이라는 충격이 주는 긴박함은 우리의 환경에 내려진 암 진단과 같은 상황에서도 똑같이 경험하게 된다. 수십 년 동안 징후는 분명했지만, 무의미한 정치 공약, 노골적인 부정, 미국식 낙관주의가 항상 끼어드는 바람에 아무런 조치도 시행되지 않았다. 이러한 분위기와 글로벌 시장경제의 철칙이 작용했기 때문이다. 코로나19로 인해 지금까지 그 어떤 조치보다 전 세계 사람들의 삶에 더 실질적인 변화가 일어났다. 코로나19가 전 세계를 휩쓴 이후 어딜 가나 정치적 우선순위는 더 현명하게 생각하고 다시 시작하는 것이 아니라, 최대한 빨리 '일상으로 복귀'하는 것이었다.

하지만 전혀 단결되지 않는다는 것이 가장 큰 걸림돌이다. 경제학자와 정치인들은 자기 나라나 권역의 실적에만 신경을 곤두세울 뿐, 아무런 영향이 없는 한 그 어떤 외부의 사정에는 눈길도 주지 않는 경향이 있다. 수십 년 전에 우리가 지구 경제에 대해 심각하게 걱정해야 한다는 것을 깨달았더라면, 지구의 환경이 사망 선고나 다름없는 암울한 암 진단을 받는 이 지경에 이르지는 않았을 것이다. 과거와 달리 이제 우리에게 그 어떤 실용적인 글로벌 시스템을 구축하는 것은 요원한 일이다. 광적인 글로벌 소비주의에 큰 영향을 미칠 수 있는 어떤 조치도 시행과 모니터링은 고사하고 보편적 합의에 이를 가능성조차 없다. 우리는 여전히 편협하게 세상을 바라본다. 이미 익숙한 자기만의 방식이거나 간절히 열망하는 방식에만 몰두할 뿐이다. 글로벌 변화를 위한 우리의 시도는 끊임없이 약화되고 있다. 그 사이 거대 국가 그리고 그들의 산업과 기업이 늪에서 울부짖는 공룡들처럼 누구도 넘볼 수 없는 압도적인 지배를 꿈꾸며 서로 경쟁하고, 약소국가들은 강대국의 편을 들거나 이의를 제기할 뿐이다. 뿐만 아니라 시장의 고유한 정당성에 의문을 제기하는 모든 것을 거부하는 사람들은 언제나 같은 심지어 호전적인 경고를 내뱉는다: 물론, 지금은 상황이 조금 암울해 보일 수 있지만 한 번 믿어보세요. 시장이 가장 잘 알고 있다니까요. 고든 게코Gordon Gekko의 말이 맞다니까요! 탐욕은 좋은 것입니다! 곧 알게 될 겁니다. 항상 그랬던 것처럼 모든 게 제자리를 찾을 겁니다. 이번에는 그렇게 되지 않을 것이다. 우리가 사는 이 세상이 불치병에 걸린 이유 중 하나가 바로 시장 자체의 특성 탓이다. 하지만, 시장이 신과 같이 항상 옳다고 여기는 것도 문제가 아닐 수 없다. '아프리카의 주술사가 만든 숭배의 대상은 비이성적이라며 폄하되었지만, 자본주의 시장을 신봉하는 것은 오랫동안 이성주의의 전형으로 여겨져 왔다.'고 작가 안나 델라 수빈Anna Della Subin은 설명하며 '추상적인 유럽의 사회이론은 아프리카의 신들보다 더 보편적이고 영원한 진리가 아니다.'라고 덧붙였다.[4] 세상의 모든 것이 이렇게 영구적으로 엉망이 되어버린 것은 지구의 80억에 달하는 모든 사람이 합리적인 삶을 누리도록 해주는 적당한 생활 수준을 열망하기보다는 (지리적으로 불균형적이지만) 절제 없는 소비주의를 통한 경제 호황을 추구한 탓이다.

잔소리를 늘어놓으려고 한 건 아니지만, 엄연한 사실이라 어쩔 수 없다. 우리가 바로 그 문제의 원숭이이다. 우리는 나무에서 과일을 발견하면 남김없이 모조리 따야 한다고 생물학적으로 프로그램되어 있다. 혹시 모를 기근에 대비해 가능한 한 많이 따서 생존해야 하기 때문이다. 우리는 직계 부족의 이익을 위해서만 행동할 것이며, 인간이 만들어 낸 경제 시스템은 단지 이를 반영할 뿐이다. 화장지가 부족하다는 소문만 듣고 슈퍼마켓 진열대에서 화장지를 싹쓸이하며 허둥지둥하는 것은 수천 년 동안 수렵 채집을 하며 하루하루 생존해 온 탓이다. 여기 한 남자의 이야기를 들어보라. 그는 유조차 운전기사들이 파업하는 동안 주유소에서 몇 시간이나 기다려 휘발유를 넣고는 고작 14km 정도 운전해 하교하는 딸을 집으로 데리고 갔다. 그리고 바로 주유소로 돌아가서 기름을 가득 채우기 위해 몇 시간 줄을 섰다. 그는 인생에서 이미 3시간 넘게 줄을 서는데 허비했는데 말이다. 떨어지기 전에 구해둬라. 이런 이야기를 소외불안 증후군(FOMO)이나 탐욕의 사례로 삼지만, 이는 도덕적으로 포장된 인간 누구가 가지고 있는 유전적 명령이다. 지금 이 순간 잠시 살아있는 우리는 20만 년 이상 쌓인 시쳇더미 위에 서 있는 인간이라는 종족의 탐욕스러운 생존자이다. 우리

조상 중 누가 가장 잘 살았는지, 아니면 오늘날 우리 중 굶주림으로 죽어가고 있는지는 캐묻지 않는 게 좋다. 머지않아 더 많은 사람들이 우리 위에 올라서게 될 것이다.

지구가 앓고 있는 질병의 두 번째 직접 원인은 바로 80억 명의 굶주린 입과 무언가 움켜쥐려는 손이다. 내가 8살이었던 1950년 세계 인구는 25억 명이었다. 당시 지구가 어떤 위험에 처했다고 한다면, 늘어나는 인구가 아니라 핵전쟁을 훨씬 더 두려워했다. 오늘날 바로 그 지구에 핵전쟁으로 인한 파멸의 가능성이 조금 긴박하지는 않아도 여전히 존재하지만, 당시보다 3배 이상의 사람들이 살고 있다. 지구 생존에 더 즉각적인 위협은 바로 80억 인류이다. 현대 기술 덕분에 80억 중 거의 대부분이 특권층 사회가 무엇을 누리는지 너무나 잘 알고 있으니, 똑같이 누리고 싶어하는 것도 당연하다.

그렇게 되지는 않을 것이다. 지구의 천연자원은 유한하며, 과잉 개발과 기후변화로 인해 이미 심각하게 훼손되고 있다. 이제 우리가 무엇을 하든, 사람들은 이미 이주하기 시작했고, 사라지는 국가도 생겨날 것이다. 해수면 상승(몰디브), 기온 상승(모리타니, 페르시아만 연안 국가) 탓일 수도 있고, 아니면 끔찍하게 부패하고, 무능력하고 잔혹한 정부가 줄줄이 들어서는 바람에 젊고 능력 있는 근로자들이 해외로 떠나기도 한다. 이 책을 쓰는 동안에도, 남미, 특히 베네수엘라에서 온 수많은 사람들이 파나마 정글을 지나 약속의 땅 미국을 향해 걸어서 이동하고 있었다. 중앙아메리카의 좁고 긴 지형의 땅을 지나면서, 다른 실패한 국가(니카라과, 온두라스, 과테말라)의 사람들까지 이 무리에 합세하기도 한다. 수천 마일을 종종 어린아이들과 함께 이동한다. 독사가 우글거리고, 독사 같은 국경 경비대, 도둑과 강도의 위협을 무릅쓰고 이동한다. 동시에 아프리카의 절망에 빠진 사람들은 사하라 사막 이남에서 유럽이라는 약속의 땅을 향해 북쪽으로 이동하고 있다. 이동하다 죽음을 맞은 이들의 뼈가 사막에 널브러져 있거나 지중해 해저로 떠내려간다. 주변의 섬과 난민캠프는 생존자들로 넘쳐나고, 더 이상 이동은 공식적으로 불가하다. 서양 강대국이 야기한 전쟁으로 황폐화된 요르단과 중동 지역에 흩어져 있는 오랜 난민 캠프와 마찬가지로 유럽이나 미국에서도 이런 난민 문제를 어떻게 해결할지 명확히 합의를 못하고 있다. 우리 국민이 아니기 때문이다. 이 책을 쓰는 와중에, 영국은 전세기를 동원해 난민들을 르완다로 보내려하고 있었다. 약속의 땅인 유럽에게 난민을 받아들이도록 강요할 수 있는 영향력을 가진 정치 단체도 없고, 난민을 원하는 이들도 찾아볼 수 없다. 합의안을 끌어낼 수 있었던 유일한 단체인 유럽연합(EU)은 불명예스럽게도 합의 도출에 실패했고, 무자비한 밀수 조직이 난민을 고무보트에 가득 싣고 위험천만한 영국 해협을 건너게 했다. 다른 지역에서도 수백만 명의 난민들이 임시로 만든 텐트 수용소에서 지내며 상황은 나아질 기미도 보이지 않으니 점점 더 불만을 품게 되고 과격한 행동을 하게 된다. 결국 상황은 악화할 수밖에 없다.

몇 년 전부터 소비주의적 생활 방식이 기후에 심각한 영향을 미칠 수 있다는 인식이 늘어나고 있는 것은 사실이다. 이제는 경제적으로 여유 있고 더 사려 깊은 사람이라면 장거리 비행에 앞서 탄소 발자국이나 비행운과 같은 환경에 미치는 영향을 신경 쓴다. 2018년 스웨덴에서 플뤼그스캄flygskam이라는 비행기 탑승을 부끄러워하는 사회 운동이 시작되었다. 코로나19로 인해 비행기를 타고 이동하는 것이 어려워지면서, 이 캠페인이 얼마나 효과적이었는지는 아직 확실하지 않다. 철저한 자본주의자, 공화당 지지 세력인 경우가 대부분인 사람들은 이러한 중산층 소비자의 선언을 사회주의와 다를 바 없다고 조롱한다. 그들의 주장에 따르면 원숭이가 진화하기 훨씬 전인 지구의 고고학 역사를 살펴보면 갑작스럽게 닥친 빙하기와 해수면의 상승과 하강과 같은 급격한 기후변화의 명백한 증거를 찾아볼 수 있다고 한다. 자본주의자들은 현재의 지구 온난화가 18세기 말 산업혁명 이래로 꾸준히 증가한 이산화탄소와 기타 화학물질로 인한 대기오염과 직접적인 관련이 있다고 주장하는 대다수 지구 과학자의 주장을 받아들이지 않는다. 과학자라면 나처럼 철저한 자본주의자의 주장에 동의하지 않을 것이다. 하지만 지구와 같이 진공 상태로 둘러싸인 폐쇄적인 시스템에서, 2백년 이상 화석연료를 어마어마한 양으로 점점 더 많이 소비해 왔으니 – 화석연료 사용으로 인한 기체 부산물은 대기와 바다로 흘러갔다 – 나머지 자연계는 물론이거니와 지구의 기후에도 영향을 미치지 않을 수 없다는 사실은 삼척동자라도 알 수 있다. 이 오염물질은 어디로 갔을까? 그 역사는 눈으로 덮인 산봉우리와 빙하 깊숙이 남은 그을음으로 분명하게 기록되어 있다. 이렇게 당연한 개념이 세상에 널리 확산되자, 사람들은 단순히 공장 굴뚝과 배기관의 관점에서 생각했지만, 이해할 만하다. 연기는 오염의 시각적 표시이며 그래서 그런 가시적인 것에 집중하는 것은 당연하다. 따라서 자동차와 발전소는 악마화하기에 상대적으로 손쉬운 상대이다. 동시에 과학과 기술은 마술봉을 휘두르며 자동차와 발전소를 더욱 친환경적(전기자동차, 태양과 풍력 발전)으로 변신시킨다.

광고 대행사가 즐겨 쓰는 '친환경적'이라는 말은 듣기에는 그럴싸하지만, 허울 좋은 문구에 불과하다. 환경에 신경 쓰는 고상한 소비자는 그런 말 뒤로 숨을 수 있다. 알고 보면 우리 인간이 친환경적으로 행동하든 아니든 간에, 지구 환경 입장에서는 인간이 아예 없는 편이 훨씬 나을 수 있다. 하지만, 우리 인간에게 타고난 사랑스러움이 있다고 더 이상 믿을 수 없더라도, 최소한 우리의 미래를 걱정할 수 있을 정도의 지성은 남아있다고 생각한다. 지구를 구하자! 이보다 더 숭고한 깃발을 휘날려본 적도 없고, 이보다 더 어처구니없는 캠페인도 없다. 우리의 주변 환경이 치명적으로 위험한 상태인지 몰라도, 지구 자체는 그 정도로 위험하지는 않다. 지구는 소행성 충돌, 대규모 화산 발, 대륙 이동으로 인해 모습이 바뀌며 이미 약 45억 년을 생존했다. 때가 되면, 지구는 최신 우점종인 우리 인간을 제거하고 지구 종말의 시간까지 새로운 생명체를 만들어낼 것이다. 오늘날의 십자군은 너무나 이기적이다: 오직 자기에게만 어울리는 현재의 모습대로 지구를 구하려 든다. 우리 주변의 다양한 식물과 동물도 구해야 한다(비록 이름을 붙일 수 있는 사람이 거의 없더라도 그래야 한다). 땅돼지나 바오바브 나무, 대왕오징어를 본 사람은 별로 없지만, 인터넷으로 사진과 정보를 쉽게 구할 수 있기 때문에 굳이 직접 가서 보고 싶다는 생각은 들지 않을 것이다. 하지만 시베리아 호랑이, 오랑우탄과 같은 동물이 아직 잘 살고 있는지는 알고 싶다. 지구에 존재했던 모든 동식물 종의 최소 99%는 오래전에 멸종했다는 추산에도 불구하고, 멸종 위기에 처한 동식물에 대한 뉴스는 언제나 불길하고, 지구의 파멸을 예고하는 것 같다. 멸종은 그저 진화의 반대일 뿐이다. 멸종과 진화는 늘 함께 한다. 우리 인간이 사라지고 한참 뒤에, 지구는 다음 십억 년을 위한, 아니면 지구의 태양이 마지막 남은 수소를 태우고, 작고 붉은 난장이 모습으로 쪼그라들다 다시 더 커진 모습으로 태양계 대부분을 집어삼키는 지구의 종말까지 지구에 살게 될 놀랍고 새로운 종을 만들어낼 것이다. 최소한 우리 누구도 이런 미래의 일을 걱정할 필요는 없다.

문제의 원숭이와 같은 생활방식은 지구의 건강에 근본적으로 어울리지 않는다는 사실을 걱정해야 한다. 만족과 쾌락을 향한 인간의 도저히 뿌리칠 수 없는 욕구 탓에 안타깝게도 생활 습관의 진정한 변화는 거의 일어나지 않는다. 미국식 소비주의 모델에 100년 정도 길들여졌으니, 누가 나서서 자기 부정을 할 수 있겠는가? 장기간 지속된 코로나19 대유행으로 알 수 있듯이, 이 기간동안 혼란, 상실로 인한 고통, 홈스쿨링뿐 아니라 끊임없는 돌봄이 필요한 어린 애들과 좁아터진 집에서 부대끼며 재택근무를 할 수밖에 없었던 일상의 파괴를 경험했다. 사람들은 이에 대한 보상과 보답이 필요하거나 필요하다고 느낀다. 맘 놓고 먹고 마시며, 아무 걱정 없이 약을 먹고, 쇼핑하며, 눈치 보지 않고 감정을 표출할 수 있어야 했다. 2021년 늦여름, 아무리 해외여행이 끔찍하게 힘들더라도, 수천 명의 사람들은 여전히 지중해 해변에서 10일이나 14일 동안의 시간을 보낼만한 가치가 있다고 생각했다. 지구의 환경에 관한 생각은 눈곱만큼도 없었다. 한편, 항공사와 크루즈 운항사들은 과거에도 그리고 여전히 사람들에게 팬데믹 이전에 여행하던 습관대로 돌아오라고 애걸복걸하고 있다. 호텔, 리조트, 술집, 나이트클럽도 다를 바 없다. 전 세계 경제의 뿌리에는 인간의 끊임없는 욕망이 자리 잡고 있다. 국가, 계급, 부, 정치적 영향력에 상관없이 모두가 같다는 게 분명하지 않다면, 대부분 자발적으로 즐거움을 포기하지 않을 것이 명백하다. 이것이 인간의 본성이며, 그런 인간의 본성을 인식한 덕분에 2차 세계 대전 때 영국에서 식량 배급 제도가 성공했다. 소수의 사재기꾼과 사기꾼을 제외하고, 배급 제도가 달갑지는 않지만, 필요하고 옳은 일이라 생각했다. 하지만 한 국가가 전시라는 절박함 때문에 마지못해 동의한 것을 195개의 전혀 다른 나라에 똑같이 적용할 수는 없다. 국가 B가 노골적으로 방탕하게 지내는 것이 뻔히 보이는데, 국가 A는 예산을 삭감하는 그런 비교 상황이 아니다. 지금은 완전히 다른 세상이다. 적국의 전투기가 여러분의 집 위를 비행하는 가운데 느끼는 코앞에 닥친 전쟁 위협은 각자에게 위험의 긴박함을 주지만, 지구에 대한 단순한 환경 위협에는 전혀 그렇게 느끼지 못한다.

이 책의 목적은 우리가 소중하게 여기는 소비주의적 삶의 방식이 결국 지구에 아무런 피해를 주지 않는다고 믿게 만드는 특정 요인들을 살펴보는 것이다. '평범한 삶을 살고 싶다'라는 것이 왜 문제일까? 정원을 가꾸거나 애완동물을 키우는 것보다 더 순수한 일은 무엇일까? 휴대폰을 갖는 것보다 더 필수적이거나, 운동을 하거나 체육관에 가는 것보다 더 완벽하게 의로운 일은 무엇이란 말인가? 우리는 차라리 모르는 일에는 모르는 척하기 마련이다. 선진국은 사실상 필요한 제품을 만들거나 재배하지 않는다. 이제 우리는 그럴 시간도, 공간도, 기술도 없다. 사실상 거의 모든 것을 기성품으로 구매하며, 점점 더 많은 제품을 온라인으로 구매한다. 이러한 제품은 어떤 형태로든 오염의 흔적을 남기는 원재료를 사용할 수밖에 없다. 문 앞까지 제품을 배송하고, 제품이 싫증 나면 갖다 버리고 처분할 때도 환경에 피해를 준다. 물건을 사용하다 쓰레기통에 버릴 때 사려 깊은 사람이라면 물건을 구입했을 때 이 물건이 진짜 필요한지 정말 원하는 게 맞는지를 생각해봤는지 떠올려 볼 것이다. 아마 기억이 나지 않을 것이다. 그 이후 많은 일이 있었다. 세계 경제를 지탱하는 소비주의의 본질은 '욕구'와 '필요'의 구분을 모호하게 만든다.

지구의 관점에서 그리고 현재 지구가 앓고 있는 질병에서 회복하기 위해 지구가 원하고 필요로 하는 것은 더 적은 수의 더 나은 행동을 하는 인간이다. 현재의 상황으로 봐서는 그렇게 되지는 못할 것이다. 새로운 기술 혁신이 도래할 때마다 인간이 지구 환경에 미치는 영향이 줄어들 가능성은 자동으로 줄어들지 않는다. 오히려 이는 수건돌리기 게임이나 마찬가지이다. 우리 삶의 방식이 유한한 지구에 미치는 끝없는 피해에 대한 가능한 해결책은 하나의 기술에서 다음 기술로 단지 넘겨질 뿐이다. 각각의 기술이 이전의 기술보다 친환경적인 듯 보일 수 있지만, 감춰진 실제 비용과 함께 진실이 드러난다. 모든 물리학자가 알고 있듯이, 에너지와 관련해 세상에 공짜는 존재하지 않으며 앞으로도 그럴 수 없다.

# 애완동물을 먹어라!

애완동물의 기능은 우리 인류의 이모티콘이 되는 것이다. 우리는 이미 야생의 대부분을 파괴했지만, 길들여진 동물을 보살피면서, 파괴된 자연의 균형을 회복하는데 나름 노력하고 있다고 느낀다.

실제로, 우리 인간은 더 큰 피해를 줄 뿐이다. 2차 세계 대전 이후 겨우 수십 년 만에 애완동물을 키우는 일은 이전의 수많은 무해한 인간의 활동과 마찬가지로 글로벌 산업이 되었다. 빅 펫 푸드 Big Pet Food의 고기 수요를 개별 국가 수준으로 평가한다면 러시아, 브라질, 미국, 중국에 이어 세계 5위에 해당한다.[1] 한 기관의 추산에 따르면 애완동물은 오늘날 전 세계 고기와 생선의 약 5분의 1을 소비한다.[2] 붉은 고기는 지구 온실가스 배출의 6퍼센트를 차지한다. 전 세계 소고기 생산만으로도 인도의 온실가스 배출량과 맞먹는 수준의 온실가스가 배출되며, 콩과 같은 단백질이 풍부한 농작물을 재배할 때보다 식용 단백질 1그램당 20배 더 많은 땅이 필요하다.[3]

그러나 글로벌 애완동물 산업으로 인한 실제 환경 비용은 이 보다 훨씬 많다. 애완동물과의 정서적 유대감 때문에, 의미 있는 변화를 꾀할 가능성은 희박하다. 특히 영국에서 2021년 8월 말 제로니모Geronimo라는 이름의 알파카를 살처분 시킨 일과 아프가니스탄 카불Kabul에서 출발하는 마지막 비행기에 사람 대신 200마리의 전직 군견을 수송해오려는 펜 파싱Pen Farthing의 노력에서 동물 복지 문제에 대해 사람들이 얼마나 단순하고 감정적으로 대응하는지를 알 수 있었다. 자신의 예전 군 통역관을 아프가니스탄에서 영국으로 데려오기 위해 애썼던 토리당 하원의원이자 전진군인인 톰 투겐닷Tom Tugendhat은 날카로운 반응을 드러냈다. '200마리의 개를 데려오려고 엄청난 병력을 투입해놓고, 이제 제 통역관의 가족은 살해될 처지에 놓였습니다. 한 통역관이 며칠 전에 "제 5살짜리 아이가 개 한 마리만도 못한 겁니까?"라고 묻더군요. 아무 말도 못 했습니다.'

오늘날 영국에서 특정 동물에 관한 이야기는 인기 있는 타블로이드 신문에서 한 번 다루고 해당 동물에 이름이 붙여지면 순식간에 정치적 이슈로 확대될 수 있다. 2021년 여름, 2년 간의 법적 소송과 법원의 명령 끝에 보리스 존슨Boris Johnson 당시 영국 총리의 아버지인 스탠리Stanley를 포함해 14만 명 이상이 알파카 제로니모의 살처분 유예를 위한 청원서에 서명했다. 알파카를 미끼로 삼아 동물 '살인자'를 막겠다는 의도로 급조된 자칭 알파카 에인절즈Alpaca Angels라 부르는 단체에도 불구하고, 제로니모는 소결핵을 근절하려는 영국 환경식품농무부(DEFRA)의 정책에 따라 적법하게 살처분되었다. 제로니모는 동식물보건국(APHA)의 소결핵 전용 검사에서 두 번 양성판정을 받았다. 4개월 뒤 동식물보건국은 '부검에서 채취한 조직 샘플에서 박테리아를 배양하는 것은 불가능했으며, 이는 알파카가 왜 소결핵에 걸렸는지를 이해하기 위한 전장 유전체 시퀀싱whole genome sequencing분석도 할 수 없다는 의미이다. 하지만 알파카가 결핵균에 감염되지 않았다는 것은 아니다.'라고 털어놓았다.[4] 맞는 말이지만, 그로 인해 아마도 알파카를 그렇게 서둘러 살처분하는 것에 대해 대중의 비난이 더 거세질 것이다.

영국의 신문은 타블로이드판 신문보다 조금은 더 성숙하고 비판적인 태도를 보이기도 한다. 영국의 『가디언』 일간지 독자라면 집고양이와 길고양이 탓에 죽는 조류, 설치류 및 기타 야생동물 수가 매년 어마어마하다는 점을 알고 있을 것이다. 그러나 매년 애완견에게 공격받고 심지어 잔인하게 죽임을 당하는 사람(주로 어린이)이 점점 늘고 있는데도 불구하고, 타블로이드판 신문은 털북숭이 애완동물의 귀여움에 완전히 매몰되어 애완동물은 인간에게 그 어떤 해도 입히지 않는다는 태도를 보인다. 용기를 내 이와 다른 주장을 하는 사람에게는 혹독한 비난을 가한다. 한마디로, 언제나 그렇듯이, 지성보다 행복이 앞서며 그래서 애완동물은 말할 것도 없고 동물 전반에 대해 똑바로 생각하기가 더 어려워진다. 적극적인 부인 탓이든 아니면 동물을 키우면 자연과 더 가까워지고 그래서 환경 비용은 신경 쓰지 않아도 된다는 감성적이고 모호한 생각 탓이든 간에, 애완동물을 키우는 대부분이 자신들의 반려동물이 환경에 얼마나 큰 영향을 미치는지 알지 못한다. 애완동물이 주는 즐거움, 교감 그리고 위안은 애완동물로 인한 단점보다 훨씬 클 것이다. 이런 까닭에 애완동물은 모습이 다른, 보슬보슬한 털이 있는 어린이로 받아들여야 한다는 경제적, 사회적 인식이 필요할 수도 있다. 그래서 코로나19 봉쇄 기간 동안 애완동물의 위상이 높아졌다.

## 애완동물 쇼핑 요법

수백만 명의 사람이 코로나19 봉쇄 기간을 견뎌낼 수 있었던 것은 쇼핑 덕분이었다. 쇼핑은 그 자체가 소비주의의 핵심을 잘 보여주는 하나의 지표이다. 속상하거나 기분이 좋지 않을 때 스스로에 대한 '보상'으로 맛있는 음식을 먹는 것만이 아니라, 물건을 사는 것은 거의 본능이나 다름없다. 봉쇄 기간 동안 수천 명의 사람이 온라인 쇼핑을 하며 피자 오븐과 같은 고가품을 주문했다. 성인 20명 중 1명이 욕조를 샀고, 그 중 36%는 현재 후회하고 있다. '코로나19 대유행 기간 우리는 일 인당 평균 1,200파운드 이상 소비했으며, 모두 합치면 576억 파운드를 썼다. 그중 66억 파운드어치의 제품은 더 이상 사용하지 않는다. 가장 뼈저리게 후회되는 충동구매 제품은 홈 트레이닝 장비, 게임 기기, 악기이다.'[5] 애완동물이 이 목록에 포함되지 않은 것은 특이하다. 애완동물은 대체로 살아있는 인형처럼 여겨진다. 집안에서 지루함과 아이들을 달래기 위해 애완동물을 키우는 가정이 갑자기 늘어났지만, 이 중 대부분은 머지않아 후회할 것이다.

펫푸드 제조협회Pet Food Manufacturers' Association가 2021년 3월에 발표한 자료에 따르면, 코로나19 대유행 이후, 영국에서 320만 가구가 애완동물을 키우고 있으며, 대부분이 개를 선택했다. 이 중 7,386명이 개에게 물려 병원 신세를 졌다고 한다.[6] 갑작스럽게 수요가 늘어나자, 강아지 평균 가격은 두 배 올라 무려 1,900파운드에 달했으니 개 납치범과 돈 밖에 모르는 암거래상이 생겨날 수밖에 없었다. 이 모든 것이 개에 해당하는 얘기이다. 개는 고양이와 달리 비를 피해 집 안으로 들어올 생각도 못 하고 그냥 서서 낑낑거리며 빗물만 뚝뚝 떨어뜨린다. 주로 아일랜드의 불법 사육자들을 통해서 개를 공급했으며, 벨파스트를 거쳐 스코틀랜드, 웨일즈, 잉글랜드로 강아지를 수출한다. 한 동물 복지 담당자는 이 사업을 '신종 마약거래'라고 불렀다.[7] 예상대로, 코로나19 봉쇄 조치가 해제되자 새로 구한 애완동물 상당수는 손쉽게 버려졌다. 일부는 유기견이라고 주장하며 키우던 개를 동물 보호소로 데리고 왔지만,

보호소 직원들은 속지 않았다. 진짜 유기견은 포획하기가 정말 쉽지 않기 때문이다. 2022년 초, 동물 보호소에 따르면, 대부분의 '가짜 유기견'이 건강상 문제가 있다고 한다. 영국의 동물 복지 자선단체인 도그 트러스트Dogs Trust의 발표에 따르면, 2020년 한 해에만 영국에서 47,500마리의 개가 주인에게 버림받았다고 한다. 차에 치이지 않은 개들은 결국 지자체 유기견 보호소로 갔고, 나중에 5,000마리 이상이 안락사를 맞이했다.[8] 영국에서 한때 사랑받다가 갑자기 버림받은 애완동물이 매일 처형 당하고 있다. 타블로이드판 신문이 유기견들에게 이름도 붙여주지 않고, 관심을 가질 어떤 명분도 없다 보니, 아무도 크게 신경 쓰지 않았다. 개와 관련한 문제 중 하나는 동물을 제대로 훈련하고 사회화하는 방법을 전혀 모르는 개 주인들이 개에게 물리는 일이 급증했다는 점이다.

이와 비슷한 애완동물 유기 문제가 2008년 금융 위기 이후에도 있었다. 애완동물이 비싼 데다 애완동물을 키우는 데 필요한 장기적 비용을 제대로 알지 못하기 때문에 이런 문제는 충분히 예상할 수 있다. 현재 영국에서 개 한 마리를 키우는데 들어가는 첫 해 비용은 일반적으로 1,800파운드 정도이다. 최근 연구에 따르면 서로 다른 순종견을 인위적으로 교배한 '디자이너' 개의 경우 첫해에만 평균적으로 2,000파운드가 들어간다고 한다. 이 수치는 최초 구입 비용을 제외한 보험, 먹이, 중성화수술, 마이크로칩 삽입 시술이 포함된 기타 수의 치료 비용만을 계산한 것이다. 애완동물 치료를 위한 영국의 공공기관PDSA의 웹페이지 추산에 따르면, 개 한 마리를 키우는데 평생 3만 파운드가 필요하다고 한다.[9] 심지어 소형견 한 마리의 간단한 건강진단에 80에서 100파운드가 든다. 이런 건강진단 비용은 대부분의 보험으로 처리되지도 않는다.

영국의 경우, 전체 가구의 25% 이상이 한 마리 이상의 개를 키우고 있으며, 18%는 고양이를 키운다. 이는 애완동물 돌봄 산업에 어마어마한 매출로 이어지며, 단순히 사료 이상의 의미가 있다. 2020년에 전 세계 애완동물 시장은 2,320억 달러를 넘어섰으며, 규모가 더 커질 것으로 보인다. 코로나19 대유행 동안 안정적으로 성장한 몇 안 되는 산업 중 하나에 해당한다.[10] 같은 해 미국은 311억 4,440만 달러로 전 세계 애완동물 사료 시장에서 손쉽게 선두를 달렸다. 영국은 52억 6,200백만 달러로 2위를 차지했다.[11] 사료 이외에 백신접종, ID칩 삽입 시술, 벼룩 약, 항생제와 같은 약품 비용과 개집, 미용, 산책, 보험 비용도 포함하는 것이 일반적이다. 이런 비용을 모두 포함하면, 2019년 한 해에 영국에서 애완동물에 지출한 비용(사료, 미용, 액세서리, 치료)이 어떻게 65억 파운드가 되는지 알 수 있다. 그 이후 애완동물을 키우는데 들어가는 비용은 크게 늘었다. 애완동물은 초대형 비즈니스이다.

## 거대 애완동물 식품시장

최근에 미국의 국립과학도서관Public Library of Science이 발행하는 플로스 원PLOS One과 같은 전문 학술지들이 대부분 미국 시장에 관한 연구이기는 했지만, 글로벌 애완동물 사료 시장과 환경에 미치는 영향에 대해 꽤 흥미로운 연구를 내놓았다. 하지만, 오늘날 거대 애완동물 식품산업은 점점 더 국제적이며, 대부분 연구의 결론이 전 세계는 아니더라도 부유한 유럽, 남미, 아시아 국가들에 동일하게 적용될 것이다. 미국에서 약 1억 6,300만 마리의 애완용 개와 고양이를 키운다고 하지만, 너무나 과소평가된 수치로 보인다. UCLA의 환경 및 지속 가능성 연구소의 지리학자인 그레고리 오킨Gregory Okin은 가장 인기 있는 애완동물 사료에 포함된 고기를 분석한 결과, 미국의 개와 고양이가 섭취하는 칼로리가 미국 인구 3억 2,100만 명이 섭취하는 칼로리의 19%에 해당한다고 밝혔다. 애완동물에게 빵 부스러기나 아무거나 섞어서 양만 늘린 먹다 남은 것을 주던 시대는 지났다.

2차 세계 대전이후에도, 영국은 음식, 특히 고기는 배급제를 실시했다. 적 잠수함의 공격이 끝나자, 영국의 포경선들은 바다로 돌아갔고 한동안 고래 고기를 검은색의 기름진 스튜 형태로 먹었다. 얼마 뒤 호주와 뉴질랜드에서 소고기와 양고기를 더 많이 수입했다. 고래 고기는 모든 중심 상업지에 있는 정육점에서 언제나 살 수 있는 뼈와 부산물과 함께 개의 먹이로 전락했다. 생선도 비슷한 취급을 받았다. 처음에는 모두가 싫어하는 남아프리카산 삼치류 생선인 스누크snoek를 통조림으로 먹었고, 그다음으로 대구류 생선 중에서 가장 싼 코울리coley로 넘어갔고, 마찬가지로 이 생선들은 고양이 먹이가 되었다. 1950년대 말까지만 해도 애완동물을 위해 통조림을 산 적은 없었다. 애완동물의 식단에 관한 관심 때문이 아니라 우리가 편해지고자 통조림을 선택했다.

요즘 애완동물이 먹는 음식은 너무나 딴 판이다. 전쟁과 같은 상황이라면 사람도 감지덕지하며 게걸스럽게 먹어 치울 정도로 진수성찬이다. 오늘날 애완동물 사료에는 사람의 평균 식단보다 고기가 더 많이 포함되어 있다. 지리학자 오킨Okin은 요즘 애완동물이 미국에서 소비되는 전체 고기 중 1/4을 먹는다는 사실을 확인했다. 매년 이 정도 고기를 생산하는 데만 해도 6,400만 톤의 이산화탄소가 발생하며, 이는 1,360만 대(미 환경보호국의 수치)의 차량에서 뿜어져 나오는 배기가스와 맞먹는다고 오킨은 설명했다.

2018년 추산에 따르면, 전 세계 애완동물 음식산업이 토지 사용, 화석연료(석탄 및 석유) 소비, 인산염 비료, 살충제 소비를 기준으로 볼 때, 고기 생산이 전체 환경에 미치는 영향에서 25%를 차지한다고 한다. 애완동물을 먹이려고 깡통에서 스푼으로 꺼낸 고깃덩이와 가축 먹이로 콩을 재배하려고 브라질 열대우림을 훼손하는 것이 다를 바 없다는 것을 아는 사람이 얼마나 될까? 2009년으로 거슬러 가, 당시 한 연구에 따르면 중형견 한 마리가 남기는 탄소발자국은 대형 SUV 한 대와 맞먹는다고 했다. 이 수치는 요즘 애완동물 식품에 포함된 고기 비율이 계속 증가하고 있기 때문에 앞으로 틀림없이 계속 늘어날 것이다. 고기 비율이 점점 늘어가는 큰 이유는 모든 개는 늑대의 후손으로 추정되기 때문에 늑대처럼 먹어야 한다고 믿기 때문으로 보인다. 이 개념은 유행 다이어트

족이 하는 '팔레오paleo' 식단과 동일한 것으로, 고기의 비율이 아주 높은 것을 의미하는 것으로 이해된다. 다음은 고기 비율에 대한 www.veterinary-practice.com 웹페이지에서 밝힌 내용이다:

전반적으로 '자연식', '진화론적으로 올바른' 또는 '생물학적으로 적절한' 것으로 시중에 판매되는 애완동물 식품은 애완용 개와 고양이가 무엇을 먹어왔는지를 알고 있고, 그런 음식을 먹이면 애완동물이 더 오래 건강하게 살 것이라는 가정을 전제로 한다. 매우 설득력 있는 주장이지만, 식단이 더 자연에 가깝거나 조상이 먹던 것과 유사하다고 해서 그것이 최적의 영양을 의미하는 것은 아니다. 왜냐하면 야생 동물은 구할 수 있는 것을 먹으며, 야생 개과 및 고양이과 동물의 수명은 반려동물보다 짧기 때문이다. 또한 자연/진화의 목표는 반려동물 보호자의 목표와는 다르다. 야생 동물은 이빨이 부러지거나, 영양실조, 기생충 감염 등으로 인해 어린 나이에 죽을 수 있다.

물론 야생의 늑대는 계절에 따라 상황을 봐서 잡식성 동물이 되어, 생선(주로 연어), 베리류, 땅에 떨어진 과일 등 다양한 먹이를 즐긴다.

애완견에게 고기 위주의 식품을 공급하기 위해, 관련 업계는 기계발골육(MSM), 기계발골계육(MSP), 사람이 먹는 가공 음식으로 이미 사용되는 소고기 부속물인 핑크 슬라임pink slime외에 색다른 재료에 점점 더 눈을 돌리고 있다. 예를 들어 악어, 타조, 아시아산 잉어, 곤충의 고기뿐 아니라 폐, 유방을 갈아서 여기에 쌀겨, 채소, 돼지 단백질 분말, 분무 건조 동물성 단백질(SDAP)을 섞어 부피를 늘린다. 분무 건조 동물성 단백질은 식용으로 도축한 동물의 피로 만든 단백질 가루이다. 단백질이 풍부해, 애완동물뿐 아니라 가금류와 돼지용 사료에 많이 사용되는데, 개와 고양이용 통조림과 파우치에 들어 있다며 광고하는 '고깃덩어리'를 만드는 데 아주 유용하다. 이런 성분을 가공하는 데 에너지가 많이 필요하다. 개는 상황에 따라 (주인의 신념이 허락한다면) 채식주의자처럼 먹고 살 수 있지만, 고양이는 건강을 유지하려면 그럴 수 없다. 실제로 고양이의 신진대사에는 일정량의 고기가 필요하다. 주로 날고기를 먹기 때문에 다른 요인으로 인해 이미 위기에 처한 종(나방, 나비, 도마뱀)뿐 아니라 수많은 조류와 작은 포유류를 잡아먹는 고양이의 본능은 줄어들지 않는 것으로 보인다. 영국의 고양이들만 해도 연간 최대 3억 마리의 동물을 죽이는 것으로 추정되며, 대부분 작고 아름답게 지저귀는 새들이 희생당한다.[12] 또한 고양이는 매년 25만 마리의 박쥐를 죽이는 것으로 알려져, 자연 보호론자들이 고양이 주인에게 박쥐가 가장 취약한 해가 질 녘에는 고양이를 밖에 나가지 못하게 해달라고 부탁한다. 고양이의 이러한 무분별한 살생 본능 때문에 고양이에게 검은 낙인이 찍힌다. 이는 개로 인한 연간 물림사고와 치명적인 공격 사례를 포함해 개가 생태계에 미치는 심각한 영향과 다를 바 없다.

전 세계 애완동물 식품의 양대 산맥(2019년 매출 기준)이 180억 8,500만 달러 매출을 올린 마즈 펫케어Mars PetCare 와 139억

5,500만 달러를 기록한 네슬레 퓨리나 펫케어Nestlé Purina PetCare
인 것은 우연이 아니다. 두 회사는 과자와 사람이 먹을 식품으로
주로 매출을 올렸으며, 매출의 상당액을 매년 애완동물이 좋아할
만한 식품 연구에 쏟아붓고 있다. 목표는 애완동물, 특히 까다로
운 고양이가 더 먹고 싶어할 식품을 생산하는 것이다. 고양이가 감
칠맛, 진한 맛과 같은 성분을 좋아한다는 사실을 발견한 것은 관
련 업계에 획기적인 일이었다. 개의 경우에는 더 어렵다. 길에 죽
어있는 동물 사체나 구토한 것을 개가 맛있게 먹는 것을 본 주인이
라면, 개의 입맛이 어떤지 알기 때문이다. 뉴욕대학교NYU의 영양
학 명예교수인 마리온 네슬레Marion Nestle는 이렇게 설명한다: '육
식동물은 배설물을 먹습니다. 동물 냄새가 강하게 풍기는 것을 즐
기죠. 그렇게 만들려면 너무 역겨운 냄새가 나서 동물은 좋아할
지 몰라도 주인은 사려고 하지 않을 테니까 애완동물 제조업체에
는 난감한 일입니다.'[13] 이를 위해 개와 고양이 사료에 푸트레신
putrescine과 카데베린cadaverine과 같은 복잡한 화학물질이 첨가되
기도 한다. 이름에서 알 수 있듯이, 이 두 화학물질은 사체가 부패
할 때 단백질이 분해되면서 생성된다. 이 화학물질의 냄새는 고양
이와 개처럼 날고기를 먹는 동물에게는 매력적이지만, 대부분의
사람에게는 역겹고 구역질이 나는 악취일 뿐이다. 애완동물용 식
품에 관한 끊임없는 연구를 보면 개발을 위해 얼마나 치열하게 관
심과 고민을 쏟는지 알 수 있다. 사소한 부분 하나도 그냥 지나치
지 않는다. 고양이가 이슬람 가정에 산다면, 랭커셔Lancashire에서

'사람을 기준으로 삼은' 재료로 만들어 이슬람 신자도 먹을 수 있도록 인증받은 무에자 퓨어Muezza Pure Halal Formula 고양이 식품을 먹일 수 있다. 세상에서 가장 가난하거나 불행한 수십억 명의 인간보다 수많은 고양이와 개가 훨씬 더 잘 먹고 잘사는 것은 오래전부터 널리 알려진 사실이다. 이것이 도덕적으로 잘못된 것인지 아니면 그저 어이없는 일인지 여부는 개인 문제이지만, 그럼에도 지구 자체에 날마다 엄청난 영향을 미친다. 어린이가 착한 행동을 하면 과자나 아이스크림으로 보상하는 경우가 흔하다. 마찬가지로 애완동물 주인은 동물에게 '간식'과 씹을 거리를 주는 데, 이는 애완동물 식품 시장에서 수익성이 상당히 좋은 틈새시장을 형성한다. 2021년 4월 호주의 한 정원에서 '캥거루 고기', '말고기'라고 성분을 표시한 애완견용 통조림 옆에 다음과 같은 애완견용 '간식'이 판매 중이었다: 라즈베리를 곁들인 바삭한 고등어, 타조고기와 블랙베리, 정어리와 마늘, 딸기잎을 곁들인 사슴고기, 로즈힙을 넣은 바삭한 멧돼지고기, 오레가노가 들어간 메추라기 고기, 티머시 잎을 넣은 오리, 로즈블라썸을 넣은 버펄로 고기(이 제품들은 70개국으로 개와 고양이용 '프리미엄 식품'을 생산해 수출하는 체코의 카니러브Carnilove라는 회사의 제품이다). 영국의 웨이트로즈 Waitrose 같은 슈퍼마켓에서 판매하는 사람이 먹는 '간식', 과자와 똑같은 맛이 당연하기까지 하다. 푸드 뱅크, 난민캠프, 영양실조에 걸린 아동이 있는 유럽에서 이러한 프리미엄 애완견용 간식을 둘러싼 현상은 후기 자본주의에서 나타나는 너무나 어처구니없는 아이러니 중 하나일 뿐이다. 이 글을 쓰는 동안에도 수백 명의 중동과 아프가니스탄 난민과 그 아이들은 영하의 날씨 속에 벨라루스에서 폴란드로 들어는 것을 막기 위해 군인이 순찰하며 감시하는 철조망에 막혀 오도 가도 못하고 있었다. 이들은 독일 바이에른주의 테라 카니스Terra Canis(라틴어로 '개들의 세상'이라는 뜻) 회사가 만든 애완견용 다양한 통조림으로도 틀림없이 만족한 저녁 식사를 했을 것이다. 테라 카니스는 모든 재료가 '100% 사람이 먹을 수 있는 등급'이라며 자랑스러워한다. 당근과 비슷한 뿌리채소인 파스닙을 곁들인 타조고기, 기장을 곁들인 버펄로고기, 토마토와 파파야, 밤, 귤, 겨울 향신료가 들어간 겨울 사슴고기로 만든 2021년 크리스마스 특선 요리 중에서 골라 먹을 수도 있었을 것이다. 이 모든 것이 개가 아니라 사람의 입맛을 겨냥한 것 같으니 이상한 노릇이다. 대부분의 개는 자동차에 치여 죽은 동물의 사체, 모래주머니, 늘어진 목살, 괄약근같이 아무거나 줘도 잘 먹는다. 필요한 것만 사용하고, 낭비하지 말자는 극단적 환경주의 대의명분에 따라, 날마다 쌓여가는 안락사 처리한 '가짜 유기견' 사체를 애완동물 식품산업의 전처리 장비에 투입해 애완견을 위한 소일렌트 그린Soylent Green(1973년 영화로 죽어가는 미래 사회에서 식량난 때문에 사람의 시신으로 만든 음식 이름 - 옮긴이)을 제조할 수 있는 표준 관행이 필요하다. 개의 사체로 애완견 먹이를 만든다면 아마존 숲의 파괴를 조금이나마 막을 수 있을 것이다. 영국 도시의 길거리에서 주인 없는 고양이와 개가 뻔한 이유에서 사라졌던 두 차례 세계 대전 당시의 관행을 되살려야 할지 모른다. 개는 양고기에 비해 요리도 쉽고, 냄새도 심하지 않다. 물론 미식가 수준의 조리를 하려면 연습이 필요하다. 고양이 고기는 토끼와 비슷한데 지방이 적은 편이다.


## 부수적 피해

한 마디로, 애완동물을 먹인다는 이유만으로, 엄청난 양의 고기와 채소를 얻기 위해 에너지 집약적인 사육 방식, 가공, 포장, 유통이 필요하다. 이에 따라 애완용 개와 고양이는 매일 지구의 기후 변화와 환경 파괴의 일상적 원인이 되고 있다. 여기에 더해 애완동물 약물 비용과 배설물 처리와 같은 엄청난 환경 비용도 빼놓을 수 없다. SUV 자동차처럼, 애완동물도 배기가스를 배출한다: 미국에서만 고양이와 개가 연간 510만 톤의 배설물을 배출하는 것으로 추산된다. 이는 미국인 전체가 배설하는 양의 거의 1/3에 해당하며, 연간 약 6,400만 톤의 메탄가스와 기타 온실가스를 뿜어내는 것이다. 영국에서만 애완견이 매일 1천 톤의 배설물을 배출한다. 대부분 비닐봉지에 담아 처리하는데, 모두 생분해되지 않는다(참으로 우연히도, 2020년 한 해 동안의 애완견 배설물 36만 5천 톤은 전 세계에서 소비된 누텔라Nutella의 총량과 정확히 일치했다). 먼저 고양이의 배설물 얘기를 해보자.

귀여운 고양이,

고양이 털은 얼마나 따뜻한지;

안 괴롭히면

아무런 해도 되지 않을 거야…

희망사항일 뿐이다. 개의 배설물의 순수 총량보다는 적지만, 고양이의 배설물은 사람과 야생동물에게 잠재적으로 해롭다. 왜냐하면 개와 인간을 포함한 많은 동물은 톡소플라즈마 곤디Toxoplasma gondii 기생충의 숙주가 될 수 있는데, 이 기생충은 고양이 몸속에서만 번식할 수 있다. 톡소플라즈마 곤디 기생충 감염은 톡소플라즈마증Toxoplasmosis이라는 심각한, 때로는 생명에 치명적인 질병을 일으킬 수 있다. 오늘날 선진국에서는 아주 흔히 접할 수 있는 기생충이며, 전 세계 인구 중 최대 절반은 잠복 감염 보균자로 추정된다. 기생충이 숙주 안에서 잠복 상태에 들어가기 전에 가벼운 독감 같은 증상이 나타날 수 있다. 톡소플라즈마 곤디 기생충은 신경학적으로 행동의 변화를 일으킨다는 의혹도 받고 있다. 아직 입증되지는 않았지만, 이 기생충과 조현병 및 양극성 장애와의 연관성을 조사하기 위한 연구가 진행 중이다. 톡소플라즈마 곤디 기생충은 거의 모든 야생 조류에서 발견된다. 일부 조류(올빼미, 매, 참새, 칠면조 포함)는 내성이 입증되었지만, 비둘기와 같은 조류는 이 기생충에 아주 취약해 감염 시 대부분 폐사에 이른다. 뉴사이언티스트New Scientist잡지에 최근 실린 기사에 따르면, '도시 가까이에 사는 야생동물은 톡소플라즈마증을 일으키는 기생충에 감염되었을 확률이 더 높으며 애완묘가 야생동물에게 퍼뜨리는 주된 전파 매개체로 지목된다.'라고 한다.[14] 고양이의 배설물이 개의 배설물보다 더 해로운 것은 아닐 수 있으며, 실내에서만 키우는 고양이의 경우, 최소한 배설물 트레이를 처리할 때까지는 상대적으로 감염을 일으킬 우려는 낮다. 문제는 대부분의 고양이는 집 밖으로 자유롭게 돌아다니며, 주변의 정원이나, 채소밭, 화분에 마음대로 배설한다는 점이다.

개는 배변 뒤에 배설물 위로 흙을 대충 긁어 덮는 둥 마는 둥 하고는 아무 일 없다는 듯 가버린다. 반면 고양이는 배설물을 땅에 묻으려고 애쓰니, 고양이를 좋아하는 사람은 그 모습을 보고 더 깔끔해 보인다며 고양이를 치켜세운다. 하지만, 톡소플라즈마 곤디 기생충은 빗물을 통해 강으로 유출되면, 바다까지 흘러가 해달을 감염시키고, 병에 걸려 죽게 만들 수도 있다. 고양이를 키우는 사람들은 고양이가 점토 배변판에만 배변하기를 기대한다. 하지만 이러한 비활성, 흡수성 물질조차도 환경 피해를 유발한다. 지질학 용어로 벤토나이트bentonite라고 부르는 점토는 원래 수백만 년 전 선사시대 해저의 화산재층에서 만들어졌다. 마른 지표면의 흙 아래에 위치해서 접근이 쉬운 경우, 노천 채굴 방식으로 얻는다(이런 방식은 자연 친화적일 수 없다). 벤토나이트는 산업공정에 널리 사용되며 연간 총 2,500만 톤 중 1/4이 중국에서 채굴된다. 벤토나이트는 아무 냄새도 나지 않고, 흡수력이 뛰어나 고양이의 배설물 처리에 널리 사용된다. 미국에서만 연간 2백만 톤의 고양이 배설물이 쓰레기로 매립된다. 점토는 생분해되지 않기 때문에(이미 아주 오래 전에 최종 지질학적으로 분해 상태에 이르렀다), 고양이 배설물 자체가 분해되고 침출된 한참 뒤 지구 최후의 날까지도 그대로 남아있을 것이다. 점토와 섞인 고양이 배설물의 단점은 처리, 포장, 운송에 많은 노력이 필요하다는 사실이다. 결코 '친환경'이 아니다.

개의 배변물에도, 고양이와 마찬가지로 톡소플라즈마 곤디 기생충이 있을 수 있지만, 개회충인 톡소카라 카니스Toxocara Canis에 더 신경 써야 한다. 이 기생충은 아주 흔하고 개 배변 속에 있는 기생충의 알을 통해 전파된다. 주로 암캐를 통해 갓 태어난 강아지에게 감염이 발생하며, 치명적인 결과로 이어질 수 있다. 그래서 일반적으로 대부분의 강아지에게 구충한다. 회충 감염은 사람, 특히 어린이에게 쉽게 발생할 수 있다. 회충의 알은 개의 털에 달라붙을 수 있고, 개를 만지거나 쓰다듬은 사람은 작은 상처나 심지어 호흡을 통해 기생충에 감염될 수 있다. 톡소카라 카니스 기생충은 감염된 개가 배변을 한 공원을 산책할 때 신발과 옷에 묻을 수 있다. 그렇기 때문에 — 비록 늦기는 했지만 — 배변봉투 사용과 애완견주의 뒤처리를 의무화하는 조치에 강력한 동기가 마련되었다. 개가 톡소카라 카니스 기생충의 알을 삼킨 후 발생하는 일은 위키피디아에 자세히 설명되어 있다:

개가 감염된 기생충 알을 삼키면, 알에서 부화한 기생충이 유충 형태로 위벽을 뚫고 침투한다. 3개월 미만의 개는 유충이 소장에서 부화해, 혈류를 타고 간으로 이동하고 폐로 들어간다. 폐에서 유충은 기도를 기어 올라간다. 그리고 개가 기침을 하고 삼키면 다시 소장으로 들어가서 성충이 된다. 이 과정을 기관 이행tracheal migration이라 부른다. 3개월 이상의 개의 경우, 소장에서 부화한 유충이 혈류를 타고 몸 전체의 체세포 부위(근육, 신장, 유선 등)로 이동해 2단계 유충이 된다. 이 과정은 전신이행somatic migration이라 부른다.

이런 이유로 대부분의 개와 고양이를 정기적으로 구충하며, 이 조치와 기타 조치로 인해 심각한 환경적 피해가 발생할 수 있다. 하지만 질병의 매개가 되는 것보다 훨씬 더 나쁜 것은 우리가 기르는 애완동물이 질병의 저장소가 될 수도 있다는 것이다. 천연두로 인해 보건의료 위기 상황이 발생했던 2022년 6월, 영국의 한 전염병학자는 천연두와 밀접한 관련이 있는 이 바이러스가 애완동물에게 전염될 수 있다며 경고했다. 이렇게 되면 아프리카의 동물이 천연두를 사람에게 전염시키기 전에 그랬던 것과 똑같이 애완동물이 감염의 영구적인 저장소가 될 수 있다.

기생충이나 약품 잔류물이나 바이러스가 없더라도, 개의 배설물은 과도한 질소와 인을 생태계에 더해 환경에 피해를 줄 수 있다. 겐트대학교Ghent University 연구자들은 2020년과 2021년에 겐트 인근의 자연보호 구역 네 군데에서 개 배설물로 인해 매년 헥타르당 5kg의 인과 11kg의 질소가 발생해, 식물의 생물다양성 상실과 서식지 파괴로 이어졌다고 추정했다.[15] 실제로, 개가 생태계에 엄청난 영향을 미친다는 증거는 넘쳐난다. 개는 지구상에서 가장 흔한 육식동물이며, 야생과 애완을 포함해 현재 전 세계에 10억 마리의 개가 있다. 영국에만 약 1,300만 마리의 개가 있다. 해변을 따라 개를 데리고 산책하는 사람들이 자신의 개가 둥지를 튼 바닷새를 괴롭혀도 내버려두는 일이 흔하다는 사실에 주목하며, 아이슬링 어윈Aisling Irwin은 2022년 4월 27일 뉴사이언티스트New Scientist잡지에 다음과 같은 글을 썼다. '자연이 전례 없는 위협과 위험에 처한 상황에[…] 유기견이든 애완견이든 개는 다른 동물을 죽이고, 먹고, 겁을 주며, 서로 경쟁한다. 개는 수로를 오염시키고, 토양을 과 비옥화 상태로 만들고, 식물을 위험에 빠뜨린다.'

## 애완동물 약품

사람들이 사용하지 않는 약품을 부주의하게 처리하는 일이 흔하지만, 오래된 애완동물용 약품에는 별로 신경도 쓰지 않는다. 애완동물용 구충제 부작용의 대부분은 아직 조사되지 않아서 그 사례가 얼마나 되는지 모른다. 벼룩 예방 약품은 또 하나의 골칫거리이다. 영국의 1,300만 마리의 개와 1,100만 마리의 고양이 중 최대 80%는 필요 여부와 상관없이 벼룩 치료를 정기적으로 받는다. 가장 흔한 성분이 곤충(특히 벌), 갑각류, 어류, 플랑크톤, 토끼에게 치명적인 신경독 피프로닐fipronil이다. 벼룩은 물론 나방, 나비, 벌, 새에도 치명적인 네오니코티노이드neonicotinoid 살충제인 이미다클로프리드imidacloprid가 포함된 또 다른 벼룩 예방 파우더의 경우도 마찬가지이다. 최근 한 발표에 따르면 중형견 한 마리를 이미다클로프리드로 한 번 치료하는 데 6천만 마리의 벌을 죽일 수 있는 양의 살충제가 포함된다고 한다. 이 두 가지 화학물질은 영국 대부분의 강에서 발견되며, 이로 인해 수생 곤충이 중독되고, 곤충을 먹고 사는 굶주린 물고기와 다른 수생동물도 중독된다. 강에 막대기를 던져 갖고 오도록 하는 놀이는 활동적인 개에게 아주 재미있는 일이 될 수 있다. 하지만, 그 개에게 벼룩 치료를 위해 상업용 분말 약품을 사용한다면 하류에 사는 수많은 다른 생물에게 치명적인 결과를 초래할 수 있다. '영국 남부 해안의 테스트 강에서 컴브리아의 에덴 강에 이르는 20개의 강에서 채취한 샘플 98%에서 피프로닐이 발견되었고, 강력한 독성을 지닌 분해산물인 피프로닐 설폰fipronil sulfone의 평균 수치는 환경 안전 기준보다 38배 높게 나타났다.'[16]

현재 동물(또는 실제로 인간) 약품이 환경에 미치는 영향에 대한 철저한 연구가 이루어지지 않았지만, 때때로 예상치 못한 — 심지어 조금은 충격적인 — 사례에 잠시 이목이 집중된다. 유명한 사례로 피임약에서 흔히 발견되는 호르몬이 강, 호수, 바다로 흘러들어가 특히 물고기의 호르몬 균형을 깨뜨리기도 했다. 스웨덴의 한 호수에서 에스트로겐으로 인해 물고기 전체 개체가 몰살되었다. 대부분의 농장 동물처럼 육우 자체에도 자연적으로 에스트로

겐이 많기 때문에 고기를 많이 먹는 남녀 모두 에스트로겐을 배설하기 마련이다. 구충제 이버멕틴ivermectin이 코로나 19의 '치료제'로 SNS를 통해 소문이 났던 2021년 초 화제가 되었다. 이버멕틴은 인간과 동물의 구충제로 오랫동안 사용됐다. 이 구충제는 연어 양식장에서 바다물이sea lice 감염을 막기 위해 널리 사용되고 있는데, 무척추 동물에게 강한 독성을 보인다.

동물, 특히 농장 동물에게 항생제와 호르몬을 남용하는 것은 우리 인간에게 잠재적으로 더 위험하다. 현재 유럽에서 판매되는 항생제 중 3/4은 사람이 아니라 농장의 동물용으로 사용된다. 이 중 약 58%는 환경으로 바로 배설되어 수로로 흘러 들어간다. 농장 동물에 항균제를 많이 사용하기 때문에 항생제에 내성을 가진 슈퍼버그가 증가한다. 이러한 현상은 소와 돼지에만 국한되지 않는다. 세계보건기구WHO의 최근 보고에 따르면 일부 국가에서 전체 항생제 중 무려 80%가 애완동물을 포함한 동물에 사용되고 있다고 한다. 이는 인간의 다양한 세균에 대한 내성 증가로 이어지고, 절망한 의사들은 환자를 살리고자 최후의 수단인 초강력 항생제를 찾게 된다. 다양한 항생제 내성 박테리아가 애완견용 날 사료에서 발견되기도 했다. 유럽 임상 미생물감염 학회European Congress of Clinical Microbiology & Infectious Disease에서 2021년 7월에 발표된 연구 보도 자료에 따르면, 포르투 대학교Porto University의 과학자들이 14개 냉동 날 사료를 포함해 25개 브랜드의 애완견 식품 샘플 55개를 분석했다. 이 연구자들은 장구균 박테리아 조사 중 모든 날 사료 샘플에서 최후의 항생제인 리네졸리드linezolid에 내성을 가진 박테리아를 포함해 항생제 내성 장구균을 발견했다. 유전자 염기 서열 분석 결과, 애완견용 날 사료에서 발견된 항생제 내성 박테리아 중 일부는 영국, 독일, 네덜란드의 병원 환자에게서 발견된 것과 동일한 것이었다. 아나 프라이타스Ana Freitas 연구원은 '사람과 개의 밀접한 접촉 그리고 연구 대상 브랜드 제품이 여러 국가에서 시판되고 있다는 사실은 국제적으로 공중 보건에 위험을 초래합니다. 따라서 유럽의 관계 당국은 애완동물에게 날 사료를 먹일 때 잠재적인 건강 위험에 대해 널리 알려야 하며, 성분 선택과 위생 관행을 포함한 애완견용 식품 제조에 대한 검토가 필요합니다.'라고 주장했다. 프라이타스 연구원은 '애완견을 키우는 사람들은 애완동물 사료를 만지고 난 후 그리고 배설물을 처리한 후에는 반드시 손을 씻어야 한다.'라고 덧붙였다.[17]

한 마디로, 사람의 가장 친한 친구인 개에게 저녁을 주는 것만으로도 데톨Dettol 비누로 뜨거운 목욕을 해서 소독을 해야 한다. 모든 개는 잠재적으로 전염병을 퍼뜨릴 수 있기 때문이다.


## 애완동물의 유아화

대형 애완동물 용품점의 통로를 거닐다 보면, 지난 수십 년 동안 애완동물을 어린아이처럼 대하는 현상이 얼마나 극심하고 전방위적으로 펼쳐졌는지 알 수 있다. 마술같이 그리고 조금은 충격적이게도,

애완동물은 더 이상 동물이 아니다. 마치 유아 및 어린이 용품 전문점인 마더케어Mothercare의 지점에 온 듯 다양한 식품, 장난감, 이갈이 용품과 플라그 제거를 위한 '애완견용 치아' 제품을 볼 수 있다. 특수 카펫, 애완동물이 기어들어 갈 수 있는 양가죽으로 만든 아늑한 이글루 요람(기억 속에 남아있는 우리집 개는 보통 험한 날씨를 적당히 피할 수 있는 개집에서 잤다), 하네스, 목줄과 목걸이, 푹신한 부츠, 정교하게 만든 놀이틀(생쥐 또는 햄스터용), 온갖 종류의 장신구, 팔찌, 구슬 등도 있다. 특히 애완견용 미용 장비가 있다. 특수 앞치마, 손톱깎이, 네일 케어 제품, 면도날, 브러시, 드라이어, 가위, 샴푸, 컨디셔너 등을 볼 수 있다. 한 웹사이트는 '애완동물을 행복하고 건강하게 키우려면 정기적으로 미용 관리를 해줘야 합니다.'라고 주장한다. 꼭 그래야 한다? 야생의 늑대와 개는 정기적으로 샴푸, 컨디셔닝을 하거나 나비넥타이와 화려한 색상의 리본을 털에 붙이지 않아도 아무런 문제 없이 잘 지내는 것 같다. 더군다나, 샴푸와 컨디셔너에는 앞에서 언급했던 벼룩 치료제와 같은 환경에 해로운 화학물질이 들어있는 경우가 많다. 미국에서 엄청나게 인기를 끌고 있는 애완동물 '귀엽게 꾸미기'는 도시의 아파트에 갇혀 지내는 비참한 동물보다 애완동물 주인에 대해 훨씬 더 많은 것을 말해준다. 발톱을 잘라내면 고양이에게 심리적으로 어떤 피해가 생기는지 또는 발톱을 자르고, 성대 수술을 하고, 멋을 위해 귀 끝을 잘라낸다면 개에게 심리적으로 어떤 피해가 생기는지 알기 어렵다. 어느 날 여기 저기를 잘라내는 미용 수술을 받은 애완동물들이 뉴욕의 복층 아파트에서 갑자기 주인에게 달려들어 복수를 감행한다. 이와 같은 사키Saki 스타일의 단편 소설을 상상해 보면 색다른 재미가 느껴진다. 고가의 미용 관리를 받은 이빨만으로 그녀를 물어뜯어 훼손하고는 그녀의 남편(심장질환 환자)이 집에 돌아와 찾을 수 있도록 침실 카펫 여기저기에 흩어놓는다. 이미 그 자체로 초대형 비즈니스인 애완동물을 영유아나 어린이처럼 여기는 애완동물 비즈니스의 또 다른 영역으로 애완동물 장난감 산업을 들 수 있다. 2017년, 이 틈새시장의 가치는 미국에서만 10억 달러 이상으로 평가되었다. 패키짓 팩츠Packaged Facts의 연구 소장인 데이비드 스프링클David Sprinkle에 따르면, '애완동물의 인간화와 "애완동물의 가족화" 유행은 장난감 산업 성장의 핵심 역할을 하고 있습니다.'라고 한다. '애완동물의 건강과 행복에 대한 관심이 늘어나면서 영국은 2021년 전년 대비 2.4%의 성장을 기록할 것으로 보입니다.'라고 퓨처마켓 인사이트Future Market Insights는 주장한다. '애완동물의 건강'과 '행복'을 어떻게 구분하는지에 관한 설명은 건너뛰고, 양육에 책임을 다하는 '애완동물의 부모'(원문 그대로)가 복슬복슬 털이 난 애완동물에게 아낌없이 주는 장난감의 종류를 나열해 보자.

애완동물의 부모는 애완동물뿐 아니라 환경에도 안전한 더욱 지속 가능한 제품을 사용하고 싶어 했다. 애완동물용 장난감 제조 회사는 친환경적인 부모의 관심을 끌기 위해 지속 가능한 친환경 재료를 선택하는 경우가 늘고 있다. 현재, 애완동물 장난감 시장에 생산된 대부분이 고무 제품이다.

애완동물이 고무를 이렇게 좋아한다는 걸 누가 알았을까? 또 다른 사업 가능성에 대한 업계의 관심은 커지고 있다.

> 애완동물 장난감 시장의 주요 브랜드 중 일부는 이제 제품 종류를 확장해 천연 친환경 면과 짚으로 만든 공, 천연 섬유 사이잘saisal로 만든 장난감, 식물 섬유 성분의 인터랙티브 장난감과 같은 천연 재료로 만든 애완동물 장난감을 선보이고 있다. 이러한 천연 제품은 화학물질이 없고, 독성도 없으며, 지속 가능하며, 생분해되기 때문에 요즘 애완동물을 키우는 사람들 사이에서 인기를 끌고 있다.[18]

'자연 친환경적 면'이 무엇인지 누구나 알 수 있다. 자연환경과 상관없이 자랄 수 있는 식물은 자연스럽지 않다고 볼 수 있다. 장난감을 면, 사이잘, 식물 섬유 또는 고무 중 무엇으로 만들든 — 또는 장난감을 갖고 놀며 애완동물은 제한된 공간에 있게 되니, 장난감 덕분에 주인이 더 안심하게 되고, 황홀한 즐거움을 느낀다 — 전 세계의 셀 수 없이 많은 장난감은 원료, 가공, 포장, 유통, 판매의 관점에서 엄청난 환경 발자국을 남긴다. 따라서 보통 부모와 '애완동물 부모'를 구분하기가 점점 어려워진다. 2022년 새해 초, 프란치스코 교황Pope Francis은 이를 이기주의의 한 형태라고 언급하는 바람에 수많은 사람을 짜증 나게 했다. '아이는 원하지 않고, 대신에 개와 고양이를 키우는 사람들이 있습니다. 비웃을 수도 있지만 이게 현실입니다.' 이러한 대체 현상이 고착화될수록, 애완동물은 의학적으로 점점 더 어린이에 가까워진다(데이비드 스프링클의 말을 빌리자면 '애완동물의 인간화'에 해당한다). 애완동물의 신체적, 정신적 질병에 대한 정교한 연구가 진행되면서 동물용 약품과 치료 방법은 사람의 영역과 어느 정도 겹치는 일이 벌어질 수 있다. 이러한 추세가 심화할수록, 거대 제약회사와 애완동물 제약사가 제조한 새롭고 독창적인 약품이 '자연' 세계에 남은 우리에게 뜻하지 않은 결과를 초래할 가능성이 더 많아질 것이다. 대부분의 인체용 약품과 치료제 복용 후 배설되는 부산물이 미치는 영향에 대한 연구는 충분히 이뤄지지 않았으며, 동물용 약품과 치료제도 마찬가지이다. 결국, 동물용 의약품은 돼지, 소, 가금류, 어류, 고양이, 개과 동물, 토끼목 포유동물인 래고모프, 조류, 설치류(생쥐, 쥐, 햄스터)를 포함한 다양한 동물계를 포함하므로 잠재적으로 상당한 위협이 된다.

많은 사람들이 사랑받고 싶어한다. 수천 년 동안 선택적으로 개를 사육한 결과 절대적 헌신이라는 따뜻한 환상을 줄 수 있는 개 유전자가 탄생했다. 반면에 고양이는 놀라울 만큼 초연하게 사람과 개의 음모에 휘말리지 않도록 면역되었음을 증명해 왔다. 지적이고 건강한 '자연' 세계와 관계를 절망하게 만드는 것은 대리 '부모'가 애완동물을 어린애 취급하는 것 때문이다. 야생 동물이 지루해한다고 가정할 이유는 없지만, 넘쳐나는 애완동물용 장난감은 사람들의 인식 정도와 상관없이 주인이 외출한 사이 애완동물이

빈 집이나 아파트에서 오랜 시간 갇혀 있을 때 정말 지루해한다고 철석같이 믿고 있다는 사실을 말해 준다. 야생에서 개는 마음대로 돌아다닌다. 가장 꼴불견인 소형견 품종들도 상상이 안되지만 늑대에서 유전적으로 변형한 것이다. 이러한 소형견도 꿈속에서 무리를 지어 달리며 달을 향해 울부짖는 늑대처럼 아직 남아있는 그런 신비로운 충동을 경험하는지 모른다. 그만하고, 다시 샴푸로 목욕하고 리본 장식으로 치장하는 얘기로 돌아가자. 사람들이 포로로 잡힌 애완동물에게 유아에게 말하듯 조잘대는 소리를 듣는 것은 우리 인간이 절망하는 또 다른 이유이다. 동물과 관련해 인간은 다양한 태도를 보인다. 우리 자신과 애완동물을 위해 피범벅 도살장으로 끌려가는 보이지 않는 동물 무리에 대해 알고 싶어 하지 않기도 하고, 심지어 애완동물이 카펫에 사랑스럽게 오줌을 싸더라도 보상만 해주면 애교를 부리는 방법을 배울 수 있다며 아주 멍청한 동물을 인간인 것처럼 여기기도 한다.

# 정원 가꾸기

애완동물을 키우는 것이 여러분이 조금이나마 동물을 향한 포근한
마음을 드러내기 위한 것이라면, 정원 가꾸기는 집 밖에 내 건 깃대
에 밝은 색상의 배너를 걸어 집주인이 흙과 교감하는 중이라고 선포
하는 것이다. 자급자족이라는 훌륭한 이상을 의미하기 때문에, 정원
가꾸기는 현대적 산업 형태의 농업과는 전혀 관련이 없다(현대 농업
은 온실가스 배출 측면에서 운송, 조명, 난방과 마찬가지로 지구 환
경에 심각한 영향을 입힌다).[1] 정원 가꾸기는 자연의 질서와 지속적
인 관계를 맺어야 하는 건강한 그리고 종종 힘이 많이 들어가는 취
미이다. 즉, 날씨, 계절, 토양, 동물과 곤충의 자연 속 순환에 주의를
기울여야 한다. 앤드루 마벨Andrew Marvell이 '세상의 피조물은 모두

잊고, 초록 그늘에서 초록 생각에 빠져든다.'라고 유명한 시 한 구절에서 표현한 것처럼, 정원은 괴롭힘에 시달리는 집주인들이 한두시간 동안 세상에서 벗어날 수 있는 정신의 안식처가 되어준다. 언제나 거침없고 세련된 20세기 영국의 작가이자 정원사 비벌리 니콜스 Beverley Nichols가 남긴 답변 하나를 잊을 수 없다. 그는 핵전쟁이 터지면 어떻게 하겠느냐는 짓궂은 질문에 '완두콩으로 만든 성벽 뒤로 피신하겠다.'라고 응수했다. 재치와 지혜가 번뜩이는 그의 말 한마디에 그가 쓴 정원 가꾸기에 관한 책에 관심이 생긴다. 여러 꽃 중에 그는 시클라멘 — '아주 흔하고 키우는 재미도 별로인 식물' — 을 키웠는데 이 꽃을 보면 전기 스토브를 쓰는 아파트에 살며 소화불량에 시달리는 짜증 난 여성과 부엌에서 코를 고는 북경 사람이 생각난다고 표현하기도 했다. 그는 핵전쟁이 자신의 정원이나 조그만 화단에 녹색 피난처를 만들어야 하는 최소한의 이유도 되지 못한다는 점을 잘 알고 있었다. 물론 인간은 수렵 채집 활동을 멀리하면서 식량을 스스로 재배해왔다. 영국은 오랫동안 스스로 정원사의 나라라고 불렀으며, 지난 200년 동안 정원 가꾸기는 놀랍게도 정치와 깊은 연관이 있다. 1845년 일반 토지 구획 정리법General Enclosure Act으로 인해 수많은 시골 사람이 과거 공유지였던 많은 땅을 빼앗겼다. 그 이후 영국 의회는 1840년대 말 이미 유럽 대륙을 휩쓸고 있던 혁명적 봉기를 차단하기 위해 노력했다. 의회는 지방정부에 압력을 행사해 지방 주민들에게 토지를 할당해 주고 스스로 식량을 재배할 수 있도록 했다. 결국 뒤이어 1908년 소규모 농지 및 할당지 법

Small Holdings and Allotments Act이 시행되었다. 표준 할당은 300평 방 야드로 고정되었고, 소액의 연간 임대료가 부과되었다. 두 차례 의 세계 대전은 영국의 정원 가꾸기 문화에 그 흔적을 남겼다. 잠수 함을 이용해 섬나라 영국을 봉쇄하려던 적의 전략으로 인해 자급자 족을 권장하는 공식 정책이 시행되었고, 분할 대여 농지allotments는 빠르게 늘었다. 1차 세계 대전에서 지방 당국은 적대 행위 기간에 식 량 재배를 위해 토지를 몰수할 수 있는 권한을 얻었고, 1920년까지 영국에 거의 150만 개의 분할 대여 농지가 존재했으며, 이는 1930 년대 대공황 시기에 영국인을 먹여 살리는 데 큰 도움이 되었다. 2 차 세계 대전 중 영국의 분할 대여 농지는 175만 개로 늘어났다. 또 한, 영국 농무부의 '승리를 위한 발굴' 캠페인 덕분에 런던 중심부와 기타 지역의 상당한 면적의 공원이 텃밭으로 전환되었다. 켄싱턴 가 든Kensington Gardens에 감자와 강낭콩이 줄지어 심긴 모습이 보이는 앨버트 기념관과 로열 앨버트 홀은 머지않아 익숙한 광경이 되었다. 당시 식품부 장관이었던 울튼 경Lord Woolton이 대중화시킨 전쟁 레 시피도 인기를 끌었다. 울튼 파이Woolton Pie는 쉽게 구할 수 있는 온 갖 채소를 끓여 여기에 파이 껍질을 얹은 요리였다. 울튼 파이는 진 하고 육즙이 가득한 그레이비소스를 곁들인 전통적인 스테이크와 신장 파이를 풍자해 채식주의자가 엉망으로 만든 요리로 여겨져 인 기보다는 악명이 높았다.

한편, 라디오의 발명으로 정원 가꾸기 프로그램은 영국에서 이 미 인기가 높았다. 1934년부터 1945년 세상을 떠날 때까지 세실

헨리 미들턴Cecil Henry Middleton은 BBC 방송국의 '당신의 정원에서In Your Garden'라는 주간 라디오 프로그램을 진행했다. 이 프로그램은 전쟁 동안 절정의 인기를 누리며 애청자가 350만 명에 달했다. 대중의 인기를 누린 미들턴은 영국의 유명 정원사 탄생의 시작에 불과했다. 텔레비전 초창기, 그의 뒤를 이어 퍼시 스로워Percy Thrower가 등장했다. 이미 정원 가꾸기는 영국의 국민적 취미가 되었고, 꾸준한 인기 속에 잡지, 라디오, 텔레비전 프로그램에 소개되었고, 최근에는 웹사이트와 블로그에서도 다뤄졌다. 하지만 2차 세계 대전으로 인한 긴축 경기 상황이 나아지고, 1960년대에 영국에 다양한 식품과 가정용품을 한자리에서 구매할 수 있는 미국식 슈퍼마켓이 문을 열면서, 할당제 방식의 정원 가꾸기는 인기가 시들해졌다. 다양한 채소와 고기를 한곳에서 편하게 쇼핑하는 것이 할당받은 땅을 파고, 감자와 콩을 심고, 날씨에 기대를 거는 것보다 훨씬 쉬웠기 때문이었다. 영국 전역의 지방 정부는 토지 할당에 관한 관심이 줄어든 틈을 타, 두 차례의 세계 대전에서 영국이 생존하는데 핵심 수단이었던 수익성 높은 토지를 조용히 팔아치웠다.

그러나 사회 분위기는 거기서 멈추지 않았고, 1970년대 중반부터 말까지 방영되었던 BBC 시트콤 '더 굿 라이프The Good Life'에는 '치열한 생존경쟁'으로 인해 쌓인 불만과 자급자족과 같은 정책으로 돌아가고자 하는 열망이 담겼다. 덕분에 토지 할당에 다시 관심을 갖게 되었고, 리처드 브라이어스Richard Briers와 펠리시티 켄들

Felicity Kendal이 연기한 짜증이 나지만 매력 있는 이웃 부부는 만나지 않기를 바라면서 다시 정원 가꾸기를 시작한 사람들이 늘어났다. 이후 1990년대부터 사람들은 '푸드 마일'(식품이 생산지에서 소비자의 식탁까지 이동하는 거리 - 옮긴이)이라는 개념과 구매한 과일과 채소가 장바구니에 담기기 전에 이미 장거리를 이동한 상태라는 사실을 알게 되었다. 이탈리아산 누에콩이 포장지에 적힌 대로 '갓 수확한' 콩이라는 것을 믿기 어려워졌다. 수확할 때는 분명히 신선했지만, 그 이후부터 신선도가 점점 떨어진다. 소비자들은 탄소 측면에서 항공 운송 거리뿐 아니라 원치 않는 잠재적으로 해로운 화학물질이 구매한 식품에 묻어 우리 몸 속으로 유입되는 것도 걱정한다. 이론적으로는 토지 할당제 정책으로 돌아가면, 토양 그리고 재배하는 과일과 채소에 들어가는 것을 보다 잘 통제할 수 있다. 꽃에 집중하는 정원사들도 있는데, 그 이유는 앤드루 마벨Andrew Marvell과 비벌리 니콜스Beverley Nichols의 다양한 미학적 이유에서부터 화려한 쇼 가든Show Garden을 하게 만드는 훨씬 더 경쟁적인 동기, 가장 잘 정돈되고 아름다운 마을을 뽑는 베스트 켑트 빌리지Best Kept Village에 선정된 마을에 살아야 한다는 엄청난 사회적 압력에 이르기까지 다양하다. 연로한 한 친구는 매년 몇몇 마을 대표들이 집으로 찾아와 간청하는 것을 즐긴다. 이들은 바퀴도 없고 녹이 슬어 집 앞 정원 한쪽에 처박혀 거의 눈에 띄지도 않는 고물 자동차 트라이엄프 메이플라워Triumph Mayflower를 제발 치워 달라고 부탁했다. 그들은 그 자동차 때문에 마을의 격이 떨어지고, 베스트

켑트 빌리지에 선정되려는 희망에 치명적인 타격이 될 거라 말한다. 라일락이 활짝 피면 대문에서 차가 보이지도 않는다는 그 친구의 주장은 틀린 말이 아니다. 게다가 식물들로 예쁘게 뒤덮인 자동차를 오소리가 차지한지 벌써 오래되었다. 도시에서 살다가 이사온 '마을 사람들'이 자동차 아래에 있는 오소리 집을 없애 달라고 요청할 자격이 정말 있는 걸까? 이들은 오소리가 보호받아야 하는 동물(영국의 환경식품농무부DEFRA의 포수들이 오소리를 도태하는 경우는 제외)이라는 사실을 아는 걸까? 매년 이렇게 찾아온 마을 대표들은 구시렁거리며 돌아간다.

## 살충제와 비료

목표가 첼시 플라워 쇼 기준에 맞춰 꽃을 재배하는 것이든 집에서 키운 과일과 채소를 제공하는 것이든, 영국의 오래 지속된 정원 가꾸기 열풍은 안타깝지만 환경에 상당한 피해를 입혔고, 거의 대부분의 피해는 지난 70여년 동안 발생했다. 피해 대부분은 정원 가꾸기를 즐기는 사람들을 돕기 위해 70여 년 동안 널리 사용된 다양한 화학 제품 때문이다.

2차 세계 대전이 끝나면서 잊을 수 없는 새로운 살충제와 비료가 시중에 등장하기 시작했다. 이 중 가장 악명 높은 것은 바로 현대 합성 살충제 중 최초의 유기 염소계 DDT였다. 주로 군인들의 말라리아, 발진티푸스 등 곤충 매개 질병 예방을 목적으로 전쟁 중 개발되었다가, 순식간에 군대나 농업용뿐만 아니라 일반 살충제로 엄청난 양이 사용되기 시작했다. 미국에서 DDT 살충제는 마을, 농장, 숲 위에 대량으로 무분별하게 살포되었다. 이는 '획기적인' 과학적 발견의 관점에서 영광스러운 장점만 부각시키는 미국과 유럽에서 나타난 전후 열광의 증거였다. 50년 전 이와 비슷한 어리석고 무지한 낙관주의가 마리 퀴리Marie Curie의 라듐radium 발견을 둘러싸고 있었다. 그로 인해 라듐이 장난감, 초콜릿, 시계, 치약, 샴푸, 좌약 및 기타 여러 의약품에 사용된 것은 유명하다. 40여 년 동안 라듐은 수많은 문제에 대한 미래지향적 해결책으로 찬사를 받았다. 1945년 당시 미 육군 산하의 공군부대USAAF가 히로시마와 나가사키에 투하한 원자폭탄으로 인한 끔찍한 부작용은 만병통치약의 위험한 민낯을 세상에 드러냈다.

마찬가지로, 1950년대 말에는 DDT가 해충뿐 아니라 유익충을 포함한 모든 곤충을 무차별적으로 죽이고 있다는 사실이 명백해졌다. 게다가 미국의 해양 생물학자인 레이철 카슨Rachel Carson이 1962년 저서 『침묵의 봄Silent Spring』에서 밝힌 것처럼, DDT 살충제의 유기염소 분자는 수명이 아주 길고 이에 노출된 바닷새 개체수가 급격히 줄어들기 시작할 정도로 자연에 널리 퍼져 있다. 카슨은 DDT를 섭취한 새의 알 껍질이 얇아서 알이 부서졌기 때문이라는 것을 발견했다. 책이 출판되자, 이 영웅적인 과학자에게 DDT 제조업자, 농부, 정치인은 물론이고 미국의 초강대국 낙관주의 마법에 걸린 모든 사람이 비방과 비난을 퍼부었다. 기술이라면 무엇이든 미국에서 스타가 되는 길이었고, 단점은 허용되지 않았다. 공산주의자, 반역자, 레즈비언이라고 공공연히 비난하며 레이철 카슨에게 미국인이 상상할 수 있는 최악의 범죄 혐의가 씌어졌다. 비밀 요원들이 그녀를 감시했다. 화학 및 농업 회사들은 과학자들에게 거금을 주면서 레이철 카슨의 과학적 능력을 의심케 하는 증거를 파헤치도록 했다. 그들의 기대와 달리, 그녀의 말이 맞았고, 머지않아 사실상 지구의 모든 토양 샘플과 심해에서 DDT 분자가 발견되었다. 오늘날 일부 열대 국가에서 말라리아 예방 용도로 사용하는 경우를 제외하고 DDT는 사용이 금지된 지 오래되었지만 자연에 퍼져 있는 DDT 분자들은 어디에서나 발견할 수 있다. DDT 분자들은 오늘날 미세 플라스틱 그리고 고분자화합물과 함께 우리 인간의 몸과 자연에서 오래 버티기 경쟁을 벌이고 있다. 당시에 잔류성 유기염소로 DDT만 있었던 것은 아니다. 클로르단chlordane도 어류에 치명적인 살충제였다. 클로르단 살충제는 이미 1981년에 사용이 금지되었다. 토양에서 분해되는 데 오랜 시간이 걸리며 동물과 사람 몸에 장기간 축적된다. 심지어 사용이 금지되고 훨씬 뒤에 태어난 사람의 혈액에서 클로르단의 대사산물 중 하나인 옥시클로르단oxychlordane이 발견될 수 있다. 카슨의 『침묵의 봄Silent Spring』 마지막 문단은 세상의 모든 환경운동가, 모든 농부, 모든 정원사가 신조로 삼을 수 있는 문장으로 시작한다: '"자연을 통제한다"는 말은 자연이 인간의 편의를 위해 존재한다고 여기던 네안데르탈식 생물학과 철학의 시대에 태어난 오만한 표현이다.' 그럼에도 불구하고 세계의 주요 비즈니스 모델인 자본주의는 실제로 자연은 인간과 경제적 편의를 위해 존재한다고 여긴다. 지난 70년 동안 화학 회사들은 살충제, 살균제, 제초제, 비료를 끊임없이 생산했는데, 이 모두가 전 세계의 농업과 원예가 안고 있는 문제를 해결하기 위해 자연을 통제한다는 정밀한 목적으로 만들어졌다. 이러한 분자 중 상당수는 해로운 부작용이 만천하에 드러나자, 단계적으로 사용이 중단되거나 심지어 금지되었다. 대기업과 다양한 유해 화학물질 접촉으로 인해 건강에 피해를 보았다고 주장하는 개인 사이에서 악명 높은 다윗과 골리앗의 싸움이 벌어지고 있다.

## 산업형 농업이 정원에 남긴 흔적

2018년 바이엘Bayer이 인수한 몬산토Monsanto의 글리포세이트 glyphosate 기반 제초제 라운드업Roundup은 전 세계 곡물 재배 농부들에게 없어서는 안 되는 필수품이다. 전 세계 수출량의 30%는 중국산이며, 현재 여러 곳에서 제조되고 있다. 하지만 글리포세이트는 역시 2차 피해를 특히 야생동물과 인체에 줄 수 있다는 의혹이 확산하고 있다. 이 제초제와 관련해 미국에서만 10만 건 이상의 소송이 있었다. 라운드업 제초제를 사용했던 사람들은 이 제초제 때문에 비호지킨림프종과 안구 손상 등의 피해를 보았다고 주장했다. 바이엘은 140억 달러를 지급하고 2023년까지 미국에서 글리포세이트 판매를 중단하는 것으로 소송에서 합의했다.[2] 세계에서 가장 널리 사용되는 제초제인 라운드업에 관한 유럽연합의 사용 승인은 2022년 12월에 중단되며, 아마도 연장되지 않을 것이다. 오스트리아는 2019년에 라운드업 사용을 금지했다.

제초제 라운드업에 상응하는 살충제로 위키피디아에서 '세계에서 가장 널리 사용되는 살충제'라고 설명한 것이 이미다클로프리드imidacloprid이다. 네오니코티노이드neonicotinoid로 알려진 화학물질 중 하나로 2013년에 유럽연합EU은 이 중 3가지를 금지했다. 이 책의 애완동물 장에서 언급했듯이, 이미다클로프리드는 과거에도 그리고 현재에도 고양이와 개의 벼룩 치료를 위한 가루약에 일반적으로 사용되는 활성 성분이다. 가장 널리 사용되는 3가지 네오니코티노이드는 꿀벌, 수생무척추동물 및 조류에 치명적이다. 2013년에 미국조류보호협회American Bird Conservancy가 실시한 연구에 따르면 '네오니코티노이드로 뒤덮인 옥수수 알갱이 하나로 새 한마리를 죽일 수 있다.'라고 한다. 이러한 산업용 화학물질 중 대부분은 1950년대부터 영국의 농부와 정원사들이 적극 사용해 왔다. 이에 따라 곤충과 다른 야생동물이 몰살되었다는 사실은 의심의 여지가 없으며, 그래서 오늘날의 정원이 반세기 또는 25년 전보다 척박하다. 2022년 출간된 재창조Regenesis에서 조지 몬비오George Monbiot는 영국 농업의 살충제 사용을 곤충 아마겟돈의 의미로 '인섹타겟돈Insectageddon'이라고 묘사했다. 이러한 학살은 영국에만 국한된 것이 아니다. 지난 20년 동안 덴마크 곤충의 70~80%가 사라졌다. 나는 운이 좋게도 1940년대 말과 1950년대 초에 런던 외곽의 켄트에 위치한 1에이커 규모의 넓은 교외 정원에서 어린 시절을 보냈다. 나비와 나방을 수집하고 키우면서, 집 밖을 나가지 않고도 30종의 다양한 나비와 나방을 쉽게 찾을 수 있었다. 밤이 되면 정원에 고슴도치들도 많이 나타났는데, 테니스 그물에 얽혀 아침에 풀어줘야 하는 일이 잦았다. 특이한 오소리나 아직 도시화가 되지 않은 여우가 우리 집 암탉을 잡으려고 쫓아다니는 모습은 일상이었다. 웅장한 자태의 오래된 느릅나무에는 부엉이 가족을 포함한 온갖 종류의 생물이 살았다. 영국의 느릅나무는 1970년대에 느릅나무 껍질 딱정벌레가 퍼뜨린 곰팡이병으로 인해 대부분 전멸했다. 느릅나무가 사라지면서 영국의 풍경은 완전히 변했고, 한때 느릅나무에 의존하며 살던 동물과 곤충은 교외 지역에서 자취를 감췄다. 그러나 영국은 아직도 정원 가꾸기에 열심이기 때문에, 야생 동물이 이렇게 많이 사라진 것은 지난 반세기 동안 자신이 꿈꾸는 자연으로 '돌아가기' 위해 식물과 토양에 순수한 마음으로 뿌린 다양한 살충제, 제초제, 성장호르몬 탓이 틀림없다. 사람들이 꿈꾸는 자연에는 외국에서 들여온 외래종이 포함되었는데, 외국 식물들과 함께 많은 외래 질병과 곤충도 따라 들어왔다. 이중에는 수입 목재에 묻어서 들어온 네덜란드 느릅나무병 Dutch elm disease도 있었다.

# 외래종 식물

적어도 19세기 이후 이국적인 식물과 목재 수입이 유행하면서 정원과 조경에 끔찍한 결과가 초래되었다. 오늘날 우리는 스코틀랜드 진달래, 히말라야 발삼, 일본 마디풀과 같은 침입성 종에 발생하는 병에 아주 익숙하다. 특히 마디풀은 완전히 제거하기가 너무 어렵고, 번식력이 강해서 부동산의 가치를 떨어뜨릴 수 있다. 절망에 빠진 집 주인들이 일본 마디풀 침입을 막으려면 어떻게 해야 하는지 묻자, BBC Two의 '정원사의 세계Gardeners' World' 프로그램은 라운드업이나 글리포세이트 성분의 유사 제초제를 쓰는 방법밖에 없다고 했다.

이국적인 가정용 화초가 유행하면서 그 피해는 수입 국가에만 국한되지 않는다. 필리핀의 피처 플랜트pitcher plant와 같은 벌레잡이 식물을 찾기 위해 열대림이 훼손되고 노랑복주머니란Lady's slipper orchid을 찾기 위해 온대 삼림 지역은 밀렵으로 인해 파괴되었다. 이러한 외래종 식물과 함께 곤충의 알과 곰팡이도 유입되는데, 야생 식물이나 동물을 제거하면 지역의 생물다양성에 공백이 생기고 수분과 번식에 잠재적으로 문제가 발생할 수 있다. 이러한 즉각적인 피해 이외에, 열대지방의 이국적인 식물의 부도덕한 거래를 위해서는 운송과 온실을 위해 광범위한 난방이 필요하다. 그래야 이 불쌍한 외래종 식물이 중앙 난방시스템이 가동되는 누군가의 거실에 전시될 수 있다. 이러한 외래종 식물 거래는 열대 물고기를 비윤리적이고 무모한 방식으로 거래하는 것과 다르지 않다.

## 살충제

전쟁이 끝나고 몇 년 동안 시장에서 구할 수 있는 효과적인 살충제는 찾아볼 수 없었다. 우리 정원사는 커다란 물병에 담배꽁초를 모았다. 여기서 진딧물과 곰팡이 제거를 위해 장미꽃에 뿌리는 역한 냄새가 나는 갈색 액체를 만들었다. 이렇게 니코틴이 들어간 액체는 나름 효과는 좋았지만, 수명은 짧았다. 2차 세계 대전 이전, 심지어 1차 세계 대전 이전에도 고래기름으로 만든 용액을 뿌렸을지 모르지만, 꽃향기에는 크게 도움되지 않았을 것이다(요즘이라면 님 오일Neem oil 용액을 대신 뿌렸을 것이다). 3가지 천연 살충제, 니코틴nicotine, 피레트린pyrethrin, 데리스derris를 수백 년 동안 사용했다는 점을 알아야 한다. 정원사는 담배의 살충 성분에 대해 최소 300년 전부터 알고 있었다. 피레트린은 중국인들이 2천 년 전부터 사용한 국화꽃에서 추출한 성분이다. 흔히 볼 수 있는 열대 덩굴 식물인 타원형 데리스Derris(튜바Tuba라고도 함)에는 로테논rotenone이라는 화학물질이 있으며, 역사적으로 남미의 원주민은 물고기를, 동남아시아에서는 모기를 잡는 데 사용했다. 하지만, 독버섯을 일반식용 버섯으로 착각한 사람이 곧 알게 되듯이 천연 성분이라고 해서 해롭지 않다는 것은 아니다. 현대 화학자들은 이러한 살충성분이 들어있는 식물을 분석해 활성 물질을 분리하고, 유도체를 만들기 시작했다.

니코틴은 빨리 분해되는 것이 언제나 문제였기 때문에 농부와 정원사는 오래 지속되고 특정 목표만을 제거할 수 있는 성분을 원했다. 결국 산업체 화학자들은 분자 구조를 변경해 네오니코티노이드라고 부르는 새로운 니코티노이드 계열의 물질을 만들었다. 마찬가지로 피레트린 꽃에서 다른 특성을 가진 다양한 피레트로이드 물질을, 튜바 덩굴에서 데리스 분말과 로테노이드 계열의 물질을 만들었다. 이러한 천연 성분 기반 화학물질에는 장점도 있지만 단점도 있다.

얼마 지나지 않아 니코티노이드 농축액이 시장에 등장해 정원사는 없애고 싶은 목적에 맞게 희석했다. 미국에서 니코틴 황산염이 40% 함유된 블랙 리프 40이 판매됐었는데 (진딧물은 말할 것도 없고) 사람과 동물에게도 치명적인 맹독성을 갖고 있어 곧 판매가 중단되었다. 네오니코티노이드 계열의 물질 몇 가지가 금지되었는데, 가장 최근에 금지된 것은 티아메톡삼thiamethoxam이다. 이 물질이 꿀벌에게 피해를 준다는 연구 결과가 연달아 발표된 후 2018년 유럽에서 사용이 금지되었다. 하지만 영국의 설탕 생산 기업인 브리티시 슈가British Sugar는 긴급 면제를 신청했고, 2022년 3월 초 면제 조건이 충족되었다고 발표했다. 티아메톡삼은 진딧물이 옮기는 '바이러스 옐로우virus yellow'라는 질병을 막기 위해 사탕무에 살포한다. 2020년 (영국 정부에 따르면) 티아메톡삼으로 인해 영국의 사탕무 작물 25%가 죽었다. 오늘날 영국에서 소비되는 설탕의 약 2/3가 영국산 사탕무에서 생산되기 때문에, 이는 경제적 이익과 환경 피해 사이에서 끊임없이 긴장하거나 또는 절충해야 하는 또 다른 사례이다.

데리스 더스트Derris Dust 물질은 영국에서 결국 사용이 금지되었지만 2009년이 되어서의 일이었다. 영국 정원사의 약 50만 명이 왕립원예협회 회원이다. 이 협회 웹사이트를 둘러보면 지난 20년 동안 회수되었거나 사용이 금지된 화학물질 최소 20가지를 볼 수 있다. 데리스 더스트이외에 말라티온malathion, 알드린aldrin, 디엘드린dieldrin, 보르도Bordeaux 혼합물, 제초제로 널리 사용되던 파라콰트paraquat 같은 물질이 여기에 포함된다. 파라콰트는 이 물질을 레모네이드로 착각한 어린이들이 사망한 것으로 악명 높으며 파킨슨병과 관련이 있다. 말할 필요도 없이, 금지된 화학물질이 함유된 제품의 판매가 금지되었다고 해도, 공구 창고에 저장해 뒀거나 인터넷을 통해 구할 수 있기 때문에 정원사에게 금지된 제품이 없다는 얘기는 아니다.

애완동물 장을 읽었다면, 두 세계가 서로 겹친다는 것을 알 수 있을 것이다. 고양이와 개의 벼룩 치료에 사용되는 살충제 대부분은 원예와 농업에 사용되는 살충제와 같은 제품이다. 심각한 동물 질병 치료제 대부분은 처방 약품을 쓰는데 이론적으로는 자격을 갖춘 수의사에게서만 구할 수 있다. 물론 동물 의약품에 관한 규정은 나라마다 다르며 — 인체용 의약품과 마찬가지로 — 흔히 인터넷에서 쉽게 구할 수 있다. 퍼메트린permethrin, 사이퍼메트린cypermethrin, 테트라메트린tetramethrin과 같은 피레트로이드 성분은 동물과 정원 가꾸기에 자주 사용된다. 테트라메트린은 유럽연합에서 판매가 금지된 320가지 살충제 중 하나이지만, 영국에서는 펫실드Pet Shield의 가정용 벼룩 스프레이 제품에 들어있는 활성 성분으로 쉽게 구할 수 있다. 모든 피레트로이드 계열 물질은 꿀벌, 수생 곤충, 다양한 어류와 조류에 강한 독성을 보인다. 또 다른 화학물질 스피노사드spinosad와 스피네토람spinetoram은 썩은 사탕수수에서 발견되는 박테리아에서 추출한 성분이다. 스피네토람은 벼룩뿐 아니라 벌레, 애벌레 그리고 일부 딱정벌레도 죽인다. 이 살충제는 체리스틴Cheristin이라는 브랜드로 고양이 벼룩을 죽이는데도 사용하지만, 농작물에도 사용한다. 예상대로 곤충, 조류, 민물 무척추동물, 수생 식물, 포유류에도 해롭다. 다른 화학물질과 마찬가지로 자연환경에서 분해되면서 형태가 바뀌면 원래 성분보다 훨씬 더 강한 독성이 나타날 수 있다.

위에 설명한 내용으로 애완동물 관리와 정원 관리 두 가지 용도에 사용할 수 있는 화학물질이 여러 가지라는 것을 알 수 있다. 애완동물과 정원의 식물용 제초제 제조 회사들은 특정 해충이나 바이러스 이외에는 무해한 마법 같은 살충제를 만든다는 것이 얼마나 어려운지 잘 알고 있다. DDT가 곤충계와 동물계에 강한 독성을 보인다고 알려진 이후 큰 변화가 있었다. 오늘날 살충제 제품들은 정기적으로 검사를 받고 있다. 예를 들어, 민달팽이와 달팽이 퇴치 용도로 오래전부터 연체동물에 효과가 탁월한 메트알데히드metaldehyde 성분을 주로 사용했다. 색깔 알갱이 형태의 메트알데히드는 유아는 물론 고양이와 개에게 신속한 치료가 필요할 만큼 치명적이다. 영국에서 메트알데히드는 적어도 실외(온실 제외) 사용이 금지되어 있다.

## 정원용품 매장

철물점뿐만 아니라 비료와 살충제와 같은 현대적인 정원 가꾸기 용품은 주말에 정원사들이 나무, 관목, 식물, 씨앗을 구매하던 오래된 묘목점에서 주로 판매되었다. 이런 묘목점은 정원관리 용품점으로 불리는 싸구려 잡동사니 매장으로 크기와 성격이 바뀐 지 오래되었다. 본질적으로 이런 매장은 테마형 슈퍼마켓이다. 매장 외부의 공터에 커다란 덤불과 묘목을 판매하고 있기 때문에 과거 묘목점의 흔적을 찾아볼 수 있다. 퇴비와 화분용 화합물이 담긴 폴리에틸렌으로 포장된 봉투도 볼 수 있다. 이 중 일부에는 정원용으로 오래전부터 땅에서 파내서 사용해 온 토탄peat이 들어있다. 영국에서 가장 큰 천연 탄소흡수원carbon sink인 토탄습지peat bog 1헥타르에는 열대우림 1헥타르만큼의 탄소가 저장되어 있다. 토탄을 파내면 이산화탄소가 방출될 뿐만 아니라 몇몇 희귀종의 서식지도 파괴된다. 또한 토탄지대는 홍수 피해를 줄이는 데도 도움이 된다. 2011년에 영국 정부는 퇴비 소매업자들에게 2020년까지 토탄 판매를 자발적으로 중단하라는 목표를 제시했다. 그러나 '자발적 목표'는 '자발적 관리'로 변질된다. 2011년부터 2019년까지 토탄 사용은 겨우 25% 줄었고, 2020년에는 코로나19 대유행으로 인한 봉쇄 조치로 정원 가꾸기 취미가 인기를 끌면서 바로 9% 늘어났다.[3] 2022년 8월, 영국 정부는 개별 정원사(토탄의 70% 사용)는 2024년부터, 원예 업계는 늦어도 2028부터 토탄 구매가 금지된다고 확정 발표했다. 나무섬유와 나무껍질과 같은 대체재가 있는데도 불구하고 토탄 습지를 파헤치는 문제는 수백 마일 떨어진 누군가의 정원을 가꾸기 위해 자연을 훼손하는 사례로 오랫동안 지적되었다. 게다가 퇴비 더미와 잘 썩은 부엽토는 어떻게 된 걸까?

대부분의 정원용품 매장에는 작은 식물과 묘목을 살 수 있는 '온실' 비슷하게 만든 실내 공간이 있다. '지속가능한 가구 재료'로 만든 정원 가구 ─ 냉소적인 코웃음과 '꿈 깨'라는 중얼거림이 어울리는 문구 ─ 는 애써 외면한 채 안으로 들어가본다. 나머지 실내 공간은 공구, 화분, 새 모이판, 데크 의자, 차양, 호스 부속품, 전기 벌레퇴치기, 고무 장화 등과 같은 정원과 별 상관없어 보이는 액세서리가 차지했다. 이런 실내 공간은 보통 애완동물 사료와 잔가지로 엮어 만든 애완견용 바구니, 소파에서 발톱을 가는 고양이가 옛날부터 싫어하던 완충재가 들어간 기둥 같은 애완동물 액세서리가 차지하게 된다. 너머에는 온갖 잡동사니가 진열되어 있다. 향초, 아로마테라피 병, 풍경, 랜턴, 파도와 새소리가 담긴 CD, 과자, 장난감, 향, 꽃무늬 종이, '선물', 독일산 동물 인형, 아이들의 눈길을 사로잡는 화려하게 포장된 사탕 등의 달콤한 먹거리 등이 보인다. 대부분의 정원용품 매장에는 카페가 항상 있다. '유기농'이란 무시무시한 단어가 손으로 쓴 메뉴 여기저기에 있다. 갖은 채소와 콩으로 만든 배에 가스가 차게 만드는 수프, 고사리 같은 재료가 들어간 파이 종류인 비건 키시vegan quiche, 건강을 생각한 플랩잭flapjack, 당근 케이크, 신선한 나뭇가지를 구워서 만든 것 같은 맛없는 디카페인 커피 외에 온갖 종류의 차가 있다. 쐐기풀nettle 차, 차크라chakra 차, 심신의 안정을 위한 차, 그리고 임신 확률을 높여주는 임신차도 절대 잊을 수 없다.

정원용품 매장의 목적은 아이들을 달래기 위한 주말 나들이가 합쳐진 중산층 쇼핑이다. 아빠는 비료 포대를, 엄마는 묘목 판을 패밀리 SUV로 실어 나르고, 아이들은 브라우니가 묻어 엉망이 된 입술로, 알러지 케어 천연 울로 가득 채운 동물 인형과 함께 뒷자리에 올라탄다. 정원용품 매장을 불만스럽게 묘사한 것처럼 들렸다면, 빙고, 정답이다. 가족들의 자유 시간 대부분을 그저 물건 구매로 때우는 현실을 지적한 것이다. 정원 가꾸기와 야외 활동을 흉내만 내고 그럴싸하게 외관만 치장한 가게에서는 완전히 위선적인 냄새가 코를 찌른다.


## 일반적인 피해

유해 화학물질은 정원사들이 무의식적으로 초래할 수 있는 환경 오염의 한 형태에 불과하다. 예를 들어, 분할 대여 농지allotments(작물재배를 위해 개인에게 임대해 주는 토지로 시민농장 또는 주말농장과 유사한 개념 - 옮긴이)의 문제는 대부분 수요가 많아 휴경이 허락되어도 좀처럼 쉬지 못한다는 것이다. 즉, 농장이 60년 동안 휴경 없이 과일과 채소 재배에 사용된다면, 다양한 해충 개체군이 제대로 자리를 잡아 다루기 어렵고 박멸은 더 어려워진다. 반면에 정글처럼 되도록 내버려 둔 정원은 과일과 채소, 심지어 꽃도 많이 없겠지만, 야생동물에게 피난처가 될 것이다. 온 동네 개, 고양이, 여우를 위한 공중 화장실이 될 것이고, 그 땅에는 분명히 개회충이 살고 있고 그로 인해 톡소플라스마증toxoplasmosis이 생길 수 있고, 언제든지 사람이 사는 집 안으로 옮겨질 수 있다.

정반대로, 정원 가꾸기가 과도한 경우 식물(및 잡초)의 다양성이 상실되고 결국 유익충의 서식지도 없어진다. 잔디를 1cm 이내로 짧게 깎고 이끼 제거제와 화학물질을 정기적으로 뿌리는 것도 문제지만, 공구 창고 옆에 있는 쐐기풀마저 죄다 파내는 것은 더 큰 문제이다. 정원용품 매장의 카페 요리사들도 쐐기풀을 좋아하지만 애벌레들도 마찬가지이다. 정원 가꾸기에 너무 열정적이다 보면 봄에 덤불을 제거할 때 모르거나 보지 못해서 새 둥지를 본의 아니게 망가뜨리는 경우가 많다. 오늘날 영국에는 생물 다양성의 겨우 53%만이 남아있고, 영국의 토종 포유류 중 1/4은 멸종 위기에 처했다. 마찬가지로 애완동물 주인들은 야생동물에게 큰 피해를 입히는 특히 고양이와 같은 동물에 대해 생각해봐야 한다.

어이없게도 정원용품 매장에서 종종 판매되는 한 가지 제품이 자연을 용납하지 않고 동시에 자연을 마음대로 하려는 인간의 맘에 뿌리박힌 사고방식을 그대로 보여준다. 바로 전기 파리채이다.

전기 파리채는 자외선으로 곤충을 유인해 죽이는데, 전기 스파크의 따닥하는 날카로운 소리를 내며, 곤충의 껍질 타는 냄새가 난다. 이런 장치는 주로 밤에 작동되기 때문에 무해한 야행성 곤충들도 죽고, 무수히 많은 종류의 나방과 작은 나방이 위험에 처하게 된다. 이 정신나간 학살의 목적은 '자연은 인간의 편의를 위해 존재한다(레이철 카슨의 표현)'는 오만한 믿음 말고는 달리 설명할 길이 없다. 비슷하게 말벌을 둘러싼 공포증이 있는데, 꿀벌이 포함되는 경우도 있다. 말벌과 꿀벌은 일반적으로 자극받지 않으면 해를 입히지 않는 필수 곤충이다. 벌에 쏘였을 때 아나필락시스 쇼크 anaphylactic shock가 나타나는 극히 드문 경우를 제외하면 벌은 좀처럼 위협이 되지 않는다. 특히 말벌은 나쁜 평에도 불구하고 아름답고 대체로 평화로운 생물이며 일부 유럽 국가에서는 공식적으로 보호받고 있다(영국은 아직 아니다). 말벌이 아무런 해를 입히지 않을 때조차 먹이로 유인해 치명적인 화학물질의 공격을 받아 마땅하다고 여기는 것은 기괴한 느낌마저 들게 한다. 지난 반세기 동안 학교에서 배우는 생물 수업에서 먹이 사슬 개념을 다뤄왔다. 그런데도 사람들은 전기 곤충 퇴치기를 사고, 나중에 정원의 울타리 너머를 보면서 왜 요즘에는 '옛날처럼 칼새, 제비, 마틴 같은 새를 거의 볼 수 없지'라며 의아해한다.

널리 사용되는 가정용 파리 살충제 대부분에 페르메트린과 테트라메트린 성분이 들어있다. 제품 표면에 '실내 사용'이라는 표시가 있을 수 있지만, 미세한 입자가 열려 있는 창문 밖으로 뭉치모

양으로 흘러 나가는 것을 막을 수 없다. 이 분자들은 이동하며 거의 파괴되지 않는 것처럼 보인다. 일단 밖으로 나가면, 살충 효과는 특히 물 속에서도 그대로 유지된다. 훨씬 더 심각한 문제는 프로반토Provanto가 만든 CIT(클로로메틸아이소티아졸리논)/MIT(메틸아이소티아졸리논)가 들어있는 얼티밋 버그 킬러Ultimate Bug Killer라는 이름의 제품이다. 이 제품은 이소티아졸론isothiazolone 성분의 살생제로 1980년대 초 다우 케미칼Dow Chemicals이 만들었다. 환경과 인체에 미치는 영향 때문에 새로운 DDT라고 불렸다. 심각한 알레르기 유발 물질이지만, 제트 연료와 샴푸를 포함해 박테리아가 번식할 수 있는 모든 제품에 추가되었다. 이 제품은 원예와 농업에 필수적인 토양 미생물을 포함한 모든 종류의 미생물에 특히 유독하다. 해저에서도 6개월 동안 사라지지 않는다. 한 마디로, 가정용 파리 스프레이를 사용한다면 그 누구도 스스로 '환경 의식이 있다'고 해서는 안 된다.

마지막으로, 심지어 최근에는 꼼꼼한 정원 가꾸기조차 환경주의로 인해 피해를 보고 있다. 지구 살리기로 보이는 이 활동의 가장 슬픈 희생양은 소박한 모닥불일 것이다. 최근까지 모닥불을 피우는 것은 정원 가꾸기에서 가장 소중한 의식이었다. 모닥불 연기가 가을 향초 구름처럼 하늘로 피어올랐다. 어린 시절이 생각나는 냄새이다. 쇠스랑에 기대어 불꽃이 서서히 피어나는 것을 바라보면 너무나 기분이 좋았다. 이따금 불이 붙지 않은 가장자리 것들을 불 속으로 긁어 넣으면 미카엘 데이지Michaelmas daisy꽃처럼 얼마 전까지 화려했지만 시들어버린 오랜 친구들이 생각났다. 이렇게 덧없는 세월의 아름다운 우울함 덕분에 계절과 죽음에 대한 뻔한 철학적 사색이 화려하게 변신한다. 하지만 최근에는 모닥불 피우는 것이 상당히 제한되거나 완전히 금지되었다. 오늘날의 정원 쓰레기는 쓰레기통에 넣어두면 시 직원들이 비우고, 트럭에 실어 바이오매스 발전소로 보낸다. 생태학적으로 의미 있는 일이 될 수 있지만, 전기 생산을 위해 몰록Moloch 신(아이를 제물로 바치고 섬긴 신 - 옮긴이)에게 또 다른 희생물을 바치는 것 같고, 독선적인 이웃에 무릎 꿇는 느낌을 줄 수 있다. 낙엽 청소기로 그렇게 시끄러운 소음과 배기가스를 뿜어내면서 온 동네를 오염시켜도 괜찮다고 생각할 수 있을까? (또 하나의 무모한 소비이다. 조용하고 소박한 낙엽 갈퀴는 어디로 갔나?) 이웃의 귀를 괴롭히지 않을 때면, 그들은 가을 저녁에 현지 정원용품 매장에서 구매한 — 뒤에서 번쩍이는 벌레 퇴치기처럼 — 커다란 버섯 모양의 가스히터를 쬐면서 테라스에 앉아 시간을 보낸다. 작가 마틴 크루즈 스미스Martin Cruz Smith가 말했듯이, '사람의 보통 활동도 역사상 최악의 핵 사고보다 자연에 더 나쁘다.'

# 스포츠

건강 제품 산업에 점점 더 빠져들고 헤어나지 못하는 스포츠가 너무 많아지고 있다. 이는 관중도 그렇지만 선수들 — 이미 건강하다고 생각됨 — 마저 그렇게 된다는 건 정말 기이한 일이 아닐 수 없다. 피크 피트니스Peak Fitness(구 소련의 산 이름처럼 들림), 즉 최고의 체력을 쫓다가 많은 사람들이 조기 사망을 맞이하는 산봉우리 같은 것이다. 하지만, 테니스나 스쿼시처럼 격렬한 운동, 헬스장에서 하는 운동, 동네 수영장에서 수영, 골프는 모두 '건강한 생활'에 도움이 되는 보조 활동이라 생각하는 게 당연하다 — 여우사냥과 같은 스포츠는 동물 친화 측면에서 낮은 점수를 받을 뿐 아니라 너무 상류층에 한정된 것이라는 잘못된 이유로 언급되지 않는다. 그러나 산책이나 자전거 타기와 같이 간편하게 어디서나 할 수 있는 활동과 달리, 대부분은 아닐지라도 관중을 끌어들일 수 있는 특정한 장소, 특별한 장비를 사용하는 스포츠 활동이 많다.

## 모터 스포츠

일반적으로 모터스포츠는 친환경과 완전히 멀어 보여 가장 비판을 많이 받는다. 랠리, 모터사이클 그랑프리MotoGP등의 모터스포츠 종류 중에서, 포뮬러 1Formular 1(F1)은 환경과 가장 상극이다. 포뮬러 1 팀 차량과 엔지니어들이 지구 여기저기를 돌아다니는 것은 물론이고, 관중이 열광하는 정교하게 튜닝한 내연기관 엔진의 강력한 굉음을 '탄소의 카니발carnival of carbon'이라고 불렀다. F1은 연간 25만 톤 이상의 이산화탄소를 배출하는데 이 중 절반 이상은 F1 관계자, 프로모터, 파트너들의 항공, 해상, 육상 운송으로 인해 발생한다. 이 중 일부는 탄소포집 기술과 나무 심기로 이미 상쇄되고 있다. 톱기어Top Gear 팀이 자연의 세계를 피렐리Pirelli 타이어 아래의 먼지만도 못하게 여기던 예전의 풍조는 자동차 매니아 사이에서 친환경적인 태도로 바뀌었다. 제레미 클락슨Jeremy Clarkson('톱기어'라는 자동차 쇼 프로그램으로 스타가 된 영국의 유명 방송인으로, 대표적인 환경보호 반대주의자 - 옮긴이)이 농사를 시작했다니 해가 서쪽에서 뜰 일이다. 세바스티안 베텔Sebastian Vettel, 루이스 해밀턴Lewis Hamilton, 페르난도 알론소Fernando Alonso와 같은 최고의 F1 드라이버들은 환경주의 활동에 찬성한다고 밝히며 모터스포츠도 꾸준히 하이브리드 엔진을 사용하는 미래를 수용해야 한다고 주장했다. 실제로 해밀턴은 환경을 고려해 개인 비행기를 처분했다. 하지만 그와 그의 팀은 세계 곳곳에서 펼쳐지는 그랑프리 대회에 출전하는 빡빡한 일정 때문에 여전히 비행기를 타고 이동해야 한다. F1 경주를 위해 지구를 끝없이 이동하는 탓에 더 많은 이목과 비난이 집중되고 있다. 하지만 환경주의자들에게 비난을 모면하지 못하는 분명한 이유는 비록 연료의 10%는 '친환경'(바이오매스) 연료를 사용하지만, F1 경주용 자동차 엔진의 교만한 내연기관 특성 때문이다. 전 세계 수백만 명의 F1 경주 팬들이 동의하는 한 가지는 거의 소음 없이 질주하는 포뮬러 E 경주용 자동차들은 전혀 만족스럽지 않다는 점이다 ― 어림없다. 고성능 튜닝 엔진의 소리는 필수적이다. 출발 그리드starting grid에서 경주용 자동차들이 출발하면서 뿜어내는 굉음은 흥분과 엔진의 최대출력을 선사하며, 드라이버와 경주용 자동차가 한계에 달할 때까지 혼신의 힘을 쏟아낸다. F1은 초대형 산업이기 때문에, 이러한 필요조건이 가까운 미래에 변할 가능성은 작아 보인다.

F1의 이사이자 엔지니어였던 로스 브라운Ross Brawn은 이 문제에 대해 명확한 태도를 보인다. 이는 단순히 물리학의 문제이다. 현재 기술 수준은 화석연료를 사용하지 않고는 F1 경주용 자동차 구동에 필요한 에너지 밀도를 만들어내지 못한다. 요즘 일반적인 F1 경주용 자동차는 무게가 겨우 750kg에 불과하다. 엔진은 1,000마력 이상의 출력을 내며 2시간 이상 이 출력 상태를 유지

할 수 있다. 실제 경주용 자동차의 한계는 타이어 수명에 크게 좌우된다. 이와 달리, 전기 모터스포츠의 절정을 뽐내는 포뮬러 E 자동차는 무거운 배터리 때문에 일반적으로 무게가 900kg이고 출력은 겨우 300마력밖에 되지 않는다. 게다가 경주에서 필요한 출력은 어마어마하므로 전기 자동차 선수는 배터리로 충분한 출력이 나오지 않으면 경주 중간에 새로운 자동차로 교체할 수밖에 없다. 최신 배터리 기술을 사용하더라도, 전기 자동차가 F1 경주용 자동차의 고출력에 근접할 수조차 없다. 현재 기술 수준으로 F1 자동차의 출력을 내려면, 약 6-7톤의 배터리가 필요할 테고, 그런 자동차는 경주용이 아니라 관람용이 될 것이다. 결국 모든 엔진의 성능 평가는 출력 대 중량 비율로 귀결된다. 우리는 같은 계산이 모든 다른 차량에도 적용된다는 사실을 쉽게 잊곤 한다. 대륙 간 전기 항공기가 머지않아 세계를 누비며 이상한 신음 정도에 불과한 소음밖에 나지 않을 거라고 상상하는 사람들은 여전히 100여 전의 과거에 머물러 있는 셈이다. 그 시절에는 만화가들이 상상한 미래의 도시에 증기 기관 항공기가 돛을 달고 분주히 하늘을 윙 하며 날아다녔다. 소형 단거리 전기 항공기라면 실제 앞으로 10년 이내에 볼 수 있을 것이다(자동차와 비행기 장 참조). 하지만 수백 명의 승객을 태우고 큰돈 들이지 않고, 바다를 건너는 것은 불가능하다. 그렇다고 전기동력으로 바꾸는 것만이 능사는 아닐 수 있다. 왜냐하면 전 세계 전기 공급의 거의 상당량은 석탄, 가스, 석유 등을 원료로 사용하는 화석연료 발전소에서 생산되기 때문이다. 브라운의 말 대로, 우리가 개발해야 하는 것은 지속 가능한 탄소 중립 연료이다. 따라서 가까운 미래에 F1의 모습은 현재와 크게 다르지 않을 것이고, 경주용 자동차 연료의 합성 성분은 꾸준히 늘어날 것이다. (하지만 자동차와 비행기 장에서 설명한 이유로, 연료에 합성 성분이 늘어나도 생각만큼 큰 장점이 되지 않을 수도 있다.) 그런데도, 포뮬러1은 한 시즌 전체 탄소 배출량 중 자동차로 인한 것은 겨우 0.7%에 불과하다고 주장한다.[1] 이론상 수소/공기 혼합물로 경주용 자동차 엔진을 구동할 수 있고 팬이 만족할 정도의 내연 기관 굉음을 낼 수 있지만, 안전하게 동일한 또는 더 큰 출력을 내기에는 갈 길이 멀다. 수소는 물을 전기 분해하면 쉽게 얻을 수 있지만, 이 과정 자체에 상당한 에너지가 필요하며, 이 에너지는 또 어떻게 해서라도 만들어 내야 한다.

한 마디로, 모터 스포츠 세계는 혁신적 변화가 필요하다. 이런 혁신은 모터사이클 그랑프리MotoGP의 오토바이 경주에 적용되고, 랠리 레이싱 — 특히 미국이 그렇다 — 드래그레이스와 파워보트 경주도 마찬가지이다. 사실 드래그레이스와 파워보트 경주는 니트로메탄nitromethane을 연료로 사용한다. 이 연료는 원래 친환경적이지만, 배기가스로 질소산화물과 이산화탄소를 배출한다. 거대한 기계가 황소처럼 땅을 파고 시커먼 탄소 연기를 내뿜어대는 트럭과 트랙터 견인 경주는 미국 중서부 주에서 앞으로도 볼 수 있을 것이다. 이런 경주는 픽업트럭에 총을 싣고 다니는 지지자들을 위한 승리의 성역이다. 이들에게 지구온난화는 사회주의적 허구이다.

## 골프

관중 스포츠의 실제 경기장은 엄청난 환경 비용을 초래한다. 축구장은 땅속으로 난방시스템, 수영장은 수만 갤런의 온수와 염소 소독 처리, 아이스링크에는 전력 소비가 엄청난 제빙 장비, 테니스, 크리켓, 럭비, 경마 경기장의 깔끔하게 정돈된 잔디 — 이 모든 경기장은 유지보수에 비용이 많이 든다. 그러나 전 세계의 골프장 건설과 유지보수와 비교하면 별거 아니다.

전 세계의 거의 4만 개에 달하는 골프장 관리로 발생하는 누적 환경 비용을 제대로 알려면 범세계적으로 철저한 조사가 필요할 것이다. 전체 골프장 중 78%는 단 10개국에 위치한다: 미국, 일본, 캐나다, 잉글랜드, 호주, 독일, 프랑스, 한국, 스웨덴, 스코틀랜드. 18홀 골프장 땅 면적은 최대 200에이커이며, 평균 160에이커 정도 된다. 이 모든 골프장은 잔디의 세심한 관리뿐 아니라 지속적인 조경 관리가 필요하다. 골프장을 관리하는데 필요한 비료, 제초제, 살충제, 인력, 그리고 무엇보다 물의 양은 거의 헤아리기 어려울 정도이다. 1970년 초반에 포르투갈 알가르베Algrarve 지역의 한 마을 사람들이 대부분 영국 은퇴자이었던 일단의 사람들을 향해 시위를 벌였던 일이 기억난다. 골프장의 잔디 관리를 위해 지역에서 이미 물이 부족한데도 물을 빼돌리자 분노한 주민들이 벌인 시위였다. 이런 일은 전 세계 어디서나 특히 미군이 장기간 주둔한 곳이라면 분명히 익숙할 것이다. 가장 좋은 예로 무록 레이크 골프코스Muroc Lake Gold Course를 들 수 있다. 이 골프장은 높은 고도에 건조하기로 유명한 모하비 사막에 주둔한 에드워즈 공군기지 안에 있다. 이라크, 사우디아라비아, 지난 70년간 미군 병력이 주둔했던 사실상 모든 곳에 이와 비슷한 골프장이 있다. 현지인들은 매일 먼 우물과 펌프에서 낡은 물통에 물을 담아 오려고 오래 힘들게 걸어야 한다. 소수의 사람들이 막대기를 들고 돌아다니며 작은 공을 구멍에 넣을 수 있도록 해주려고 피 같은 물을 땅에 쏟아버리는 것을 보면 무슨 생각을 할지 짐작할 수조차 없다. 하지만 사막한 가운데(라스베이거스, 팜스프링스)에 골프장은 말할 것도 없고 도시 전체를 건설하는 무모한 오만함은 미국의 서남부 지역이 기후변화로 인해 가뭄이 극심해지면서 더욱 고통스럽게 드러나고 있다. 2021년 6월 네바다주 남부는 지자체로서는 미국에서 처음으로 '기능이 없는' 잔디에 물 주는 것을 금지했고, 그래서 인도 옆의 잔디가 모두 말라 죽었다. 이는 우리가 피할 수 없는 앞으로 닥칠 일이며, 더 심해질 것이다. 하지만 팜스프링스에서 20마일 이내의 지역에 골프장이 90개 있다: 49개는 사설, 37개는 대중, 4개는 시립 골프장이다. 앞으로 이런 골프장이 어떻게 될지 지켜보는 것도 흥미로울 것이다. 이 모든 골프장이 소비하는 물을 다 합치면 가뭄으로 귀중한 아몬드 과수원이 말라가는 것을 지켜보는 농민들을 분노하게 만들고도 남는다. 애리조나주 피닉스 — 현재 전 세계에서 가장 지속 불가능한 도시라 불리는 이 도시는 금세기 말이 되기 전에 밤낮 할 것 없이 기온이 화씨 100도(섭씨 37.7도) 아래로 떨어지지 않을 것으로 예상된다 — 는 심지어 이미 여름철 거주가 거의 불가능하다고 한다. 이런데도 불구하고, 피닉스에 26개의 골프장이 있고, 20마일 이내에는 74개의 골프장이 더 있다. 어느 순간 골프장의 녹색을 책임지는 관리자는 더 이상 '친환경'적이지 않게 된다. 그러나 골프장 유지보수에 들어가는 환경 비용은 이야기 전체의 절반에 불과하며, 나머지 절반은 골프장 조성을 위해 토지를 정리하고 개발하는 첫 단계에서 초래된다. 칼 히아센Carl Hiaasen의 분노와 환경에 대한 열정이 담긴 풍자소설 『모국어Native Tongue(1991)』는 이를 소재로 삼고 있다. 남부 플로리다를 배경으로 한 이 소설의 대부분은 골프 코스 건설을 위해 수십 헥타르의 해안 숲과 맹그로브 숲을 불법으로 훼손하는 사건에 관한 내용을 담고 있다. 소설에 등장하는 골프장은 실제가 아닐 수 있지만, 골프장 건설은 플로리다주에 골프장이 1,250개나 된다는 사실을 기반으로 하고 있다 — 미국에서 가장 골프장이 많은 주이며, 계속 늘어나고 있다.

## 관중

많은 스포츠의 실제 탄소발자국은 팬과 관중의 참여로 훨씬 더 늘어난다. 매년 전 세계 수백만 명이 자기가 응원하는 팀이나 영웅을 쫓아서 상당히 먼 거리를 여행한다. 이들은 라파엘 나달Rafael Nadal과 루이스 해밀턴Lewis Hamilton과 같은 스포츠 스타들이 어디를 가든 그들을 응원하기 위해 현장에 있다. 2015년 아주 우연히 영국에서 호주로 비행기를 타고 테스트 크리켓Test Cricket 시리즈(국제 크리켓 경기 중 가장 권위 있는 최정예 대표팀 경기 - 옮긴이)를 보러 온 다섯 사람을 만났다. 이들은 영국 크리켓팀을 응원하기 위해 어디든 여행하는 영국 팬 모임으로 정평이 나 있는 '바미 아미Barmy Army'의 일원이었다. 바로 그 크리켓 시리즈를 보러 비행기를 타고 날아 온 팬들이 수백 — 심지어 수천 — 명에 달했을 것이다. 바미 아미는 크리켓 팬으로 시작했지만, 이후 럭비 유니언과 리그로 확대되었다.

하지만 크리켓 팬의 수는 축구팀을 응원하기 위해 특히 월드컵과 같은 축구의 축제를 위해 전 세계를 날아다니는 수많은 축구팬들과 비교해보면 새 발의 피나 다름없다. 유럽의 클럽 축구는 우주와 마찬가지로 끊임없이 팽창하고 있다. 2018년 유럽 축구의 총괄 기구인 유럽축구연맹UEFA은 '더 많은 클럽과 협회가 더 많은 경기를' 할 수 있도록 유럽 콘퍼런스 리그Europa Conference League 도입을 발표했다. 새로운 리그가 탄생하면 훨씬 더 많은 수익이 생긴다는 점은 언급하지 않았다. 새 리그로 인한 환경적 영향의 일부를 계산한 영국의 BBC 스포츠는 2021년 10월 21일에 이 문제를 제대로 다뤘다. 방송의 핵심은 다음과 같았다:

● 유럽 콘퍼런스 리그에서 그룹 경기의 85%는 최소

1,000km 이상 떨어진 팀들 간의 경기이다.

- 그룹 단계에서 팀 당 평균 이동 거리는 5,578km이며, 이는 런던에서 뉴욕까지 비행하는 거리와 맞먹는다. 전체 그룹 단계에서 치르는 경기로 보면 이동으로 인해 발생하는 일인당 평균 탄소 발자국은 1,087kg(1톤 초과)의 이산화탄소에 달한다.

- 19개 팀(59%)은 그룹 경기 전체에 참가하기 위해 총 5,000km 이상을 이동해야 한다.

- 42개 팀(44%)은 2,000km 이상을 이동한다.

- 11개 팀(34%)은 원정 경기마다 1,500km 이상을 이동해야 한다.

- 카자흐스탄의 카이라트Kairat 팀은 모든 팀 중 가장 긴 이동 거리를 기록했다 ― 총 11,348km로 지구 둘레의 약 1/4이 넘는 거리이다. 카이라트 팀의 모든 원정 경기를 따라 이동하는 팬 한 명은 약 이산화탄소 2,212kg의 탄소발자국을 남겼을 것이다. 이는 전 세계 모든 활동의 1인당 평균 탄소 발자국(4,000kg)의 절반을 넘어선다.

영국 축구클럽은 유럽에서 가장 심각한 환경 오염 주범 중 하나임에 틀림없다. 비교적 작은 섬나라이면서도, 영국의 축구 팀들은 아무리 짧은 거리도 거의 모든 프리미어 리그 경기마다 비행기로 이동한다. 2021년 9월 그린피스Greenpeace는 토트넘Tottenham이

본머스Bournemouth로 이동하기 위해 20분 비행기를 탄 것을 비난했다. 다음 달에는 맨체스터 유나이티드Manchester United가 레스터Leicester로 이동했는데, 고작 100마일 정도 밖에 되지 않는 거리를 약 20분 비행기를 타고 이동했다. 10월에 리즈 유나이티드Leeds United는 노리치 시티Norwich City가 '지속 가능성 실천을 선도'한다고 선언한 경기를 위해 비행기를 타고 이동했다. 환경은 그저 허울이었다. BBC 방송이 지적했듯이, 영국의 기업·에너지·산업전략부Department for Business, Energy and Industrial Strategy의 자료에 따르면 비행으로 인한 km당 [이산화탄소] 배출량은 다른 교통 수단보다 훨씬 더 많으며, 단거리 비행은 최악의 배출원이다.[2] 프랑스는 현재 기차로 2시간 30분 이내로 이동할 수 있는 모든 단거리 항공 이동은 금지했으며, 스페인과 독일도 동일한 조치를 취할 것으로 보인다. 2021년 10월, 영국 교통 개선 캠페인Campaign for Better Transport은 기차로 5시간 이내로 이동이 가능한 거리의 모든 국내 항공편을 금지하는 조치를 촉구했다. 영국의 통근자들에게 겨우 5마일 거리를 기차로 이동하는 데 5시간 걸리는 경우는 아무것도 아니다. 기차가 실제 운행이라도 하면이라며 비아냥거릴지 모른다. 환경에 가장 큰 피해를 주는 범인이 바로 단거리 비행이지만 과연 영국 축구가 습관을 바꿀지는 여전히 알 수 없다.

개최국이 서로 이상하리만큼 앞다퉈 부담하려 드는 막대한 재정 지출에 더해, 4년마다 개최되는 동계, 하계 올림픽(장애인올림픽은 말할 것도 없다)에 참가하는 선수와 관중으로 인해 전 세계의 탄소 배출량은 정확히 계산이 어려울 정도로 많다. 장거리 이동만이 유일한 환경적 위험 요소는 아니다. 세계적인 유행병이 창궐하면 상황은 더 나빠진다. 2020년 스키 시즌 이후, 오스트리아 티롤의 한 마을인 이스글Ischgl은 현지 당국이 스키 리조트가 코로나19의 '슈퍼 전파자'라는 점을 너무 늦게 인식했다고 주장하면서 민사소송을 당했다. 아마도 스키를 타고 나서 북적대는 파티를 즐긴 탓으로 많은 사람들이 갑자기 앓기 시작했지만, 수천 명은 아무런 제약 없이 행복하게 스키장 계곡을 떠나도록 내버려두었고, 또 다른 수천 명은 감염 위험은 전혀 생각도 못 한 채 스키장에 도착했다.

스포츠 경기에 관중이 많으면 경기장까지 자신의 차로 이동하는 경우가 많다. 특히 자동차 경주는 경기가 펼쳐지는 서킷(예: 실버스톤Silverstone과 뉘른부르크링Nürburgring)이 도시에서 떨어져 있어서 더 그렇다. 인기 스포츠의 경우와 마찬가지로 자동차 경주의 경우, 관중의 차량이 트랙이나 스타디움으로 출입하려고 길게 줄을 서는 것을 흔히 볼 수 있다. 이런 경우 특히 더운 날씨에 차량의 에어컨을 켠 채로 몇 시간 동안 엔진을 공회전하게 된다. F1의 수많은 팬은 국경을 넘어 경기를 보러 이동한다. 2022년 네덜란드에서 열리는 그랑프리 경기를 보기 위해 30만 5천 명의 관중이 잔드보르트Zandvoort(인구 약 7,000명의 도시)에 몰려들었다. 실버스톤에서 열린 경기에는 40만 1천 명이 모였다. 모터스포츠 중 가장 매력적이고 수익성이 좋다고 할 수 있는 F1의 인기는 지속적인 성장에서 쉽게 확인할 수 있다. 1950년 새로운 F1의 첫 시즌에는 겨우 7개의 경기가 열렸다. 2022년에는 23개의 경기가 펼쳐졌다. 그러나, 축구와 달리 드라이버에게 가해지는 극심한 신체적 부담 때문이기도 하지만, 경주 사이에 경주용 자동차와 엔진을 광속으로 재조립해야 하기 때문에 자동차 경주의 규모를 더 키우기가 어려워 보인다. 다음 자동차 경주를 위해 모든 것을 시간에 맞춰 포장하는 것은 말할 필요도 없다.

F1에 출전하는 경주용 자동차들이 한 시즌에 뿜어내는 탄소 배출량은 얼마나 될까? 그 양은 256,551톤으로 추산된다.[3] — 이 수치에는 국제 라디오, TV 보도진의 이동과 대규모 팬의 이동은 포함되지 않는다. 추가로, 실제 경주용 자동차는 F1 전체 배출량의 단지 0.7%에 불과하다. 이는 모터스포츠를 향한 비판 대부분이 잘못된 것이라는 점을 보여준다. 훨씬 더 심각한 문제는 4년마다 열리는 세계인의 잔치 FIFA 월드컵이다. 2010년 남아프리카공화국 월드컵의 탄소 배출량이 대회보다 앞서 잠정 계산되었다. 275만 톤으로 추산되었는데, 이 중 1,856,589톤은 전 세계에서 비행기로 이동하는 팬들로 인한 것으로 예상되었다.[4] 실제 총 배출량은 예측보다 다소 적었지만, 2006년 독일 월드컵 때보다 거의 7배 많았다. 이러한 대규모 배출이 시끌벅적한 스포츠 행사로 4년마다 계속 늘어나야 하는 걸까? 시간이 지나면 알게 될 것이다. 2022년 월드컵은 상상을 초월하는 어불성설이었다. 탄소 중립을 약속하며 카타르가 유치에 성공했지만, 카타르가 원하는 수백만 명의 팬이 비행기를 타고 찾아오는 것은 포함되지 않는다. 카타르는 2019년

에 일인당 탄소 배출량이 38.82톤으로 전 세계 최고를 기록했다. 물이 부족한 사막 환경에도 불구하고, 카타르는 일 인당 쓰레기 배출(하루 1.2킬로그램) 및 일 인당 물 소비(하루 557리터)에서 세계 1위를 기록하고 있다.

비슷한 미친 결정으로 2022년 베이징 동계올림픽이 중국의 한 지역에서 개최되었는데 이곳은 매년 내리는 겨울 평균 눈의 양이 런던보다 적은 곳이었다. 동계올림픽을 위해 120만 평방 미터의 인공 눈이 필요했고 이를 위해서 엄청난 전기와 점점 건조해지는 개최지에 약 4,900만 갤런의 물이 필요했다.[5] 2022년 10월에 2029년 동계 아시안게임을 알파인 스키 코스와 아무런 상관도 없는 사우디아라비아에서 개최한다는 발표가 있었다. 이런 사례들은 최첨단 위장 친환경 화법으로 정부 관계자들이 벌이는 거짓말 대잔치를 보여준다.

이와는 정반대로 환경에 미치는 영향이 가장 적은 것으로 평가받아야 하는 스포츠 종목이 있다: 2021년 런던 듀애슬론 대회 London Duathlon. 이 대회는 런던의 리치먼드 공원Richmond Park에서 열렸다. 러닝과 사이클링으로 구성된 세계 최대 규모의 듀애슬론으로 널리 홍보되었다. 대회 참가 선수들이 불가피하게 많은 양의 대기 중 산소를 이산화탄소로 바꾼다는 것 말고는 환경에 위협이 될 여지가 거의 없다고 볼 수 있다(가끔 의도치 않은 메탄 배출도 있다). 하지만, 이 대회의 진짜 탄소발자국은 관중이 타고 오는 자동차로 인해 남겨졌다. 온종일 배기가스로 생긴 매연 구름 아래서 온종일 수 마일의 차량 정체가 빚어졌다. 한 달 뒤 헨리Henley를 방문하는 길에, 세인트 메리St. Mary 교회 밖에 걸려있던 포스터가 눈에 들어왔다. '엔진 공회전은 죄입니다.'라고 쓰여 있었다. 현지인은 이 문구가 개인의 게으름(공회전과 게으름은 영어로 같은 단어 idle을 사용한다 - 옮긴이)을 의미하는 것이 아니라, 차량 정체가 심할 때 운전자가 차량 엔진을 켜둔 채 기다리는 것을 의미한다고 설명해 주었다. 교회가 죄인을 이해한답시고 애를 쓰기보다 잘못을 꾸짖는 것은 좋은 변화였다.

사실, 많은 사람들이 몰리는 스포츠는 진정한 의미에서 스포츠라기보다 고수익 관중 산업이다. 그게 아니라면 교외에 있는 테니스 클럽이 갑자기 8,000명의 관중을 수용할 수 있는 스타디움과 39개의 잔디 코트가 왜 필요할까? 이는 윔블던Wimbledon의 올 잉글랜드 테니스 클럽All-England Tennis Club이 필요하다고 주장하며 나온 얘기다: 이렇게 시설을 늘리면 기존 시설에서 3배로 확장되고, 캐퍼빌리티 브라운Capability Brown 공원은 없어질 것이다. 도시계획 허가를 신청하면서, 테니스 클럽은 세계의 다른 그랜드 슬램 대회는 자체적으로 예선전을 치를 수 있는데, 형편이 안 좋은 윔블던은 외부 코트를 사용해야 한다며 불평했다. 하지만 그래서 어쩌란 말인가? 예선전이 어디서 열리는지가 중요한가? 물론, 중요한 문제이긴 하다. 결국 스포츠가 아니라 관중 산업이라는 얘기가 된다. 이 모든 게 돈 때문이다.

# 전기 자전거

대부분의 사람이 고려하지 않거나, 심지어 부인할지도 모르는 스포츠의 실제 탄소 발자국을 판단하는 것은 매우 여러운 일이다. 건강, 레저, 오락과 연관된 스포츠 활동이 너무나 많기 때문에, 그런 활동에 따르는 환경의 실제 피해를 개인적으로 알아보려 하지 않는다. 여기서 한 가지 일반적인 원칙을 발견할 수 있다: 사람들은 자신들이 즐기는 그 어떤 것으로 인한 환경 피해를 평가하고 싶어 하지 않는다(아니 그런 판단을 내리는 것을 몹시 꺼린다). 적극적으로 참여하든 수동적으로 소비하든, 즐거움을 추구하는 것을 나쁘다고 낙인찍는 사람들은 거의 없다. 유행병이 창궐하고, 봉쇄조치가 내려지고, 경제 위기가 닥친 시기에는 이런 경향이 더욱 강해진다. 그러니 달콤하게 포장해야 한다!

이런 맥락에서 전기 자전거는 더 많은 대중에게 환경에 해가 되지 않는 듯한 교통수단과 운동의 결합을 제공하는 것처럼 보인다. 전기 자전거는 자신의 힘으로 타는 자전거보다 힘이 덜 든다. 현재 영국에서 전기 자전거의 인기는 아직 독일, 오스트리아, 네덜란드 등과 같은 유럽 대륙 국가만큼 높지 않지만, 영국 시장이 따라잡는 것은 단지 시간문제일 뿐이다. 2023년까지 전 세계 전기 자전거의 수는 3억 대를 넘어설 것으로 예상된다. 전기 자전거가 가장 많은 나라가 중국인데 대부분이 리튬 이온 배터리보다 훨씬 저렴한 납산 배터리를 사용한다. 가격 차이는 상당하다. 중국의 납산 배터리 전기 자전거의 평균 가격은 167달러인데, 서양에서 판매되는 리튬 이온 전기 자전거는 1,546달러이다. 이 자전거 부품의 대부분은 수입산 ― 특히 중국산 ― 이기 때문에, 코로나19 팬데믹과 그 여파로 운송이 중단되면서 심각한 부품 부족 사태가 빚어졌고, 핵심부품을 기다리면서 아직 사용하지 못하는 자전거가 많다. 어쨌든, 리튬 이온 배터리 때문에 리튬뿐만 아니라 세계적으로 희귀한 자원에 대한 수요가 지속적으로 늘어나고 있다. 전기 스쿠터와 전기 스케이트보드에도 동일한 리튬 이온 배터리가 필요하다: 이 두 가지 교통수단은 젊은 층 사이에서 인기가 급상승하고 있다. 이런 이동 수단은 배기가스가 없어서 깨끗하고 친환경적이라 믿기 쉽다. ― 이 점에서는 맞는 말이다. 하지만 일반 석유를 연료로 사용하는 모터를 생각할 때와 마찬가지로, 필요한 모든 부품을 채굴하고 정제하는데 발생하는 모든 환경 비용을 고려해야 하며 포뮬러 E 경주용이든, 하이브리드 자동차용 대형 배터리이든, 전기 스쿠터, 휴대폰, 보청기와 같은 소형 배터리이든 리튬 이온 배터리 제조에 연관된 방정식에 이 비용을 포함해야 한다. '모든 권력은 부패한다All power corrupts'는 액턴 경Lord Acton의 유명한 말은 총리와 독재자와 같은 사람이 휘두르는 일시적인 권력을 지칭한 것이지만, '모든 에너지는 비용을 치른다All power costs'는 말은 환경을 생각하는 모두가 잊지 말아야 할 훌륭한 격언이다.

아울러, 도시에 살면서 시골에서 산책을 하거나 자전거를 타고 싶다면, 자동차를 타고 이동해야 할 수밖에 없다. 전기 자동차를 타고 이동하더라도, 브레이크와 타이어 때문에 여전히 오염이 발생할 것이다[자동차와 비행기 장의 타이어 내용 참고]. 환경보호에 진심이라면 집 밖으로 나가지 말고, 라디오, 텔레비전, 인터넷으로 모든 스포츠를 즐겨야 하는 것처럼 보인다. 그렇다면, 지구의 건강을 위해 인간은 건강하지 않은 생활 방식을 택해야 한다. 참으로 공교로운 일이 아닐 수 없다. 자연 세계는 인간이 없다면 훨씬 더 좋을 것이다. 시간이 흐르고 나면 틀림없이 그렇게 될 것이다.

# 자동차와 비행기: 하이브리드, 전기, 수소 동력

와! 배기가스가 하나도 없는 여행을 하는 꿈 같은 상상! 순간 이동도 공상과학에서나 가능한 환상이며, 세상에 그런 것은 존재하지 않는다. 그러나 기후 변화의 영향이 현실로 다가오면서 이런 꿈은 더욱 강력해지고 있다. 배기가스 배출이 적은 여행의 현재 가능성을 살펴보기에 앞서, 두 가지를 먼저 기억해야 한다. 첫째, 여행으로 인한 배출량을 계산하려면 연료의 효율적인 사용 방식과 그 연료의 생산 방식까지 반드시 고려해야 한다. 둘째는 제번스의 역설Jevons Paradox이다.

제번스의 역설은 환경보호주의에 골칫거리 중 하나이다. 이 역설은 1865년에 출간된 『석탄 문제The Coal Question』의 저자이자 경제학자인 윌리엄 스탠리 제번스의 이름을 따서 만들었다. 자신의 저서에서 제번스는 제임스 와트James Watt의 새로운 증기기관이 토마스 뉴커먼Thomas Newcomen이 만든 기존 엔진보다 기술적으로 훨씬 효율이 높았지만, 실제 석탄 소비는 늘어난 이유에 대해 주목 했다. 제번스의 역설에 따르면 기술적 진보로 기계의 효율이 좋아 져 동일한 작업 수행에 연료를 적게 사용하면, 이 기계에 대한 수 요는 결국 늘어나게 될 것이라고 한다. 따라서 효율이 좋은 기계가 많아지면 전체 연료 소비량은 훨씬 더 늘어날 수 있다. 결국 환경 적 관점에서 보면, 아이러니하게도 효율이 낮은 차량(예를 들어)이 줄어드는 것이 효율이 좋은 차량이 훨씬 많아지는 것보다 바람직 할 수 있다.

## 하이브리드

이를 확실하게 인식한다면, 하이브리드 자동차가 우리가 잘 아는 탄 소와 질소를 배출하는 내연 기관과 배터리 또는 연료전지 기술을 기 반으로 하는 전기 모터 사이의 명백히 합리적인 중간 단계로 볼 수 있다. 하이브리드 자동차 그리고/또는 순수 전기 자동차는 모든 도 로 교통과 심지어 항공 분야에서 실용적인 미래로 널리 인식되고 있 다. 게다가 (완전히 상상이지만) 거대 석유 회사의 장악을 무너뜨리 는 데 도움이 될지도 모른다. 거대 석유 회사를 증오한다면 석유에 서 최종적으로 추출되는 일상 용품의 일부 목록(부록 1 참고)을 확인해야 한다. 현대 문명 생활의 거의 모든 요소가 석유에 의존하고 있고, 이런 상태는 계속 유지될 것이다.

이론적으로, 전기로 전환하면 이산화탄소와 기타 질소 배출 물질이 눈에 띄게 줄어들 것이다. 그러나 자동차를 구동하는 전기를 얻기 위해 여전히 어떻게든 전기를 생산해야 한다는 점을 간과한다면, 이는 순진한 희망에 불과하다. 전기 생산은 친환경적이지만 기상 여건에 좌우되는 태양광이나 풍력 발전을 통하거나, 석유, 천연가스 또는 핵분열 방식을 통해 더 안정적으로 전기 공급을 받을 수 있다. 어떤 방식을 택하든 각 방식의 운영, 건설 또는 설치 과정 중 석유에 의존할 수밖에 없고, 그에 따라 환경에 영향을 미치게 된다. 예를 들어, 20~25년의 수명을 가진 풍력 터빈 블레이드는 재활용이 불가능하며, 수명이 다하면 잘라내 매립지에 묻어야 한다. 물론 — 태양광 패널판의 경우 (디자인에 따라) 예외가 있기는 하지만 — 모든 풍력 터빈은 콘크리트를 다양하게 사용하기 때문에 이로 인해 전 세계적으로 엄청난 탄소 배출을 초래한다. 핵분열도, 일단 발전소가 세워지면, 풍력이나 태양 에너지만큼 전기 생산 면에서 깨끗하고, 훨씬 더 신뢰할 수 있는 에너지 원이지만, 여기서는 더 언급하지 않겠다. 사실, 어떤 에너지도 100% 깨끗할 수 없고, 앞으로도 그럴 것이다. 지금 우리는 달성할 수 없는 이상에 대해 걱정할 것이 아니라 합리적으로 가능한 방법을 사용해 깨끗한 에너지를 확보하는 것에 집중해야 한다.

# 전력망 확충

배터리로 구동하는 자동차의 미래를 상상하기 전에 한 가지 큰 문제를 먼저 해결해야 한다: 자동차의 배터리를 충전하려면 전력망에 전기 공급이 보장되어야 한다. 많은 나라에서, 특히 유럽의 경우 전기 수요가 공급을 이미 초과한 상태이다. 이 문제는 우리의 생활 방식이 전기에 의존하는 형태로 바뀌면서 점점 더 악화될 것이다. 극단적인 기상 현상이 빈번해진 것이 일부 원인이라 할 수 있다.

전기를 전력원으로 사용할 때 꼭 제기되는 두 가지 질문이 있다: 첫째, 어떻게 전기가 생산되는가? 둘째, 전기는 어떻게 소비자에게 전달되는가? 첫 번째 질문은 잠시 제쳐두고, 전력망 자체에 대한 문제를 살펴보자. 전력망은 송전선에 크게 의존하는데, 전력 발전소와 소비자의 장거리 송전 특성으로 인해 전력 손실이 어떻게든 발생할 수밖에 없다. 또한 전력 공급은 점점 나빠지는 기상 조건에 취약하다. 2021년 1월 27일, 유럽의 국가 간 상호 연결된 전력망은 북극 기상 변화로 인해 수요가 급격히 늘어나면서 대규모 정전 사고가 발생할 뻔했다. 이런 사태를 막기 위해, 유럽의 전력망은 일시적으로 두 개의 망으로 나눠야 했다. 유럽 전역의 20만 가구가 정전되고, 프랑스와 이탈리아의 산업용 전력 공급의 대부분은 중단되었다. 미국의 상황도 크게 다르지 않다. 캘리포니아의 전력 공급업체들은 강한 바람으로 송전선에 문제가 생기거나 점점 건조해지는 캘리포니아를 괴롭히는 산불이 더 확산할 위험이 발생할 때마다 고객들에게 전기 공급을 중단하는 정전 조치에 의존한 지 오래되었다. 2021년 2월, 텍사스에서 강력한 겨울 폭풍으로 인해 전력망 일부가 파괴되었고, 450만 명이 영하의 날씨에 전기와 난방 공급이 중단되는 피해를 겪었다. 이에 따라 많은 사람들이 물과 식량을 구할 수 없게 되었고, 최소 200명이 사망했다 — 일부 보고에 따르면 최대 700명이라는 주장도 있다. 전 세계에서 가장 기술적으로 앞선 나라에서 이런 일이 벌어졌다. 미국에 벌어지는 일은 유럽 대륙과 영국에도 똑같이 벌어질 수 있다. 전력 시스템 자체가 너무나 취약하기 때문이다. 유럽의 주요 전력 공급업체 중 한 회사의 대표에 따르면 어떤 지역에서 정전이 발생하느냐 마느냐의 문제가 아니라 언제 발생하느냐의 문제라고 한다. 전력망의 상호 연결성 때문에, 정상적으로 안정적인 전력 공급이 되는 국가에서도 정전은 발생할 수 있다. 집에서 정전을 겪어도 충분히 고생스럽다. 하지만 전기 자동차를 타고 가다 충전이 필요해 고속도로 휴게소에 들렀는데 갑작스러운 정전으로 인해 몇 시간 또는 심지어 며칠 동안 오도 가도 못하는 상황이 된다면 훨씬 더 심각할 것이다. 최소한 휘발유가 부족하면 보통 미리 경고가 뜨고, 트렁크에 비상용 휘발유 캔을 항상 갖고 다닐 수 있다. 하지만 전기는 그럴 방법이 없다. 휴게소에 대형 비상 배터리 또는 비상 발전기 설치를 의무화하는 것을 생각해볼 수도 있다. 물론 배터리나 발전기 가동을 하려면 거대 석유 회사의 연료를 사용해야 한다. 도대체 왜 전기 공급은 예고 없이 순식간에 중단될 정도로 취약한 걸까? 주

원인은 대부분의 유럽 국가의 발전기와 전력망이 50헤르츠Hz 주파수에 맞춰 설계되어 있으며(미국은 60Hz), 이 설정에서 조금만 벗어나도 장비에 문제가 생길 수 있기 때문이다. 전력 공급업체들은 어디서나 전력망을 항시 모니터링하며, 주파수 수치가 49.9Hz로 낮아지거나 50.1Hz로 올라가면 기술자들은 긴장하기 시작한다. 주파수가 50.1Hz가 되면, 시스템을 보호하기 위해 부하를 차단하기 시작할 것이고, 어딘가에서 정전이 발생할 것이다. 2021년 1월 주파수 변동이 몇 분 내에 떨어지지 않았다면, 수백만 명이 일주일 동안 정전 피해를 겪을 정도로 유럽 전역의 전력망에 막대한 규모의 피해가 발생했을 것이다. 이런 얘기가 조금 기술적으로 들릴 수 있지만, 우리의 생활 방식이 더 전기화될수록, 전력 공급과 연관된 핵심 기술 문제에 왜 더 의존하게 되는지를 설명하려면 어쩔 수 없다. 전통적인 전력 생산 방식에서 벗어나 풍력이나 태양광처럼 안정성은 떨어지지만 친환경적인 방식을 택하거나 또는 발전소에서 바이오매스와 같은 '재생 물질'을 태우는 지속 가능한 전력 생산 방식으로 바꾸고 싶어하는 것은 당연한 수순이다. 하지만 전력이 어떻게 생산되든 상관없이 전력망의 안정성을 유지하는 것이 급선무이다. 당분간은 전력 부족 상황에 활용할 수 있는 백업 저장 용도의 메가 배터리 시설을 점점 더 많이 건설해야 한다. 그리고 전등을 밝히고 안정적으로 전력을 공급하는 일은 원자력 발전소나 화석연료 발전소에 의존해야 한다.

2022년 2월 11일, 영국의 국가 전력망The UK's National Grid이 주

차 상태에서 충전 중인 전기/하이브리드 자동차의 배터리를 활용해 전력 부족을 해결하는 실험을 발표했다. 이러한 시도가 성공한다면, 전력 생산을 위해 재생가능 에너지(공급이 다소 안정적이지 않지만)로 전환이 완성될 때 집에 주차된 수백만 대의 전기 자동차는 거대한 백업 배터리 역할을 할 수 있게 된다. 이는 국가의 에너지 공급 체계가 얼마나 불안정해질 수 있는지를 생생하게 보여주는 단적인 사례이다.

## 수소

잠시 배터리 얘기는 내려놓고 수소를 살펴보자. 수소는 최근 몇 년간 대중의 관심사가 되었기 때문이다. 수소는 상상할 수 있는 가장 깨끗한 연료로 홍보되어왔다: 우리가 매일 조금씩 호흡하는 눈에 보이지 않는 대기 가스로, 모든 원소 중 가장 가볍고, 친환경 중에서도 가장 친환경적이다. 수소와 산화물을 — 가능하면 산소 자체 — 연료전지에서 결합하면 모든 차량과 항공기의 동력원으로 사용할 수 있는 전기를 생산할 수 있고, 이 과정에서 부산물은 단지 뜨거운 물밖에 없다. 앞으로 살펴보겠지만, 이는 이미 제한된 실험 환경에서 확인되었다. 그러나 수소를 모든 차량이 표준 연료로 전환하는 것은 가까운 미래에 실현될 가능성이 작다. 물리적, 화학적 이유뿐만 아니라 여기에는 몇 가지 경제적 이유도 있으며, 사실상 모든 서양의 자동차 제조업체들이 현재 배터리 개발에 집중하는 이유이기도 하다. '자동차에서 수소는 볼 수 없을 겁니다.'라는 폭스바겐의 최고 경영자인 헤르베르트 디스Herbert Diess가 2021년 3월에 자신 있게 한 말이 인용 보도되었다. 반면 일부 아시아 자동차 제조사는 열심히 수소 자동차를 연구하고 있으며, 연료전지로 구동하는 차량을 선보였다: 예를 들어 토요타 미라이Mirai와 현대 ix35 연료전지 차량이 있다. 캘리포니아 남부에서는 수소 자동차 전용 수소 가스충전소가 있으며, 유럽에서는 독일이 2030년까지 300개의 수소 충전소를 설치할 계획이다.

이론적으로 수소는 폭발 위험성이 굉장히 높지만 훌륭한 연료이다. 질량당 에너지 밀도가 다른 어떤 연료보다 월등히 높다: 기존 제트 연료보다 3배, 리튬 이온 배터리보다 100배 이상 높다. 수소의 단점은 거의 질량이 없기 때문에 부피당 에너지가 상당히 적다는 점이다. 수소를 일반 대기압과 일상적인 온도 조건에서 전기 생산을 위해 연료전지의 가스로 사용하려면(또는 기존 엔진 방식으로 연소시키려면), 액체로 농축한 다음, 극저온 상태 또는 엄청난 압력으로 압축해 저장해야 한다. 아마도 이 압력은 약 700바bar (10,000psi − 평방 인치당 파운드pounds per square inch의 약자로 타이어 압력 수치 단위로 흔히 사용 - 옮긴이)로 표준화될 것이다. 비교를 하자면, 1바bar는 대기압 정도에 해당하며, 자동차 타이어의 보통 압력은 2바(30psi)를 조금 넘는 수준이고, 저장 용기에 들어 있는 액화천연가스(LNG)는 약 7바(100psi)의 압력 상태이다. 따라서 100바 이상의 압력이라면 저장 용기에 특수 안전 기술과 저장 능력이 요구

된다. 현대 자동차의 두 개의 '탱크'는 700바 압력으로 144리터의 액체 수소를 저장하고 그래서 트렁크 공간의 일부를 차지한다. 수소로 생성한 전기는 24kWh 리튬이온 배터리로 공급되고, 수소 자동차의 무게는 기존 내연기관 방식의 자동차보다 100kg 더 무거워져 성능이 저하된다. 또한 자동차의 가격이 약 53,000파운드로 아주 비싸다. 연료전지를 사용해 전기를 생산하는 연구가 배터리 구동 자동차와 합리적인 경쟁이 되려면 최소 300마일을 주행할 수 있어야 한다. 현대자동차는 이 수준을 쉽게 달성했다. 폭발성이 강한 액화수소를 고압 상태로 폭발 방지 탱크에 싣고 안전하게 이동하려면 상당한 기술력이 필요하다. 더 복잡하고 엄청난 비용이 들어가는 문제는 전국에 초저온 연료를 상시 공급할 수 있는 유통 시스템을 마련하는 것이다. 이 점에서 전기 자동차는 가정에서 충전할 수 있다는 큰 장점이 있다. 그러나 수소를 미래의 자동차 연료로 고려할 때 큰 단점은 대량 생산이 친환경적이지 않다는 점이다.

산업용으로 순수 수소가스를 생산하는 방법은 두 가지이다. 현재 거의 모든 수소는 가스, 석탄, 석유와 같은 화석연료에서 추출한 메탄을 이용해 거대 석유 회사가 만든다. 연간 약 7,000만 톤의 수소가 석유 정제 및 암모니아 제조에 사용되고 있으며, 암모니아 대부분은 농업용 비료로 사용된다. 매년 추가로 4,500만 톤의 수소가 철강 및 메탄올(석유 성분으로 점점 사용이 늘고 있는 알코올 — 부록 2 바이오연료 참고) 생산에 사용된다. 산업 공정에서 액화

석유가스LPG 4kg로 소량의 전기 에너지를 이용하면 1kg의 수소를 만들어낼 수 있다. 이 방법을 사용하면 대량의 탄소 폐기물이 발생한다. '청정한' 수소를 만들어내는 대안은 물을 전기 분해하는 것으로, 소위 친환경 수소가 탄생한다. 이 방법은 재생 에너지를 사용해 물에서 수소를 분리한다. 이 방법은 화석연료 방법과 비교해 약 400배의 전력이 더 필요하며, 현재 모든 수소의 겨우 2% 정도만 경제성이 낮은 이 방식으로 만들어진다. 더 친환경적인 듯하지만, 그렇지 않다. 특히 이렇게 수소를 만들어내려면 매우 순수한 증류수가 대량으로 필요하기 때문이다. 이론상으로 물을 전기 분해해 1톤의 수소를 만들려면 약 9톤의 물이 필요하다. 그러나 물의 전기분해 시설에 필요한 에너지뿐만 아니라 증류 방식으로 순수한 물을 얻는 데도 많은 에너지가 필요하다. 일반적으로, 증류수 1톤을 만드는 데 일반 물 2톤이 필요하며, 모든 손실을 고려할 때 실제 전기분해로 수소 1톤을 만들려면 20톤의 물과 엄청난 양의 전기가 필요하다. 수소가 진정한 의미의 친환경이 되려면 재생에너지 또는 원자력 발전으로 전기를 생산해야 한다. 그렇지 않은 경우, 화석연료를 사용하는 발전소에서 전기를 공급받는다면, CCUS, 즉 탄소 포집, 활용 및 저장을 할 수 있는 시설이 완벽히 갖춰진 상태이어야 한다.

현재, 친환경 자동차 기술은 배터리와 연료전지 중 하나의 선택으로 요약된다. 하지만 또 다른 방법이 있다. 수소 가스를 휘발유 또는 경유처럼 내연 기관에서 연소할 수 있다. 이런 방식은 제트 엔진을 구동하는 데도 똑같이 사용할 수 있다.

## '친환경' 항공기

약 35년 전 러시아의 항공기 제조사인 투폴레프Tupolev는 주력 3발 제트 여객기 기종인 180석의 Tu-155를 개조해, 1988년 4월 항공기 꼬리 부분에 액화 수소 탱크를 장착해 수소를 동력으로 사용하는 세계 최초의 제트 항공기를 선보였다. 안타깝게도 소련이 붕괴하면서 이 시도는 거의 바로 중단되었다. 하지만 항공기 자체는 아직 존재하며, 실제로 수소를 대형 항공기의 연료로 사용할 수 있다는 것을 증명하고 있다. 경제적으로도 안전 측면에서도 수소를 사용할 수 있는지는 완전히 다른 문제이며, 이를 위해 상당한 추가 연구가 필요하다.

이 연구는 민간과 군용 항공 분야에서 현재 진행 중이다. 2019년 전 세계 석유 생산량의 10%가 제트 연료로 사용되었고, 같은 해 국제항공운송협회International Air Transport Association/IATA는 전 세계 민간 항공으로 약 9억 1,500만 톤의 이산화탄소가 배출되었다고 발표했다 ― 같은 해 전체 인위적 이산화탄소 배출량의 2%를 조금 넘어서는 수치이다. 석유에 의존하는 항공 분야의 문제를 해결하기 위해 큰 노력을 하고 있다는 것은 그리 놀라운 일이 아니다. 군용 항공 분야도 변화의 압력을 받고 있는데, 영국의 왕립 공군Royal Air Force은 2040년까지 탄소 중립을 실천할 계획이다. 영국의 항공우주 기술연구소Aerospace Technology Institute의 플라이제로 FlyZero 프로젝트는 2030년까지 탄소 배출이 전혀 없는 상업용 비행 실현을 목표로 삼고 있다. 이 목표 달성을 위한 초기 합의는 배터리가 아니라 액화수소LH2 기술을 사용하는 투폴레프Tupolev 방식으로 큰 가닥이 잡힌듯하지만, 상당한 연구가 필요하고 수소 동력 항공 분야가 향후 10년 이내에 근본적으로 변화할 가능성이 낮다는 문제가 남아있다. 기술적으로 해결해야 할 과제(와 투자)는 많이 남아있다. 전기를 동력으로 하는 상업용 항공기는 항공 업계에서 현재 큰 관심을 받고 있지만 초기에는 소형 항공기와 단거리용일 가능성이 높다. 이비에이션Eviation의 배터리로 구동되는 쌍발 프로펠러 전기 비행기인 '앨리스Alice'는 2022년 10월 첫 비행을 했다. 이 비행기는 2,000파운드(미국 승객 9명 또는 일반 승객 12명)의 수화물을 싣고 수백 마일을 비행할 수 있도록 설계되었다. 트위터Twitter에 올라온 영상으로 짐작해 볼 때, 이 전기 비행기는 전혀 조용하지 않으며, 프로펠러 추진 비행기(헬리콥터 포함) 소음의 대부분이 엔진이 아니라 프로펠러 날개가 공기와 마찰하면서 발생한다는 것을 알 수 있다. 행운이 따르고 전기 배터리 성능이 좋아지면, 목적지가 안개로 뒤덮여 공항에 착륙할 수 없다면 위험할 수도 있지만, 10인승 전기비행기를 타고 런던에서 에든버러까지 비행이 2020년대 말이면 가능할 수 있다. 그러나 현재 기술보다 훨씬 효율적인 전기 저장 방법에 혁명적 변화가 이뤄지지 않는다면, 배터리로 구동하는 항공기는 가장 짧은 노선을 제외한 모든 노선에서 여전히 꿈으로 남을 것이다. 오늘날 등유를 사용하는 제트 항공기의 한 가지 장점이라면 비행하면서 가벼워지고 따라서 장거리 비행의 경우 더 경제적이라는 사실이다. 반면에 이륙할 때 무게가 10톤인 배터리는 착륙할 때도 여전히 10톤이다 — 배터리 구동 항공기의 경우 훨씬 더 무거운 랜딩 기어를 설계해야 한다는 의미이며, 비행기 전체 무게도 늘어나서 승객 수를 제한해야 한다. 물론 연료전지로 구동되는 전기모터를 장착한 프로펠러 항공기의 경우는 사정이 다르다. 비행하면서 액화수소와 산화제가 들어있는 탱크는 전통적인 등유 탱크처럼 계속 비워질 것이다.

영국의 기후변화 위원회Climate Change Committee는 2050년까지 영국의 항공 산업은 항공 여행에 보다 지속가능한 방법이 마련되지 않는다면 온실가스 배출의 두 번째 큰 원인이 될 것이라는 예상을 내놓았다. 현재 항공산업은 지속가능한 항공 연료sustainable aviation fuel/SAF 개발에 중점을 두고 있다. 2021년 10월 롤스로이스Rolls-Royce와 보잉Boeing은 보잉 747 '점보Jumbo' 항공기에 롤스로이스의 트렌트Trent 1000 엔진을 탑재하고 지속가능한 항공 연료만으로 비행하는 파트너쉽을 발표했다.[1] 영국항공British Airways은 영국에서 생산된 SAF를 상업 목적으로 사용하는 다년 계약에 최근 서명했다. 우선적으로 험버사이드Humberside에 있는 필립스 66Phillips 66 공장에서 제조한 재활용 식용유로 만든 7,300만 갤런의 연료를 사용할 것이고, 영국항공은 2022년 말까지 이 연료로 운항을 시작할 계획이다. 영국항공의 모회사인 아이에이지IAG는

2030년까지 항공편의 10%를 SAF로 운항하는 목표를 발표했다[2] (자세한 내용은 부록2 바이오연료를 참고). 지방 덩어리를 연료로 사용하는 비행기를 타고 세계를 누비게 될 날이 올 것이다. 현재 몇 개 항공기 제조사가 다양한 연료전지 설계안을 보유하고 있다 — 예를 들어 에어버스Airbus는 세계 최초로 탄소 배출이 없고 수소 연료전지를 사용하는 민간항공기 제로이ZEROe를 2035년까지 개발할 계획이라고 밝혔다. 그러나 수백 명의 승객을 태우고 8시간 또는 12시간 이상 운항하는 현재의 장거리 항공기를 대체할 수 있는 전기 항공기는 연료전지 추진 시스템에서 수소의 경제, 기술, 안전 문제가 해결되지 않는 한 꿈으로 남을지 모른다.

또한 대부분의 장거리 비행으로 인한 대기 오염은 기존의 제트 연료를 연소할 때 발생하는 이산화탄소를 훨씬 초과한다. 항공기가 가장 경제적인 고도에서 비행할 때 배출되는 분진, 수증기, 기타 대기 중 미세입자로 인해 만들어지는 비행운이 대기와 지구 온난화의 주범이라는 것이 점점 드러나고 있다. '넷-제로net-zero'(특정 지역이나 조직, 국가가 배출하는 온실가스의 총량과 흡수량을 같게 만들어 순 배출을 0으로 만드는 것 - 옮긴이)비행을 목표로 하면서 이산화탄소에만 집중하는 것은 문제의 핵심을 의도적으로 무시하는 것이다.

자동차에 연료전지를 사용해 전기를 생성하는 것은 아주 효율적이며, 무겁고 큰 배터리를 사용할 필요가 없다는 점이 큰 장점이다. 앞서 언급한 토요타와 현대의 자동차와 달리, 혼다Honda에서도 2008년에 연료전지로 구동되는 혼다 클래리티Clarity를 출시해 연료전지가 실용성이 있다는 점을 증명했다. 그러나 수소와 산화제로 화학 반응이 유지될 때만 연료전지에서 전기가 생성된다. 둘 중 하나가 떨어지면, 자동차는 소리 없이 운행을 멈춘다. 이 기술 역시 수소와 산화제가 충분히 공급되지 않으면 잠재적인 에너지원으로 발전될 수 없다. 즉, 주유소나 슈퍼마켓과 같은 전용 충전 시설이 필요하다는 얘기이다. 수소에는 또 다른 문제가 있기 때문에 전기 충전소처럼 도로변에 수소 충전소를 설치하는 것은 상상하기 어렵다. 가장 가벼운 원소인 수소는 일부 금속을 포함한 대부분의 일반 물질 속으로 서서히 침투할 수 있다. 무색, 무취, 무독성 기체이지만, 강력한 가연성을 갖고 있다. 사람들이 담배를 피우거나 정전기로 스파크가 생길 수 있는 자동차와 공공장소에서 수소를 안전하게 사용한다는 보장은 하기 쉽지 않을 것이다. 기술적인 과제뿐만 아니라 일상의 습관을 극복해야 자동차, 트럭, 항공기가 액체가스를 엄청난 압력 상태로 대형 탱크에 저장해 안전하게 운반할 수 있다. 특히 수소처럼 위험천만한 수준의 가연성과 누출 위험이 있는 경우라면 더욱 그렇다. 어쨌든 언론은 데이터 보관소를 뒤져 힌덴부르크Hindenburg 참사의 끔찍한 사진을 찾아낼 것이다. 1937년 5월 대서양 횡단을 막 마친 거대한 독일 비행선이 미국 뉴저지의 계류탑에 정박을 시도하던 중 갑자기 화재로 폭발하며 화염에 휩싸여 탑승객 97명 중 35명이 사망했다. 이 비극은 녹화 방송과 더불어 생중계로 방송되었고, 그 장면들로 인해 승객 여행용 비행선이라는 개념은 확실하게 종지부를 찍게 되었다. 공기보다 가벼운 안전한 대체 가스로 불활성 기체인 헬륨이 있지만 수소보다 훨씬 더 비싸다.

현재로서는 연료전지는 고정 상태일 때 가장 실용적이다. 앞서 언급한 것처럼, 가스 저장 탱크를 설치할 공간이 충분한 장소에서는 전력망의 안정성이 위협받는 경우 비상 전력공급의 백업 용도로 수소 연료전지를 이미 사용하고 있다.

## 타이어

구동 방식과 상관없이 도로를 달리는 차량과 연관된 심각한 환경문제가 있다: 도로 위 차량은 타이어, 브레이크, 도로 표면의 지속적인 마모로 미세 입자를 만들어낸다. 타이어 마모로 자동차 배기가스보다 2,000배 더 많은 대기오염이 발생한다. 타이어는 주로 원유에서 추출한 합성고무를 원료로 만드는데, 제조사에 따라 수백 가지의 다양한 화학물질을 포함하고 있다. 타이어 입자의 대부분은 아주 미세하기 때문에 쉽게 흡입된다. 불가피하게도 이러한 미세입자에 아주 다양한 유해 유기화합물이 들어있고, 발암물질도 많다. 더 큰 입자들은 도로 가장자리에 검은 먼지로 쌓여 눈에 보인다. 현재까지 차량을 대상으로 한 거의 모든 환경 모니터링은 가장 명확하게 눈에 보이고 냄새로 확인할 수 있는 오염원인 배기가스에 집중되었다. 촉매 변환장치와 더불어 연료 효율과 엔진 기술 개선으로 일산화탄소 CO와 여러 질소 산화물Nox의 배출이 성공적으로 줄어들고 있다. 그러나 다른 원인, 특히 타이어로 인한 오염은 확실하게 규제되지 않고 있다.

독일과 오스트리아의 영국 자동차협회Automobile Association에 해당하는 기관들은 여러 브랜드와 다양한 크기의 타이어를 대상으로 도로와 접촉하면서 타이어에서 나오는 미세입자가 얼마나 되는지를 오랫동안 조사했다. 평균 타이어의 마모량이 1,000km당 약 120g 정도라고 한다. 즉 타이어 수명 동안 타이어의 원래 무게에서 최대 1kg이 사라질 수 있다는 의미이다. 유럽연합EU의 한 연구에 따르면 전 세계 타이어에서 연간 약 50만 톤의 고무와 플라스틱이 마모된다고 한다. 그러나 미국과 영국에서만 승용차와 승합차에서 연간 약 30만 톤의 타이어 고무가 마모되어 오염물질이 된다는 보다 최근 연구 결과로 미뤄볼 때, 앞에서 말한 수치는 심각하게 저평가된 수치일 수 있다.[3] 대형트럭과 화물차는 이 추산에 포함되지 않았는데, 틀림없이 상당한 비중을 차지할 것이다. 그렇다면 이 타이어 미세 물질은 어디로 가는 걸까? 2017년 네덜란드의 한 연구에 따르면 전 세계 해양의 모든 미세 플라스틱 입자 중 10%가 타이어에서 비롯되었다고 밝혔다. 나머지 대부분은 아마도 우리 폐 속에 있을 것이다.

2019년 7월 11일 영국 환경식품농무부(DEFRA)는 향후 1년 이내에 영국에서 배출되는 미세입자 중 10%가 타이어, 브레이크, 도로 마모로 인해 발생할 것이라는 보도 자료를 내놓았다. 여기서 '미세입자'는 2.5 마이크론 이하의 입자를 의미한다. 이 크기의 입자는 오랫동안 천식, 폐암, 조기 사망과 연관됐다. 이러한 미세입자가 또 다른 우선순위로 지목된 것은 이미 한참 전에 해야 했을 조치였다. 독일 자동차 협회 ADAC — 유럽 최대 자동차 협회 — 와 오스트리아 자동차 협회 ÖAMTC가 공동으로 진행한 타이어 마모 테스트 결과 타이어는 제조사에 따라 타이어 마모에 상당한 편차가 있는 것을 확인했다. 모든 타이어 크기별로 마모도 적고 안전 성능은 탁월한 제품들이 있다. 이 분야에서 최고로 평가된 것은 1,000km당 90g의 가장 낮은 마모율을 가진 미쉐린Michelin이다. 반면 하위권에는 피렐리Pirelli, 브리지스톤Bridgestone, 콘티넨탈Continental이 있다. 브리지스톤의 승합차용 타이어인 블리자크Blizzak LM005가 최하위를 차지했는데, 1,000km당 171g으로 미쉐린보다 거의 두 배의 마모율을 보였다.[4] 일반적으로, 차량이 무겁고 속도가 빠를수록, 타이어 오염이 더 심해진다. 모든 전기 자동차는 배터리 때문에 더 무겁다. 마찬가지로, 고성능 차량과 SUV에 사용하는 광폭 '스포츠' 타입 타이어를 선호하는 트렌드로 인해 타이어 마모율도 높아지고 미세입자가 더 많이 배출된다. 타이어의 구성과 제조에 관한 법이 없는 상태에서는, 타이어 마모로 인한 미세먼지를 최소화하기 위해 타이어 압력과 밸런스를 정기적으로 점검하는 것 말고는 별다른 방법이 없다. 브레이크, 클러치 플레이트, 아스팔트 도로 표면에서 발생하는 입자들은 또 다른 문제이며, 새로운 시민사회 운동의 관심 사안이 될 것이다. 플라스틱 스포크 구조의 '공기 없는' 타이어도 별 차이가 없을 것으로 보인다. 화학물질로 가득 찬 합성 고무는 여전히 아스팔트와 접촉하며 서로를 마모시키게 된다.

포뮬러1 경주 관람객이라면 경주용 자동차의 타이어가 악명 높을 정도로 아주 빠르게 마모된다는 점을 생각해 볼 수 있다. 2시간 경주에 사용하는 모든 타이어에서 벗겨져 나오는 수십 킬로그램의 고무와 첨단 합성물은 필연적으로 드라이버와 피트pit 팀원들은 말할 것도 없고 관중 위로 둥둥 떠서 날아갈 것이다. 물론 공항을 지나는 누구나 제트 항공기의 배기가스뿐만 아니라 항공기가 착륙할 때 심한 타이어 마모로 인해 발생하는 미세입자를 흡입할 가능성이 있다. 자동차로 드리프트drift 또는 '도넛donut' 같은 묘기를 부리거나 이런 묘기를 본다면 몇 년 뒤에 치명적인 결과가 생길 수도 있다.

그러나 수소 자동차가 순수한 물 이외에 아무런 해로운 물질도 배출하지 않고 도로 위를 조용히 달리는 원래의 비전은 여전히 매력적이다. 우리는 석유 추출물인 합성고무로 만든 타이어, 브레이크, 도로 표면에서 발생하는 오염 물질로 인한 문제가 기적적으로 해결될 것이라고 생각한다 — 물론 그렇게 되지 않을 것이다. '수소 비전'은 위험하고 폭발성이 강한 연료를 유통하려면 국가 차원의 인프라 구축에 필요한 도전과 비용을 간과하고 있다. 국제 과학 학술지 『네이처 기후변화Nature Climate Change』에 따르면, 안전 문제는 제외하고 수소와 같은 자동차용 탄소중립 연료인 이퓨얼e-fuel을 생산하려면 배터리 구동 자동차보다 최고 5배나 많은 전기가 필요할 것이라고 계산한다. 주간지 『뉴사이언티스트New Scientist』는 수소로 전환하려면 약 2,000개의 풍력 터빈이 더 필요할 것이라고 주장했다.[5] 그리고 바로 다음 주에 『뉴사이언티스트』는 배터리 구동 자동차의 효율성(55~60%)과 수소 연료전지 자동차의 효율성(약 30%)을 비교했다. 결과적으로, 환경 운동가들이 꿈꾸는 빠른 변화를 이룰 수 있을 정도로 혁신적인 탄소중립 연료 이퓨얼의 가격이 내려가고 풍부해질 가능성은 작다.[6]

## 배터리

수십 년 전, 잡지와 만화에서 미래의 도로교통 상황은 어떤 모습일지를 이따금 엿볼 수 있었다. 지느러미가 달린 우주선 모양의 자동차가 6차선 고속도로를 자율주행하고 뒷좌석에서는 가족이 카드놀이를 하는 모습도 그려졌다. 때로는 도로에 묻힌 긴 쇠줄에서 직접 전기를 공급받는 모습도 있었는데 런던 지하철과 뉴욕 지하철에서 아직 사용하고 있는 3궤조 집전 방식과 조금 닮았다. 걱정할 것도 없고, 해야 하는 일도 없는 환상적인 여행에서나 가능한 꿈같은 모습이었다. 현실에서 전기 자동차는 가까운 미래에도 배터리 기술에 의존할 수밖에 없다. 배터리를 더 가볍고 더 작게 만들고, 용량은 더 늘리고 충전은 더 빠르게 할 수 있는 기술적 혁신을 이루는 것이 목표이다.

전기 자동차가 세상에 등장한 지 100년이 훌쩍 넘었다는 사실을 모르는 사람이 많다. 시속 62마일(100km)로 도로를 달린 최초의 차량은 전기 자동차였다: 어뢰 모양을 한 벨기에 자동차로 라 자메 꽁땅뜨La Jamais Contente(결코 만족할 수 없다는 뜻의 프랑스어 – 옮긴이)라는 특이한 이름이 붙여졌다. 이 자동차는 1899년 시속 65.8 마일로 달려 세계 기록을 경신했다. 20세기 초반에 자동차의 절반이 배터리로 구동되었고, 휘발유가 필요한 내연엔진은 없었다는 사실을 우리는 잊고 있다. 뉴욕에만도 납산lead-acid 배터리 충전소가 16,000개 있었다. 1910년 베이커 전기 자동차와 같은 소형 전기자동차는 주행 거리가 100마일이었다고 한다(관심 있는 분들은 제이 레노의 개러지Jay Leno's Garage 프로그램의 웹사이트에서 베이커 전기자동차를 포함한 에피소드를 확인해 보기 바란다). 이 당시 자동차는 초기 휘발유 자동차보다 조용하고, 기계적으로 단순하고, 빠르고, 운전하기도 쉬웠다. 고장 나는 일도 훨씬 적었고, 물론 오염물질 배출도 없었다. 휘발유가 결국 전기를 따라잡은 유일한 이유는 휘발유가 훨씬 저렴했기 때문이었다. 그런데도 전기자동차는 오늘날까지 살아남았고, 영국 교외 지역의 거리에서는 납산 배터리로 구동되는 우유 배달 차량의 조용한 소리가 어우러진 새벽 합창을 들을 수 있다.

언제나, 기술만큼이나 변화를 주도하는 것은 바로 경제학이다. 44톤급 트럭과 같은 대형 상업용 트럭을 오늘날의 기술로 전기 동력으로 바꾸려면 배터리 크기와 무게가 상당하기 때문에 트럭에 실을 수 있는 화물 적재량을 많이 줄여야 할 것이다. 이렇게 되면 바이오연료를 사용하는 기존 엔진 트럭보다 훨씬 더 많은 운송비용이 발생할 것이다. 그러나 재생에너지 가격이 하락하고 동시에 이산화탄소 배출에 대한 벌금이 올라간다면, 그리고 특히 배터리 기술과 효율성도 개선된다면 대형 트럭에 전기를 동력으로 사용하는 것은 더 안정적이고 실현될 가능성이 있다. 현재 수준으로는, 밤새 충전을 할 수 있는 도시 내 배송을 하는 가벼운 트럭의 경우 전기 동력이 이미 경제적으로 타당한 수준이며 버스와 같은 대중교통 수단으로도 문제 없다. 하지만 장거리 화물 운송의 경우 — 예를 들어, 코펜하겐에서 나폴리까지 — 배터리 기술이 현재 내연 기관의 효율성에 버금가는 획기적인 변화가 없다면, 경제적으로 가능한 유일한 방법은 배터리를 완전히 포기하고 수소 기반의 연료전지를 사용하는 것이다.

## 배터리 재활용

현재 생산량이 점점 늘고 있는 전기 자동차와 하이브리드 자동차는 배터리 수명이 제한적이고, 배터리를 재활용하려면 안전한 처리를 해야 하는 폐기물이 발생할 뿐 아니라 에너지도 많이 필요하다. 유럽연합은 2030년까지 유럽에 3천만 대의 전기차가 보급되기를 희망한다. 전기자동차의 고전압 배터리는 전통적인 12 볼트 납산 배터리와는 전혀 다르다. 오늘날 전기자동차에 두 종류의 배터리를 함께 사용하는 것은 이상해 보일 수 있다: 초현대적인 기술과 고대의 기술이 나란히 적용된 모습. 그러나 이렇게 하는 타당한 이유가 있다.

모든 자동차에 공통으로 전동식 창문, 와이퍼, 조명, 경고음, 라디오 및 음향 시스템, 다양한 컴퓨터 장치와 에어백과 같은 재래식 12볼트 액세서리가 여전히 많이 사용된다. 이 모든 것을 훨씬 높은 전압으로 재설계해야 한다면 문제가 끝도 없이 생겨나고 비용도 많이 들어갈 것이다(자동차의 오른쪽 후방 지시등 전구를 400볼트로 바꿔야 한다고 상상해 보라). 재래식 배터리는 전 세계 어디든 모르는 사람이 없고, 플라스틱 외장 케이스, 약간의 납, 구리, 황산 전해액으로 만들기 때문에 기본적으로 단순하다. 이런 재래식 배터리는 오랫동안 다양하게 재활용됐다. 노동력이 싼 개발도상국에서는 배터리 해체 작업자와 환경 모두에게 아주 위험한 방식으로 작업이 진행되었다. 납이 가장 위험한데, 납산에 용해된 형태이거나 수거한 금속을 녹이고 재활용을 위해 잉곳ingot(금속을 가공하기 좋게 주물로 뜬 것 - 옮긴이)으로 주조하는 과정에서 증기 형태로 노출된다. 더 정교한 기계를 사용해 배터리를 분쇄하고 고체로 된 부분은 분말로 만든 다음 고온 용융이나 화학 용해를 통해 납을 추출한다.

현재 전기자동차와 하이브리드 자동차의 신형 리튬-이온 배터리 대부분은 어디서도 완전히 재활용되지 않는다. 납산 배터리보다 큰, 리튬-이온 배터리는 수백 개의 개별 리튬 이온 셀로 만들어져 있어 훨씬 복잡하고, 하나하나를 개별적으로 해체해야 한다. 배터리 셀에는 유해 물질이 들어있으며, 해체하다 잘못하면 폭발할 수도 있고 화재가 발생하면 진압하기도 상당히 어렵다(미국에서 2021년 4월 테슬라 'S' 모델 자동차가 충돌 후 화재가 발생해, 승객 2명이 불에 타 사망했다. 두 사람 모두 운전 중은 아니었다. 불은 4시간 동안 지속되었고, 진압에 3만 갤런의 물이 사용되었다). 자동차와 버스 이외에, 리튬-이온 배터리를 사용하는 교통 및 레저 분야도 급성장하고 있다. 전기 자전거, 전기 스쿠터, 전동 공구 등과 같은 장비에서부터 욕실 체중계와 보청기에 사용되는 버튼 모양의 배터리까지 다양하다.

르노Renault의 조에Zoe 또는 비엠더블유BMW의 i3와 같은 전기 자동차를 생산하는 유럽 자동차 제조업체들이 있지만, 배터리 부품의 공급과 제조, 완성된 배터리 자체의 대부분을 아시아 업체에 전적으로 의존하고 있다는 점은 너무 큰 모순이 아닐 수 없다. 아시아는 전 세계 자동차 배터리의 90%를 생산하며, 이 중 최소 절반은 중국에서 생산한다. 이상적으로는 이런 신형 전기 자동차 배터리를 재활용하면 코발트, 니켈, 리튬, 망간 등 양극 금속을 회수할 수 있다(케이스에 들어있는 알루미늄과 구리는 일반 재활용으로 처리한다). 현재 전체 리튬-이온 배터리의 단 5% 정도만 재활용되며, 그것도 대충 이뤄진다. 대부분 나라에서 재활용은 전혀 하지 않으며, 배터리는 그냥 폐기해버린다. 수백 개의 셀 하나하나를 분해해야 하기 때문에, 해체하는 데도 시간이 꽤 걸린다. 해체를 하고 나면, 대부분의 배터리는 '블랙 매스black mass'로 분쇄된다: 리튬, 망간, 코발트, 니켈이 섞인 혼합물로 사용할 수 있는 형태로 회수하려면 가공 처리를 해야 한다. 이 과정 자체에도 에너지가 많이 소모된다. 연료 전지를 손으로 신중하게 분해하면 각 금속을 더 많이 회수할 수 있지만, 다른 문제, 특히 인건비를 생각해야 한다. 노동력이 상대적으로 저렴하고, 환경 오염 및 작업 조건이 유럽이나 미국에서는 허용되지 않을 수준인 나라에서는 심각한 문제가 아닐 수 있다. 한 마디로, 리튬-이온 배터리 재활용의 경제성은 재활용 처리 과정에 자동화가 절실하다는 의미이다. 로봇은 전기 자동차 안의 귀중한 금속들을 최대한 회수하는데 최적의 방법이다. 영국은 콘월Cornwall에서 지열수와 해당 지역의 풍부한 화강암과 연관된 운모에서 채취하는 리튬이 늘고는 있지만, 이러한 원료를 산업용 규모로 영국 내에서 공급받을 수 없다. 구리 역시 최근에 채굴 가능한 수준으로 발견되었다.

현재 환경 운동가들이 희망적으로 생각하는 리튬은 다음 두 가지 방법으로 얻을 수 있다: 채굴로 구할 수 있는 광물인 스포듀민spodumene에서 추출하거나 — 1톤의 리튬을 생산하려면 250톤의 스포듀민이 필요하다 — 광물이 풍부한 염수에서 추출할 수 있는데 주로 칠레의 아타카마Atacama 소금 사막 아래에서 채굴한다. 1톤의 리튬을 생산하려면 750톤의 염수가 필요하며 아울러 순수한 물 1,900톤도 들어가야 한다. 해당 지역의 물 사용량 중 65%가 광업에 사용되어, 농민들은 필요한 물을 다른 곳에서 끌어와야 한다.[7] 전기 자동차 배터리에서 또 하나의 필수 요소는 니켈인데, 대부분 인도네시아의 세계 최대 매장지에서 채굴된다. 니켈을 채굴하려면 정부의 전폭적인 지원이 필요하며 환경이나 해당 지역 주민의 건강은 크게 신경 쓰지 않아야 가능하다. 니켈 채굴과 전기 자동차에 대한 영국의 일간지 『가디언The Guardian』은 탐사 보도를 통해 인도네시아 최대 니켈 광산 중 한 군데에 근접한 식수원이 안전기준을 초과한 6가 크롬(크롬 6)에 오염되었다는 증거를 찾아냈다. 6가 크롬은 수돗물을 오염시키고, 암을 유발하는 화학물질로 환경 운동가에 대한 실화를 바탕으로 한 영화 에린 브로코비치 Erin Brockovich로 더 널리 알려졌다. 이 영화는 캘리포니아 힝클리 Hinkley 지역의 수돗물을 6가 크롬으로 오염시킨 거대 기업에 관한 내용이다. 『가디언』은 또한 크롬 채굴 광산 근처에 거주하는 주민들의 폐 감염 급증 사례를 발견했다.

현재 이러한 신규 자동차 배터리의 경제성은 아직까지 도로에 전기차가 상대적으로 적고 시장도 아직 제대로 형성되지 않았기 때문에 한 마디로 결론 내리기 어렵다. 또 다른 이유는 배터리 기술이 새로운 설계와 갑자기 주목받는 화학물질로 인해 거의 초고속으로 개발되고 있기 때문이다. 중국의 배터리 기업 BYD가 최근 선보인 배터리 설계는 에너지 밀도면에서 아우디, 재규어, 테슬라가 내놓은 설계보다 월등하게 뛰어난 획기적인 성과라 할 수 있다. 하지만 한 치 앞도 알 수 없다. 희토류와 기타 원자재 가격이 큰 폭으로 자주 변동하는 것은 시장 안정에 도움 되지 않는다. 이에 따라 재활용은 위험한 투자라는 인식이 생겨날 수 있다. 예를 들면, 2017년부터 2019년까지 코발트의 가격은 3배 올랐다가, 갑자기 떨어졌다. 한 번 다시 오르긴 했지만, 이전 수준을 회복하지 못했다. 요즘 니켈 사용이 늘어나면서 단기적으로는 점차 코발트를 대체할 가능성이 높다. 잠재적 투자의 관점에서 볼 때, 시장은 변동성이 크고 만족스럽지 않게 된다. 그리고 이런 상황은 인도네시아의 중독된 노동자들과 중국 기업이 소유한 아프리카 코발트 광산에서 벌어지는 끔찍한 노예 아동에 대해 모르는 척(또는 신경 쓰지 않는 척)하는 좋은 빌미가 된다.[8]

## 기반시설

낙관적으로 생각하기 때문인지 우주 어디에서도 적용되는 물리학의 기본 법칙, 즉 무언가를 얻으려면 대가를 치러야 한다는 것을 이상하게도 잘 모르는 것 같은 친환경 소비자들이 많다. 물을 자동차 연료로 사용하는 것은 이론상으로는 완벽히 실현할 수 있다. 하지만 물을 사용할 수 있는 연료로 바꾸려면 다른 에너지가 많이 필요하다. 하이브리드 자동차와 전기 자동차도, 충전하려면 에너지는 어딘가에서 생성되어야 하고, 어디서나 사용할 수 있어야 한다: 이런 시설을 갖추는데, 대규모 투자가 필요하다. 영국 정부는 신규 휘발유와 경유 차량을 2030년부터 금지할 계획인데, 그러려면 전기차 충전소의 확충이 필요할 것이다. 현재 전기차 충전소는 당연히 런던에 심하게 편중되어 있다. 2021년 기준, 전국 신규 충전소의 45%가 런던과 동남부 지역에 있다. 자동차 제조 유통사 협회The Society of Motor Manufacturers and Traders에 따르면 영국이 2030년까지 약 200만 개의 충전소를 만들어야 한다고 한다. ― 이를 위해 하루 500개 이상씩 충전소를 건설해야 하며, 167억 파운드의 비용이 소요될 것이다. 오늘날의 영국을 잘 안다면 누구라도 이런 야심 찬 계획이 실현될 것이라 기대하지 않을 것이다. 현재 선두를 달리고 있는 비피펄스BP Pulse를 포함해 14개 민간 업체가 충전 네트워크를 운영하고 있지만, 단 한 곳도 시장 점유율이 13%를 넘지 않는다는 사실도 놀랍지 않다. 이런 상황은 고스란히 비효율성과 불편함으로 이어진다. 전기차를 1년간 운전해 본 기자 로스 코워드Ros Coward는 다음과 같이 보도했다:

> 업체마다 앱 설치와 구독을 요구한다. 사용 방법도 제각각이고 가격도 서로 다르다. 고장 난 충전기도 많다. 전기차와 마찬가지로, 충전소도 숨겨진 문제가 있다. 일부 구의회는 전기차 충전을 위한 주차 공간을 지정하지 않아 '일반' 차량이 자리를 차지하게 되면 자리를 빼앗긴 전기차는 더 빠르고 더 비싼 충전기를 찾아다닐 수밖에 없다 […] 배터리를 아끼려다 보니 속도를 내지 못하고 천천히 운전하게 되고, 장거리 이동할 때는 기차를 타게 된다. 하지만 필요이상으로 복잡한 충전 네트워크에는 문제가 너무 많다. 업체마다 충전 카드도 다르고 전체적으로 충전기도 턱없이 부족하다. 전기차가 늘어나면 문제는 더 심각해질 것이다. 정부의 규제가 없는 것도 어이없다: 현재 상황에서, 업체가 충전기를 제대로 관리하지 않아도, 아무런 처벌을 받지 않는다.[9]

이 모든 일은 뻔히 예측할 수 있다. 전기 자동차를 추진하는 것은 옳고 가치 있는 일이다. 그러나 영국의 교통부와 영국 정부는 1945년 이후 영국에서 가장 중요한 전기차 충전 인프라를 체계적으로 준비하지 않았고, 그래서 전기차 충전 현장은 이미 혼란과 무질서의 상태에 빠져 있다. 영국의 대부분 지역은 잉글랜드의 동남부 지역에 뒤처진 가운데 민간 업체는 시장 점유율을 놓고 경쟁을 벌인다. 영국인에게 위안이 될지 모르지만, 독일과 오스트리아도 상호 호환되지 않는 충전소를 운영하는 민간 업체들이 경쟁하는 방식을 채택했다.

필수 공공 서비스의 경우와 마찬가지로, 이런 방식은 효율적인 경제 모델이 아니며 담당 정치인들도 잘못이다. 너무 냉소적인가? 전혀 그렇지 않다. 이 새로운 계획의 가능성을 영국 전역에 (런던 지역뿐 아니라) 신뢰할 수 있는 이동 통신망을 위한 인프라 구축과 비교해 보면 하나도 냉소적이라 할 수 없다. 앞서 진행되었던 인프라 구축이 어떻게 진행되었는가를 잠시라도 살펴보는 것은 적절하며 도움이 된다. 이를 통해 앞으로 영국의 전기차를 위해 충전소를 마련하는 것을 예측해 볼 수 있다. 이 장 앞부분에서 언급한 대로 국가 전력망에 전력을 공급하는 것이 취약하다는 사실도 잊지 말아야 한다.

2021년 12월 영국에서 강력한 폭풍으로 인해 일부 지역에 2주 동안 전기 공급이 중단되었다. 영국 북부가 가장 큰 피해를 보았는데, 이 지역은 이동 통신 신호가 너무 약해 평상시에도 차를 타거나 걸어서 근처 언덕 꼭대기로 가야 하는 경우가 많다. 이 지역에서 유선 전화 서비스는 무심하게도 '단계적으로 폐지'되었다(브리티시 텔레콤British Telecom이 서비스를 중단해 버려 주민들은 이동 전화를 사용할 수밖에 없게 되었다). BBC는 레이크 디스트릭트Lake District에 사는 한 여성의 말을 인용해 보도했다: '상황이 좋을 때도 신호가 약해서 고생하는데, 폭풍 때문에 완전히 끊어졌고, 신호가 약해서 쓰던 와이파이도 쓸 수 없었어요. 계곡 전체에 사나흘 동안 아무 신호가 잡히지 않았죠. 도로도 모두 차단되는 바람에 언덕 위로 차를 몰고 갈 수도 없었어요.' 정전이 일상적으로 발생하다 보니 일상생활도 생업도 쉽지 않다. 통신 시스템이 전기가 없으면 무용지물이기 때문이다. '선진국이라면서 이렇게 인프라가 허술하다는 게 부끄럽네요. 몇 년 전 트란실바니아Transylvania 산악지역에 갔을 때도 4G 신호가 완벽하게 잡혔거든요.'

웨스트모랜드Westmorland와 론즈데일Lonsdale의 의원인 팀 파론Tim Farron은 전화를 전혀 사용할 수 없다는 건 많은 사람들에게 너무 위험한 일이고 '달걀을 모두 한 바구니에 넣는 것은 좋은 생각이 아닙니다. 전기가 끊겨서 휴대폰 충전을 할 수 없다면, 위험에 처하게 됩니다.'라고 말했다. 노섬벌랜드Northumberland의 로스베리Rothbury에서 아르웬Arwen 폭풍으로 인해 이동 통신사 이이EE, 보다폰Vodafone, 오투O2를 지원하는 모든 이동 통신 기지국에 문제가 발생했다. 이 지역의 주의회 의원인 스티븐 브리짓Steven Bridgett은 이렇게 질문했다: '이동 통신 기지국에 왜 비상 발전기가 없습니까?' 그는 기후 변화와 관련된 기후의 현실을 고려하지 않는 환경 어젠다의 모순을 지적했다. '전기 자동차, 공기 히트 펌프, 새로운 디지털 유선전화는 이런 상황이 벌어지면 모두 무용지물입니다. 그런 폭풍이 들이닥치면 통신 시스템 전체가 완전히 엉망이 되고 말죠.' 브리짓 의원은 공공 인프라 운영을 담당하는 조직이 어떤 상황에서도 서비스를 제공할 수 있어야 한다고 주장한다. '공공 인프라가 해야 할 일이고, 그래서 국민들이 요금을 내는 거죠.'[10]

안타깝다! 영국은 80년 전만 해도 당시 5,500만 명의 국민을 위한 식량 배급 체계를 신속히 수립하고 시행하면서 450개가 넘는 비행장을 건설하는 대형 공사도 해냈다. 이 공사는 약 3만 6천 에이커 면적에 50마일의 배수 도랑과 13만 톤의 콘크리트를 쏟아붓는 거대한 사업이었다.[11] 영국 총리 보리스 존슨Boris Johnson이 전통적으로 기업과 산업을 옹호해 온 보수당 소속임에도 불구하고 에어버스Airbus의 영국 홍보 담당자와 대화 도중 '기업은 개나 줘버려요!'라고 말한 걸 보면 영국이 과거에 가졌던 그런 국가의 조직력과 추진력을 상실했다는 사실은 놀랍지도 않다. 놀랍지 않을 수 있지만 여전히 국가적 수치가 아닐 수 없다. 우리는 정글의 공터 한가운데서 바나나가 들어있는 항아리조차 찾지 못하는 원숭이가 되어버렸다. 이미 말한 것처럼, 영국은 2030년까지 모든 신규 휘발유와 경유 자동차 판매를 단계적으로 중단할 계획이다. 수백만 영국인에게 현재 상황에서 조언을 한다면 '친환경은 포기하고 고장 날 때까지 오래된 차를 사용하라'는 것이다.

# 패션 산업

유엔에 따르면, 패션 산업은 세상에서 세 번째로 큰 제조업 분야이다. 패션 산업만으로, 조선 산업과 항공 산업을 합친 것보다 더 많은 에너지가 사용되며, 전 세계 탄소 배출량의 약10%를 차지한다.[1] 세계경제포럼World Economic Forum은 이런 사실에 동의하며, 패션 산업이 식품, 건설 산업에 이어 세 번째로 그리고 자동차, 전자, 화물 운송보다 기후에 악영향을 미친다고 주장한다. 오늘날 서양 소비자들은 불과 15년 전보다도 60% 더 많은 옷을 구매한다. 보통 영국 여성은 연간 자기 몸무게의 절반 정도에 해당하는 옷을 구매하며, 입지도 않은 옷 22벌을 옷장에 갖고 있을 것이다. 매년 평균적으로 영국인은 26.7kg의 새 옷을 구매한다: 이는 이탈리아인이 구매하는 것에 거의 정확히 2배 많은 양이다.[2] 미국에서 보통 소비자는 5.5일에 한 번씩 옷을 사는데, 연간 대략 약 66벌에 해당한다. 평균적으로 미국 여성은 옷장 안에 30벌의 옷을 갖고 있다고 한다. 어쨌든 패션 업체들은 현재 2000년 대비 두 배 더 많은 옷을 생산하고 있으며, 생산량은 앞으로 8년 이내에 현재 6,200만 톤에서 1억 200만 톤으로 증가할 것으로 예상된다. 무게로 보면, 이는 추가로 5,000억 장의 티셔츠에 해당한다. 티셔츠의 평균 길이가 50cm라고 가정할 때, 티셔츠를 위에서 아래로 연결하면 지구와 달 사이 거리의 62배에 해당한다.

옷이 해어져 떨어질 때까지 같은 옷을 입고 새로운 바지 한 벌을 살 때 탈의실에서 겪어야 하는 일을 생각만 해도 지레 겁을 먹는 사람에게, 이런 통계는 거의 이해하기 어렵다. 더욱 놀라운 것은 새로 산 옷의 대부분이 1년 이내에 쓰레기장으로 간다는 사실이다. 추가 통계: 평균적으로 호주인은 연간 27kg의 새 옷을 구매하며, 이 중 23kg은 쓰레기 매립지에 버려진다. 이는 호주에서 발생하는 섬유 쓰레기의 93%에 해당한다. 미국 소비자 다음으로 2번째로 높은 수치이다.[3] 영국도 뒤처지지 않는다. BBC가 인용한 유엔의 통계에 따르면, 패션 아이템 5개 중 3개는 구입 후 1년 이내에 매립지로 향한다. 이것이 진정한 '패스트 패션Fast Fashion'이다.

영국 왕립 지리학회Royal Geographical Society가 발행하는 월간지 지오그래피컬Geographical은 2021년 3월 호에서 전 세계 의류 산업이 환경에 미치는 영향을 평가하면서 이 산업이 그 자체만으로 전 세계 탄소 배출량의 최대 10%를 차지한다는 유엔의 통계에 동의했다. 청바지와 티셔츠가 모두 면으로 만들었다고 가정해 보면(사실은 그렇지 않은 경우가 많지만), 면을 생산하는 과정은 다음과 같다. 면을 재배하고, 수확해서 실로 짜고(지퍼 또는 버튼과 리벳을 추가), 그 실을 직물로 만든 후 염색해서 옷을 자르고 재봉한다. 그런 다음 완성된 제품을 판매처로 이동한다 — 대부분의 옷은 노동력이 가장 저렴한 개발도상국에서 만들기 때문에 보통 지구의 절반 정도를 이동한다.

## 면

목화는 약 80개국에서 재배되며, 가장 물이 많이 필요한 작물 가운데 하나이다. 티셔츠 한 장을 만들려면 무려 7,000리터의 물이 필요하다 — 청바지 한 벌을 만들려면 7,500리터(1,650갤런)의 물을 써야 한다. 이는 대형 욕조 18개를 가득 채울 정도의 양이다. 이 중 약 절반은 목화 재배를 위해 물을 대는데 들어가며 나머지 절반은 후반 제조 공정에 사용된다. 목화는 전 세계에서 가장 화학적으로 처리를 많이 하는 작물 가운데 하나이며 전체 살충제 사용의 16%를 차지한다.[4] 유엔은 이보다 더 많은 거의 25%를 차지한다고 발표했다. 세계 최대의 섬유 생산국은 중국이며, 청바지에 사용하는 염색 면직물의 대부분이 중국에서 만들어진다. 중국에서 이러한 고에너지 공정을 위한 전기 에너지는 거의 전량을 석탄 발전소에 의존하고 있다. 유럽연합이 생산하는 직물은 중국의 절반 정도이다 — 여전히 엄청 나게 많은 양이다. 실을 만들고 이를 직물로 짜는 과정에도 섬유의 윤활 처리와 최종적으로 방수 처리를 위해 다양한 화학 첨가제가 들 어간다. 이 과정에 사용하는 여러 화학물질의 잔류 분자들은 북극과 남극은 물론이고 전 세계에 널리 퍼져 있고, 바다사자와 북극곰의 체지방으로 쉽게 흡수된다.

그다음에, 직물에 염색한다: 염색 과정에 깨끗한 물이 많이 필 요할 뿐 아니라 열을 가하기 위해 에너지도 필요하다. 염색이 빨리 진행되려면 대부분의 염색에 최소 60도의 온도를 유지해야 한다. 의류 산업은 청바지를 만들 때 다른 화학물질뿐 아니라 50,000톤 의 인디고 염료를 사용한다. 이러한 공정에서 발생하는 폐수의 대 부분은 지하수와 강으로 그리고 결국 바다로 흘러간다. 특히 티셔 츠의 경우, 옷에 슬로건과 디자인을 인쇄하기 위해 점점 더 많은 염료와 잉크를 사용하고 있다. 염색이 다 마르면, 직물은 전 세계 의 노동 착취 공장(주로 아시아)으로 보내져 옷으로 만들어진다. '여기서 아동에 대한 노동 착취는 입에 올리지 않습니다.'라고 방 글라데시 공장의 관리자가 말했다. 그를 인터뷰한 기자는 '유감스 럽지만, 경제적 필요'라는 풍자적 표현을 제안했다. '훨씬 괜찮네 요.'라며 공장 관리자는 동의했다. '우리는 가난한 나라일 뿐, 비 인도적인 나라는 아닙니다.'[5] 전 세계 패션 산업이 요구하는 다양 한 사이즈와 스타일을 공급하기 위한 작업량이 워낙 많기는 하지만, 직물의 최대 15%는 자투리 형태로 낭비된다. 최근까지 이런 자투리는 사용하지 못했지만, 이 장 후반부에 언급한 대로 현재는 이런 자투리 일부를 사용할 수 있는 방법을 모색하고 있다. 마지막으로, 완성된 티셔츠는 대부분 컨테이너 선박을 이용해 전 세계로 배송된다. 온라인으로 구매하고 빠른 배송을 원하는 고객이 점점 늘면서 항공 운송도 점차 증가하고 있다. 최근 온라인 쇼핑 인기가 늘어난 일부 이유는 코로나19 봉쇄 조치에서 찾을 수 있다. 사회적 거리두기로 고객이 줄어들고 임대료를 내지 못하게 되면서 문을 닫게 된 상점이 시내 중심가에 많다. 월간지 『지오그래피컬 Geographical』의 추산에 따르면, 의류 운송 방법을 해상 운송에서 항공 운송으로 단지 1%만 바꿔도 탄소 배출량은 35% 늘어날 수 있다(운송과 쇼핑 장 참고).

## 합성섬유

전 세계 의류(미국은 옷clothes의 의미로 전통적 표현인 '어패럴 apparel'을 좋아한다) 산업이 환경에 미치는 영향은 대부분 면이 아니라 합성직물에서 비롯된다. 합성섬유의 시작은 19세기 후반으로 거슬러 올라간다. 런던 교외의 큐Kew에서 일하던 세 명의 화학자가 목재 펄프에서 추출한 셀룰로오스를 이용해 최초로 사용가능한 레이온rayon을 발명했다. 이들은 1894년에 이 기술로 특허를 획득했고, 인공('예술') 실크라 불리며 큰 성공을 거두었다. 이 세 명의 화학자들은 발명품을 코툴즈Courtaulds에게 판매했고, 그는 1905년부터 세계 최대 규모로 레이온을 생산했다. 산업 화학자들은 이를 폴리머로 여겼지만, 인공 실크는 곧 비스코스viscose와 레이온rayon이란 대체 명칭을 얻었다. 이 섬유는 이후 90년 남짓의 기간 동안 생산되었고, 석유 기반 화학 기술을 이용한 기타 폴리머 제품들도 발명되었다. 1930년대 말 미국의 듀폰Dupont은 '나일론nylon'이라는 이름으로 특허를 낸 폴리머를 발명했는데 최초의 폴리에스터로 기록되었다. 다음으로 1941년에 영국의 화학자들이 합성한 섬유로 테릴렌Terylene이라는 이름으로 특허를 얻었다. 1946년 듀폰은 테릴렌의 모든 권리를 인수하고 약간 다른 폴리에스터 다크론Dacron을 발명했다. 1950년 이후, 석유에서 추출하는 섬유 생산은 많이 증가했고 네오프렌neoprene과 같은 '스포츠' 폴리에스터뿐 아니라 마이크로파이버microfibre와 같은 현대적인 '럭셔리' 폴리에스터에 이르는 많은 다양한 변종이 생산되었다. 면과 아마 같은 천연 섬유는 재배용 토지가 부족하지만 이를 놓고 치열한 경쟁을 하지 않더라도 노동과 생산 비용은 여전히 합성섬유보다 훨씬 더 많이 들어간다. 폴리에스터는 생산이 훨씬 간단하며, 4종 중 3종은 석유로 만든다 — 매년 약 7천만 배럴의 석유가 필요하다. 폴리에스터 생산을 위해 점점 더 중요한 것이 석유에서 추출해 만든 재활용 플라스틱병이다. 네 번째 유형의 폴리에스터는 목재 펄프와 같은 유기물로 만들 수 있다. 궁극적으로 모든 합성섬유는 매우 정교한 산업 화학에 의존한다. 1950년대에는 직조 폴리에스터 섬유가 세탁이나 다림질을 하지 않고 며칠을 입어도 상태가 좋았기 때문에 '노동력을 절감'해 주는 소재로 널리 알려졌다. 한때 100% 나일론 소재의 셔츠가 진취적인 기업인들에게 말끔하고, 현대적 스타일을 제공한다고 대대적으로 소문이 났다. 나일론이 등장하면서 '드립 드라이drip dry'라는 표현이 생겨났다. 그러나 나일론의 단점은 금세 드러났다. 나일론 섬유는 입었을 때 조금 미끄러운 느낌을 주었을 뿐만 아니라, 나일론이 '통기성'이 없고 땀을 유발하기 때문에 더운 날씨에는 냄새가 나고 불편했다. 또한 나일론 셔츠를 입어 본 일부 사례에서처럼 하얀 나일론 셔츠는 시간이 지나면서 약간 노란 빛을 띠기 시작했다. 결론적으로, 순수 나일론 직물은 대부분은 유행이 끝났고 더 편안한 다른 폴리에스터 소재로 대체되었다. 면/폴리에스터가 섞인 혼방 소재의 장점으로 우수한 내구성과 바람막이 성능 그리고 뛰어난 내마모성을 들 수 있다. 그러나 폴리에스터의 심각한 단점 하나 때문에 군용 항공기 승무원 속옷과 일반 전투복으로 사용하는 것이 금지되었다. 면은 쉽게 불이 붙지 않고 그냥 시커멓게 타지만, 폴리에스터는 녹아 피부에 달라붙는다는 사실이 2차 세계 대전 중 밝혀졌다. 이 때문에 최소한 1960년대까지 시트, 페티코트, 심지어 어린이용 잠옷을 쉽게 불이 붙는 나일론으로 만들었다는 사실에 놀라지 않을 수 없다. 나일론을 입고 전기 난로에 닿기만 해도 끔찍한 화상을 입게 되고 목숨을 잃는 경우도 많다.

폴리에스터로 만든 셔츠는 순수 면으로 만든 셔츠보다 두 배 더 많은 탄소 발자국을 남긴다. 대부분의 폴리에스터를 생산하는 데 매년 7천만 배럴의 석유를 사용한다는 점 이외에, 폴리에스터와 석유를 기반으로 한 기타 합성섬유가 환경에 미치는 또 다른 단점은 이런 합성섬유가 땅에서 분해되는데 얼마나 걸리는지를 아직 확실히 모른다는 사실이다. 면과 폴리에스터 혼방 섬유의 경우, 면은 수십 년 내에 분해되고 폴리에스터 성분만 남게 된다. 폴리에스터 분해에 최소 200년이 걸린다는 예측도 있고, 수백 년 더 오래 걸린다는 주장도 있다. 폴리에스터는 천천히 분해되기 때문에 잔여 성분은 석유에서 추출해 만드는 다른 플라스틱 제품과 마찬가지로 유독성이 있을 것이다. 폴리에스터, 아크릴, 나일론과 같은 합성섬유가 전 세계 의류의 소재로 약 60% 사용되기 때문에,[6] 먼 해안에 점점 산더미같이 쌓여가는 버려진 의류는 심각한 문제가 될 것이다. 합성섬유는 세탁할 때 그리고 특히 회전식 건조기에서 건조될 때 미세 플라스틱이 떨어져 나온다. 이 중 대부분은 바람, 비, 강을 따라 바다로 유입된다. 합성섬유는 현재 전 세계 해양에 존재하는 미세 플라스틱의 최대 35%를 차지할 것으로 추정된다. 아울러, 미세 플라스틱의 수명이나 인간의 폐와 신체에 얼마나 유해한지도 알지 못한다.

4가지 주요 폴리에스터 종류 중 가장 초기 제품 ― 비스코스 또는 레이온 ― 이 석유에서 추출한 것이 아니라 나무 섬유에서 추출한 것이라 친환경적이라는 점을 기억할 것이다. 1980년대 초, 코톨즈Courtaulds의 화학자들은 레이온 제조 공장 하류에 거주하는 사람들이 견디기 어려운 자극적인 공장의 폐수가 생기지 않는 제조법을 가까스로 찾아냈다. 이렇게 탄생한 새로운 섬유는 일반적으로 리오셀lyocell이라 부르며, 텐셀Tencel이라는 이름으로 특허를 받았다. 오스트리아에서 내가 사는 곳에서는 끝도 없이 이어진 화물 열차 때문에 건널목에서 정체가 자주 발생한다. 이 열차는 몇 킬로미터 떨어진 렌징Lenzing에 있는 유일한 지역 공장으로 화물을 실어 나른다. 차에 앉아 열차가 지나가기를 기다리면서, 화물칸에 한가득 실린 목재용 나무 몸통 — 주로 너도밤나무 — 이 실려 지나가는 것을 보면 맘이 아프다: 이 나무 몸통은 최근까지 웅장한 숲, 주로 폴란드 숲에 있던 거인들이었다. 렌징 공장은 100년 이상의 시간이 흐르면서 목재 펄프와 제지를 생산하던 공장에서 목재 기반 합성섬유를 생산하는 주요 글로벌 업체로 성장했다. 여기서 생산하는 제품에 비스코스, 아크릴, 폴리에스터, 그리고 코툴즈가 1990년대에 분할될 때 매각된 주력 제품인 텐셀도 포함된다. 렌징은 의류 산업에서 지금까지 사용하지 않던 면 자투리를 리피브라REFIBRA라는 이름의 소재로 변환하는 기술을 최근 개발했다. 이는 면을 다시 분쇄한 후 나무 기반 폴리에스터에 추가해 텐셀을 제조하는 기술로 분명 올바른 방향으로 전진하는 것이다. 비스코스를 전통 방식으로 생산하며 한때 지역의 주요 오염원이었던 오스트리아의 렌징은 넓은 부지에 태양광 패널을 설치하는 계획과 함께 이제 친환경 기업으로 변신했다 — 이는 영국의 그림즈비Grimsby와 미국 앨라배마주의 모빌Mobile에 있는 해외 지점에도 마찬가지일 것으로 기대된다. 이러한 셀룰로오스 섬유는 생분해되지만, 일단 매립지에 버려지면 메탄이 발생하고 이로 인한 환경 발자국은 폴리에스터와 비교해 볼 때 조금 작은 수준에 불과하다.

그렇기는 하지만 '지속 가능성'이 모든 제조 산업에서 거의 종교적 의미를 가진 단어가 되었음에도 불구하고, 수천 톤의 아름다운 목재가 멋진 정장, 바지, 스포츠웨어로 만들어지기 위해 굴러 지나가는 광경은 여전히 옳지 않다. 끝없는 세계적인 의류 산업의 욕심 때문에 방대한 숲이 베어진다는 것을 상상하기란 절대 쉽지 않다. 그러면서 동시에 새로운 묘목을 심어 다 자랄 때까지 내버려둔다는 것도 완전히 신뢰할 수 없다. 이것이 '지속가능한 방법으로 얻은 목재'일까? 그럴 수도 있지만, 두고 볼 일이다. 하지만 나무들이 죽어서 만들어진 옷 대부분이, 일부는 심지어 한 번도 입지도 않은 채, 먼 나라의 무너질 듯 쌓인 쓰레기 산에 버려질 것이라는 점은 절대 바람직하지 않다. 이러한 글로벌 산업 분야를 고려할 때, 환경주의자들은 제조업체들에만 너무 집중하는 경향이 있다. 이제는 소비자와 그들의 경솔하고 무분별한 욕심과 아울러 마찬가지로 아무런 고민 없이 무분별하게 버리는 행위에 관심을 가져야 한다.

## 신발

신발은 중요한 패션 아이템이자 수익성이 높은 요소이다. 신발을 보면 지난 수십 년간 스포츠와 여가 활동이 일상복으로 점차 확산하는 현상을 확인할 수 있다. 신발 산업의 엄청난 생산량은 소비자의 과 소비 습관과 밀접한 관련이 있다. 매년 전 세계 80억의 인구가 신을 약 240억 켤레의 신발이 생산되며, 이 중 90%는 일 년 내에 버려진다. 하지만 신발 업계는 별로 신경 쓰지 않는다. 비용 문제 때문에, 진짜 가죽은 신발의 틈새 소재처럼 사용되었지만, 주요 스포츠웨어 브랜드들이 가죽의 '통기성', 편안함 그리고 완전히 생분해되는 '천연' 소재라는 관점에서 장점을 재발견하면서 상황이 달라졌다. 최근 보고서에 따르면 환경에 좋을 거라는 이런 희망적 생각을 하다 보면 그린워싱greenwashing[7](환경에 해로운 활동을 하면서도 마치 친환경적인 것처럼 위장하는 행위 - 옮긴이)으로 이어질 수 있다고 한다. 50개 이상의 신발 브랜드가 아마존 열대우림을 파괴하고 소 목장을 확장하는 것으로 알려진 브라질 최대 가죽 수출업체 제이비에스JBS와 다중 공급망으로 연계되어 있다는 사실이 드러났다. 예를 들면, 코치Coach, 엘브이엠에이치LVMH, 프라다Prada, 에이치앤엠H&M, 자라Zara, 아디다스Adidas, 나이키Nike, 뉴발란스New Balance, 테바Teva, 유지지UGG, 펜디Fendi 등이 포함되었다. 아마존 열대우림의 나머지가 계속 파괴되는 것과는 별개로, '천연' 가죽은 방귀를 뀌며 바이오매스를 소비하는 동물, 심각한 오염을 유발하는 무두질과 염색 산업의 형태로 엄청난 환경 비용을 초래한다. 브라질은 고급 자동차의 '맞춤형' 가죽 시트에 들어가는 가죽 대부분을 공급한다는 점을 알아야 한다: 이에 대한 면밀한 조사가 필요하다. 글로벌 신발 시장에서 가장 중요한 부문이 러닝화, 조깅화, 농구화, 축구화, 그리고 미국 시장에서 '스니커즈'라 부르는 준스포츠용 트레이너 신발이다. 이 모든 신발은 산업 화학 덕분에 가능해졌다. 내가 젊었을 때 신던 얇은 캔버스 천에 밑창은 진짜 고무로 만든 '운동화' 같은 신발은 사라졌다. 그 자리는 스포츠 스타일의 신발이 차지했다: 이 트렌드는 세계적으로 표준이다. 오늘날 노인들은 과거를 내려놓지 못하는 은퇴한 부상 선수처럼 트레이너 운동화를 신고 다닌다. 반면 부유한 여성들은 맨해튼의 인기 명소를 루부탱Louboutin이 내놓은 어이없는 금색 농구화를 신고 돌아다닌다. 하지만 패션과 상관없이, 요즘 스포츠 신발은 실용성이 뛰어나다. 시장에서 파는 저렴한 신발조차 편안하고 일반적으로 내구성도 좋다. 이런 신발이 좋기는 하지만, 석유화학 물질에서 추출한 물질에 전적으로 의존한다는 점이 문제이다. 비싼 신발의 경우 윗부분은 진짜 가죽으로 만들지만, 충격 흡수 밑창은 석유화학 물질로 만든다. 무엇보다 신발은 가벼워야 하고, 밑창은 쿠션이 있어야 해서 원유에서 추출한 에틸렌 비닐 아세테이트(EVA)와 열가소성 폴리우레탄(TPU)과 같은 발포 고무foam를 대부분 사용한다. 이런 발포 고무는 아주 가볍고 충격 흡수를 잘 하지만, 생분해는 거의 되지 않는다. 일반적으로 경량 신발의 밑창이 분해되려면 1,000년이 걸리는 것으로 추정된다. 게다가 이런 발포 고무 제조에 에너지가 많이 들어가고, 환경도 오염된다. 미국의 매사추세츠 공과대학MIT의 최근 연구에 따르면, 러닝화 한 켤레 제작에 평균적으로 11.3kg에서 16.7kg의 이산화탄소가 배출된다고 한다. 이는 전자제품이 아닌 걸 감안해볼 때 상당한 수준이며, 휘발유나 경유 차량이 약 52마일을 주행하는 것과 비슷한 수준이다. 당연히 포장, 배송, 광고, 보관

등 모든 과정이 탄소 배출량 계산에 포함된다. 대형 스포츠웨어 회사(아디다스, 나이키 등)는 마침내 가능하다면 재활용 소재를 사용하려고 노력하고 있지만 쉽지 않다. EVA는 물놀이용 샌들, 정원 무릎 보호장비, 플립플롭flip-flops의 밑창으로 우리에게 익숙한 소재이다. 플립플롭은 동남아시아와 같은 열대 지역의 농촌 거주자들이 선호한다. 내가 쓴 책에서 필리핀 바다에서 작은 배를 타다가 두꺼운 플립플롭 자투리로 덮인 바위섬을 발견한 내용에 관해 설명한 적이 있다. 이 자투리 더미들은 EVA 발포 고무판에 구멍을 낸 것인데, 아마도 꽤 가까운 인근의 공장에서 EVA로 신발 밑창을 생산했던 것으로 추정된다. 재활용되지 않은 발포 고무판이 버려져 어쩌다 보니 현지의 바람과 해류를 타고 이 작은 섬에 계속 쌓였다. 내가 알기로는 발포 고무판은 아직 그 섬에 그대로 남아 있을 것이다. 물론 파도가 쳐서 고무판은 결국 작은 입자로 분해되고 다시 가늠할 수 없을 정도로 많은 바다의 플라스틱 쓰레기가 될 것이다.

## 스포츠웨어

합성섬유 시장 중 가장 큰 — 그리고 가장 빠르게 성장하는 — 시장이 스포츠웨어와 장비이다. 최근 수십 년 동안 피트니스/웰니스 시장은 급성장하면서 고급 패션과 새로운 기술을 스포츠웨어에 도입하고 땀 흡수 밴드와 같은 작은 것에도 브랜드 로고를 새긴다. 이렇게 해서 고기능성 섬유가 탄생했고, 몸에서 땀은 배출하고 외부 습기는 차단하면서도 특히 가볍고 보온 기능을 강화한 소재들이 등장했다. 이런 소재는 거의 모두 합성섬유이다. 양모는 구식이고 면은 습기를 흡수해 차가워진다(등산과 암벽등반 애호가들이 '킬러 면'이라고 부를만하다). 이 자리를 대신해서 스판덱스Spandex, 라이크라Lycra, 엘라스테인Elastane과 같은 소재가 등장했다. 이 세 가지는 국가별로 상표명이 다르지만 실제로는 동일한 소재이다: 1958년에 발명된 소재로 재활용이 불가능한 공중합체(두 종류 이상의 단량체가 결합해 만들어진 고분자 섬유 - 옮긴이)이다. 뛰어난 신축성으로 착용감이 좋기 때문에 모든 스포츠와 패션에서 중요한 요소가 되었다. 영국에서는 예의 없는 사이클리스트들을 '라이크라 라우츠Lycra Louts'(사이클 타는 싸가지의 의미 - 옮긴이)라 부를 정도로 라이크라 소재는 널리 사용되고 있다. 생분해되지 않지만, 석유 기반 현대 소재로 널리 사용되고 있다. 자전거를 타던 사람들이 자전거 대신에 보행기를 사용하고서 한참 뒤에도 한 때 모든 근육의 움직임과 몸매를 그대로 보여주던 사이클 의류는 거의 분해되지 않을 것이다. 사이클 타던 싸가지가 먼지와 가스로 분해된 지 수백 년이 흐른 뒤에도 사이클 의류는 쓰레기 매립지에서 여전히 완벽하게 찾아낼 수 있을 것이다.

　스포츠와 패션 산업이 공통으로 사용하는 또 다른 인공 소재로 네오프렌neoprene이 있다. 나일론보다 더 오래된 이 소재는 1930년대 초반에 듀폰Dupont이 개발한 발명품이다. 질긴 합성 고무인 이 폴리머는 호스, 개스킷, 팬 벨트, 방수 작업화 등의 원료로 오랫동안 사용됐다. 천연고무처럼 썩지 않는 네오프렌의 특성 때문에 다양한 용도로 사용되고 있다. 네오프렌은 질소로 발포 처리해 작은 기포를 채울 수 있다는 것이 알려지자, 단열이 중요한 분야에서 널리 사용되기 시작했다. 그래서 네오프렌은 잠수복의 표준 소재로 사용된다. 외부 압력으로 발포 고무가 짓이겨지고, 단열 성능이 떨어지기 때문에 용도에 맞게 수심이 깊어지면 더 두껍게 제작해야 한다. 전 세계에 수백만 벌의 잠수복이 사용되고 있다. 그러나 원료 상태의 네오프렌은 발포 처리를 하지 않아도 몸에 착 붙어 몸매를 드러내는 소재로 활용할 수 있고, 신체 결박, 가학 피학성 변태 성욕자가 좋아하는 특이한 페티시 용품을 만들 때도 사용된다. 네오프렌은 일반적인 자연 환경에서 거의 분해되지 않으며, 다이버와 서퍼들은 잠수복 소재가 '환경'과 정반대라는 사실을 알고 있다. 이들은 오래된 잠수복을 '업사이클링upcycling'해서 보상하려는 시도를 하는데, 예를 들어 잠수복으로 컴퓨터 마우스 패드나 태블릿 PC용 케이스를 만든다. 호주에서는 오래된 네오프렌을 도로를 포장할 때 사용하는 역청으로 변환하는 기술도 등장했다. 네오프렌과 역청 둘 다 석유에서 추출하기 때문에 이를 '역청으로 되돌리는'이라는 표현으로 부를 수도 있다. 석유는 수백만 년에 걸쳐 열과 압력을 받은 유기물로 자연적 산물이다. 오래된 잠수복은 쓰레기처리장으로 향한다. 500년 후 어떤 쓰레기 수거자가 잠수복을 찾아낸다면 하나도 변하지 않은 상태일 것이다. 더 심각한 문제는 버려진 대부분의 옷이 고어텍스처럼 물이 스며들지 않도록 화학 물질로 처리했다는 것이다. 이를 폴리플루오로알킬polyfluoroalkyl 물질(PFAS)이라고 부른다. 이 물질은 1940년대 발견된 이후 사용이 늘고 있는 화학물질 중 하나이다. PFAS는 탄소와 불소 두 원소를 결합해 만들어지는데 모든 유기화학에서 가장 강력한 결합을 형성한다. 그래서 '영원한 화학물질Forever Chemicals'이라는 집합 명칭이 탄생했다. PFAS 물질이 분해되는 데 얼마나 걸리는지 아무도 모르기 때문이다. 음식물이 소스팬에 달라붙지 않도록 사용하는 코팅제, 카펫과 가구의 물 오염을 방지하는 제품, 방수 처리된 의류 등 수천 가지 산업 용도로 널리 사용되고 있다. 요즘 PFAS 분자가 식품과 인체에서도 발견되고 있어서 이 물질이 어떤 장기적 손상이나 취약점을 초래하는지에 대한 연구가 시급하게 진행되고 있다.

## '천연' 섬유

산업 화학자들이 마법에 덜 의존하는 새로운 섬유 소재를 찾으려 노력하는 가운데 일부 희망이 보인다. 예를 들면, 파인애플 잎, 버섯, 효모 기반 단백질, 사탕수수에서 추출한 실 그리고 텐셀Tencel의 경우처럼 목재 펄프와 같은 다른 종류의 바이오매스 등이 있다. 파인애플 섬유, 즉 피냐piña는 필리핀에서 수백 년 동안 생산되고 있지만, 2차 세계 대전으로 관련 산업의 대부분이 침체에 빠졌고, 최근까지도 회복이 더디게 진행되고 있다. 피냐는 파인애플 잎에 있는 긴 섬유로 만들어진다. 이 섬유를 엮으면 전통적인 바롱 타갈로그barong tagalog 제조에 사용하는 가볍고, 투명하며 얇은 소재를 만들 수 있다. 바롱 타갈로그는 셔츠 자락이 없는 보통 긴 소매가 있고, 종종 아름다운 자수로 장식되어 있다. 더운 기후에 우아한 멋과 청량감이 우수하다. 예상했겠지만, 셔츠 제작에 필요한 기술과 노동을 생각해 보면 저렴한 옷이 아니다. 또한 소재가 반투명이기 때문에 통통한 서양인 체형보다 슬림한 아시아인의 체형에 특히 잘 어울린다. 일부 천연 섬유 원료는 밀도가 높아서 다른 장점이 있다 — 예를 들어 염색이 쉽거나 내구성이 뛰어나다.

## '스마트' 섬유

천연 소재와 정반대로 아마도 이런 옷을 입은 사람과 구분하기 위해 종종 '스마트'하다는 표현을 붙인 차세대 신소재 직물이 있다. 전자 섬유E-textile는 열이나 빛과 같은 환경 자극에 따라 색상을 변화시키는 반응을 보이도록 설계되었다. 정신 건강을 측정할 수 있는 야구 모자에 관한 얘기는 아직 본 적이 없지만, 옷을 입고 있는 사람의 신체 건강 상태를 모니터할 수 있도록 옷을 컴퓨터로 변환하는 시도는 오래전부터 있었다. 수준을 조금 낮춰서, 웨어러블 엑스Wearable X에서 나온 나디 엑스Nardi X 요가 팬츠에는 속도계와 진동 모터가 엉덩이, 무릎, 발목 부위의 섬유에 내장되어 있다. 착용자가 요가 동작을 따라 하기 어려운 경우 부드러운 진동으로 어떻게 움직이면 되는지 알려준다. 좀 더 미래지향적으로, 센트럴 플로리다 대학교University of Central Florida의 광학 및 광자공학 단과대학College of Optics and Photonics은 사용자가 스마트폰을 사용해 섬유의 색상을 조절할 수 있는 직물을 최초로 발표했다. 이 대학은 다음과 같이 설명한다:

크로모포러스Chromorphous 직물의 실마다 얇은 금속 미세 전선이 내장되어 있다. 이 미세 전선을 통해 전류가 흐르며, 실의 온도를 조금 올린다. 실에 내장된 특수 염료는 온도 변화에 반응하며 실의 색상을 바꾼다. 사용자는 앱을 사용해 색상 변경 시점과 직물에 나타날 패턴을 모두 제어할 수 있다. 예를 들어, 보라색 단색으로 된 토트백은 모바일 폰이나 컴퓨터에서 '줄무늬' 버튼을 누르면 파란 줄무늬가 조금씩 추가되는 기능을 갖게 된다. 즉 앞으로 옷을 덜 갖게 되더라도 이전보다 다양한 색상 조합 효과를 즐길 수 있다는 의미이다.[8]

## 군인 패션

전선이 들어간 직물은 소재 자체를 잘 모르더라도 생분해가 잘되지 않을 것으로 보인다. 이런 소재는 첨단 패션이 될 수도 있고, 아닐 수도 있다. 현재 가장 주목받는 트렌드는 내구성이 강한 소재를 선호하는 것이다. 이런 트렌드는 도시 생활이 지루해질수록, 트레이시 아일랜드Tracy Island(자신들 만의 섬 트레이시 아일랜드에 살면서 첨단 기술과 초

고속 비행을 할 수 있는 로켓 비행기로 국제 구조활동을 펼치는 영국의 방송 프로그램 - 옮긴이)에서 비밀의 섬을 습격하는 특공대처럼 옷을 입어야 한다는 법칙을 제대로 반영한 것이다. 먼저 '워코어warcore' 패션이 등장했는데, 이는 임박한 지정학적 위기에 대비해 장비를 갖추는 액션맨Action Man(영국 군인의 모습을 한 인형 - 옮긴이)의 모습을 따라 한 것이다. 사막 스타일의 스카프와 방탄조끼처럼 생긴 조끼가 대표적인 패션이었다. 물론 군인 패션은 2차 세계 대전 이후 계속 있었지만, 대부분 진짜 군복무 때 입었던 군복과 면, 울, 마와 같은 재래식 섬유로 만든 군복을 사용했다. 가난한 학생의 모습을 상징하는 그런 모습이었다(대학교 다닐 때, 울 소재 해군 민방위 코트를 입었는데 저렴하게 샀지만, 품질은 좋았다). 요즘 워코어 패션은 훨씬 더 인공적인 섬유를 소재로 한 복장이고 대개 신용카드 한도 걱정은 할 필요가 없는 경제적 여유를 보여준다.

이 책을 쓰고 있는 2021년 말, 고프코어gorpcore라는 패션이 인기를 끌고 있다. 고프는 미국 등산객들이 좋아하는 스낵인 '트레일 믹스trail mix'(견과류, 말린 과일 등을 위주로 만든 스낵의 통칭 - 옮긴이)에서 유래했다: 정겹고 맛있는 건포도와 땅콩이라는 뜻인 'Good Ol Raisins and Peanuts'의 머리글자를 딴 것이다. 원래 실용적인 기능성 의류가 도전적인 도시의 환경에 어울리는 고급 아웃도어 브랜드가 되었다. 그래서 작은 사무 공간에서 근무하지만, 케이투K2에 막 오를 것처럼 첨단 소재의 겨울 점퍼와 강력한 방풍 기능성 바지를 입는다. 런던 중심부에서 동상 방지 내피와 고급 고어텍스 소재를 입고 있다면 아이슬란드 브랜드 66도 노스 66°North 또는 스위스의 마무트Mammut 제품을 파는 가게에 최근에 가보았다는 뜻이다. '영원한 화학물질'의 보이지 않는 분자들이 용감한 도시 모험가들의 발자취를 따라 휘날리고 있다. 이것이 바로 도시 코스프레이다. 30년 전의 사람들은 아마도 왁스 처리한 면 소재의 바버Barbour 재킷에 체크무늬 모자를 썼을 것이다. 이런 복장을 하면 진흙이 튄 레인지로버Range Rover가 코너에 주차된 상상 속에 나올 법한 시골 저택에 사는 것처럼 보인다. 훨씬 더 과거로 돌아가 1960년대에는 코스프레 복장은 콜레른Coleherne과 같은 게이 클럽에서 단골로 하는 쇼였다. 얼스 코트Earl's Court(웨스트 런던에 위치한 예술가, 음악가 등에게 인기가 많았던 보히미안풍의 장소로 선술집, 클럽, 카페 등이 많았다 - 옮긴이)에 있던 이 클럽은 가죽 의상을 선호하는 고객들이 드나들었다. 토요일 밤마다 그들은 금속 장식이 박힌 검은 가죽 재킷을 입고 찰랑거리는 소리를 내며 시비거리를 찾는 지옥의 천사Hell's Angels(악명높은 오토바이 갱단 - 옮긴이)처럼 헬멧을 흔들면서 들어왔다. 영업시간이 끝나면, 이들 중 일부는 헬멧을 손에 든 채 밖에서 풀햄Fulham으로 돌아가는 버스를 은밀하게 기다린다. 인간의 본성은 변하지 않는다. 특히 패션에 있어서는 더욱 그렇다.

## 덤핑

패스트 패션 옷이 매년 엄청나게 많이 버려지는 이유는 오늘날 대부분의 합성섬유가 가진 내구성 때문이다. 매년 39,000톤의 옷이 버려지는데, 종종 거의 입지도 않은 새 옷이 칠레의 아타카마 사막에 버려진다.[9] 마찬가지로, 가나와 같은 아프리카 국가들은 '매주 유럽, 미국, 중국에서 자신들의 해안으로 운송되는 너무 많은 폐의류에 시달리고 있다.'[10] 두 가지 경우 모두 드론으로 촬영하면 다양한 옷으로 만들어진 경이로운 알프스의 모습이 드러난다: 순수한 쓰레기가 모인 트래시모어 산(쓰레기를 뜻하는 영어 단어 트래시trash를 유머러스하게 사용한 쓰레기 산의 은유적 표현 - 옮긴이). 가나에만 거의 입은 적도 없는 15만 점의 옷이 매주 도착한다. 이 중 일부는 도착하자마자 상인들이 재빨리 골라 가지만, 40%는 해안가의 매립 쓰레기 산에 버려지고, 이 쓰레기 산은 바다로 지반이 계속 침하하고 있다: 이렇게 해서 엄청난 양의 폴리에스터가 생겨나고, 조각 형태로 바다 생물로 그리고 그런 물고기를 먹는 사람에게로 유입된다. 아프리카 사람과 칠레 사람이 이 모든 중고 의류에서 혜택을 받지 못하는 이유는 대부분의 옷이 쓰레기 같은 패스트 패션 아이템이다보니 품질이 너무 나빠 재판매할 수 없기 때문이다. BBC 뉴스는 '패션 산업은 패션 쓰레기로 인해 매년 5천억 달러의 손해를 본다.'고 보도했다. 이 수치는 매년 버려지는 패스트 패션 의류의 소매 가격을 기준으로 삼은 것이다. 그렇다면 이 장의 첫 단락에서 인용한 놀라운 통계는 어디서 나온 것인가? 보통 영국인이 매년 거의 27kg의 새 옷을 구매한다는 말은 어떻게 된 건가? 왜 오늘날 서양 소비자들은 15년 전보다 60% 더 많은 옷을 구매하는 걸까?

소득 증가, SNS의 급성장과 더불어 모바일 폰과 태블릿 보급이 크게 늘어난 이유가 큰 몫을 — 거의 전부를 — 차지했을 수 있지만, 위 질문에 간단하게 답을 하기는 쉽지 않을 것이다. SNS의 등장과 함께 특정 패션을 시작하고 홍보할 수 있는 영향력을 가진 인플루언서들이 탄생했다. 동시에 패션 산업은 새로운 트렌드에 아주 빠른 반응을 보였고, 신제품의 마케팅과 유통뿐 아니라 제조의 속도도 높였다. (소비자의 관점에서) 온라인 쇼핑의 편의성 덕분에 나머지 모든 과정은 확실하게 해결되었다.

(원숭이는 항아리 속 바나나에 눈독을 들인 채 망고를 기다릴 가치가 있을지 고민한다. 아니면 파파야나 람부탄 한 덩어리는 어떨까? 입에 침이 고이는 순간, 항아리 속 바나나는 다양한 색상과 모양으로 아른거리기 시작한다. 마침내 바나나는 원숭이가 바라는 모든 것의 결정체처럼 보였고, 원숭이의 손은 항아리로 들어간다.)

# 군대의 탄소발자국

전문가들이 전 세계 환경 파괴에 관해 평가할 때, 최근까지도 군대가 엄청난 양의 연료를 소비하는 것과 그로 인한 환경 오염에 대해서는 거의 언급조차 하지 않았다는 점에 주목해야 한다. 납세자들이 민간 항공기로 비행하는 것에 죄책감을 느끼게 하려고 군 항공기로 인해 대기 중에 쌓이는 탄소는 언제나 덮여져 버린다. 전 세계 군대가 시간당 수천 톤의 연료를 아무렇지도 않게 써버리는 데 우리 민간인은 친환경 하이브리드 자동차에 얼마 되지도 않는 휘발유를 채우며 걱정하는 것은 말도 안 되는 일이다.

글로벌 책임 과학자 단체Scientists for Global Responsibility(SGR)에 따르면, 전 세계 군대와 군대에 필요한 물자를 공급하는 산업을 모두 합치면 전 세계 온실가스 배출량의 6%를 차지한다고 한다.[1] 대부분의 국가와 산업이 온실가스 배출을 줄이기 위해 최소한의 노력을 하고 있는 마당에, 군대는 지출을 늘리면서 온실가스를 사실상 점점 더 많이 배출하고 있다. 스톡홀름 국제평화연구소 Stockholm International Peace Research Institute(SIPRI)는 2020년 전 세계 군사 지출 총액이 1조 9천억 달러이며, 전년 대비 2.6% 증가했다고 분석했다. SIPRI는 군사비 지출 상위 5개국을 다음과 같이 공개했다: 미국(7,780억 달러), 중국(2,520억 달러), 인도(729억 달러), 러시아(617억 달러), 그리고 영국(592억 달러). 이 국가들은 2020년에 군사 예산을 증액했다.[2] 미국은 중국, 러시아, 인도, 영국, 프랑스, 사우디아라비아, 독일의 군사 예산을 모두 합친 것보다 더 많은 예산을 군대에 사용하는 것으로 밝혀졌다. 전 세계 160개국에 4,800개의 군사기지를 운영한다는 것을 고려할 때, 놀라운 일이 아닐지도 모른다.[3] 이런 관점에서 볼 때, 2019년 브라운 대학교의 '전쟁 비용' 연구 프로젝트가 미국의 군대를 '전 세계에서 가장 큰 단일 온실가스 배출원'이라고 발표한 것도 마찬가지로 놀랄 일이 아니다. 이런 수치에 비하면, 영국이 2020년에 군대에 지출한 60억 파운드 정도의 비용은 미미한 수준일 수 있다. 이 예산을 더 잘 사용했더라면, 위기에 처한 영국의 보건과 교육 서비스는 크게 개선되었을 것이다.

이렇게 방대한 군사 예산이 아무런 문제 제기도 없이 전 세계 온실가스의 6%를 배출할 수 있는 이유는 최소한 부분적으로는

2015년 파리협정(파리 협약이라고도 함)의 허점 탓으로 돌릴 수 있다. 1997년 세계 각국의 군대는 구체적인 이유는 명확하게 밝혀지지 않은 채 교토 의정서Kyoto Protocol에 따라 이산화탄소 배출 목표에서 예외 지위를 인정받았다. 이런 예외 인정은 2015년 파리 기후 협정Paris Climate Accords으로 종료되었다. 그러나 2년 뒤 트럼프 대통령은 지구상의 거의 모든 국가가 서명한 이 협정에서 미군을 일방적으로 탈퇴시켰다. 트럼프는 '미국에 불리하고 다른 국가들에게만 이득이 되는 협정'이라고 주장했지만, 어떤 나라가 그렇다는 것인지는 분명하지 않았다. 한편으로 보면 이 협정은 미국에는 불리하고 지구 전체에는 이익이 된다고 말하는 것과 마찬가지였다. 2021년 취임 첫날 바이든 대통령은 미국이 파리협정에 완전히 재가입하는 것을 약속하는 행정명령에 서명했다.

탄소 배출 감축 의무에 군대를 포함할지는 파리 협정 가입국의 자율에 따르기 때문에 협정의 허점은 여전히 이론적으로만 해결되었다. 따라서 착한 글로벌 시민이 되고 군대의 탄소 발자국을 정확하게 보고할 의향도 없는 나라들은 말할 것도 없고, 북대서양조약기구NATO 회원국의 군사 지출을 둘러싼 대규모 은폐가 여전히 존재하는 것은 놀랍지도 않다. 미국은 자국의 군대가 매년 5,600만 톤의 이산화탄소를 배출한다고 주장하지만, 실제는 거의 2억 500만 톤에 달한다고 글로벌 책임 과학자 단체SGR는 추정했다. 영국 국방부는 영국 군대의 연간 총 탄소 배출량이 이산화탄소 환산량 $CO_2e$(다양한 온실가스 배출량을 이산화탄소 배출량으로 환산한 값 - 옮긴이)으로 300만 톤이라고 주장하지만, SGR은 1,100만 톤으로 추정하고 있다. 영국 소재 기업 중 탄소 배출 1위는 영국 방위 산업의 총 생산량 중 약 30%를 차지하는 비에이이 시스템즈BAE Systems이다.[4]

일반 시민이 자기 나라의 군대를 객관적으로 바라보는 것은 쉽지 않다. 군대는 어디서나 잠재적으로 적대적인 세상에서 자국의 존속을 보장하는 존재로 널리 인정받는다. 종종 거의 신성시되는 지위 때문에, 군대가 우리 나머지 사람들처럼 동일한 기준과 관행을 지킬 것이라 기대하는 것은 거의 무례한 듯 여겨진다. 동시에 대부분의 납세자는 자신들이 낸 세금에서 매년 군대로 나가는 엄청난 금액이 현명하게 사용되는지는 말할 것도 없고, 어떻게 사용되는지도 알지 못한다. 세금에서 나오는 돈은 톤 단위로 카키색 구멍에 쏟아져 들어갈 뿐이다. 가끔 고위 장교들이 등장해 '위협'에 대해 말하며 예산 삭감을 탄식하다가 조기 퇴직해 방위 산업의 고액 연봉을 주는 자리로 떠나버린다. 화려한 불꽃과 무지갯빛 연기 그리고 과거 군대의 영광을 전하는 타블로이드 언론의 맹목적 애국주의 기사에 쉽게 현혹되어 버린 국민은 군대를 일반적인 도덕과 회계 원칙이 적용되지 않는 완전히 다른 행성에 사는 것처럼 대한다: 마법처럼 그 행성에는 환경은 존재하지 않는다. 이런 속임수가 먹히는 이유는 군대가 법과 규정에 대해 너무 대충 얼버무려 보통 시민이 군대에 관한 특정 사실과 통계를 얻기란 거의 불가능하기 때문이다. 이런 정보와 통계가 더 많은 걸 담고 있다면(더 부끄러운 내용이라면), 그런 내용은 더 구하기 어렵다. 민감한 정보를 밝혀내는 것 — 더욱이 누설하는 것 — 은 흔히 국가 안보에 대한 위협으로 간주하며 엄청난 위협과 무거운 처벌의 대상이 된다.

그렇지만 우리는 지구와 인류에 대한 존재 위협을 논하고 있기 때문에, 대기 오염 및 기타 오염 문제는 이제 완전히 적합한 — 오히려 의무적인 — 조사 대상이 되었다. 오염의 진실이 더 많이 밝혀질수록, 그 원인을 규명하는 것이 더 중요해진다. 미국은 공개 감시와 책임에 가장 열려 있다고 자부하는 민주주의 국가이기 때문에 미국 군대를 먼저 들여다보는 것이 타당해 보인다. 대부분의 민주주의 국가들이 정보 공개에 적극적이지 않다. 예를 들어 영국은 '국가 안보'라는 모호한 명분으로 정부의 체면을 지키기 위해 공직자 비밀 엄수법Official Secrets Act을 너무 쉽게 적용해 왔다.

냉정하게 보자면 미국 군대가 자기들만의 세상에 갇혀 지내는 것은 아니다. 이들은 기후 변화와 이로 인한 '위협 증폭'에 대해 오랫동안 알고 있었다. 사실 미군은 국방부Pentagon에 최고 수준의 '싱크 탱크'를 운영해 왔는데, 이들은 최근에 핵전쟁의 외부 가능성을 제외하면 미국에서 가장 심각한 위협은 기후 변화로 인한 것이라는 공식적인 결론을 내놓았다(이 결론은 2021년 12월 이전에 발표된 것이다. 당시 미 퇴역 장성 세 명이 2024년 대통령 선거 결과를 인정하지 않는 군부 내 세력이 있다면 미국에서 두 번째 내전이 발생할 수 있다는 우려를 표명했다). 기후 변화만으로도 세계는 이미 불안정 상태이다. 기후 변화로 인해 급속하게 거주가 불가능해지는 지역에서 대규모 이주하는 현상이 발생한다. 미국은 자국의 영토 내에서 점점 상승하는 기온, 산불, 무시무시한 토네이도 등으로 인한 불안정 상태를 너무 잘 알고 있다. 동시에 남부 국경은 남미 전역에서 온 난민들로 들끓고 있다. 미국의 육군, 해군, 공군이 운영하는 여러 해안 기지는 해수면의 상승, 거세지는 허리케인에 대비해왔으며, 여기 저기에 친환경적인 태양광 패널이 설치되었다. 하지만 『이콜로지스트Ecologist』가 언급했듯이, 기후에 관한 미군의 정책은 여전히 매우 모순적이다. '군사 기지에 재생 전기 발전을 늘려 "친환경화"의 노력이 있었지만, 미국은 여전히 전 세계에서 가장 거대한 탄화수소 소비 주체이다.' 미국은 또한 기존의 항공기와 전함을 무기한 작전에 사용하기로 함에 따라 앞으로 탄화수소 무기 시스템에 스스로를 가두었다.[5] 그렇지만, 미국 군대가 소위 '그린 디젤' — 바이오매스에서 추출한 연료' — 에 관해 상당한 연구를 진행하고 있다는 점은 긍정적으로 평가해야 한다.

## 연료 소비

최근 연구에 따르면 미국 군대 혼자 대부분의 중형 국가보다 액체 연료를 더 많이 사용하고 온실가스를 더 많이 배출하는 것으로 밝혀졌다.[6] 미국은 국가 전체로 볼 때 하루에 180만 배럴의 석유를 소비하며, 이 중 군대가 약 1.5%를 차지한다. 이 정도면 민간인 500만 명의 일일 연료 사용과 맞먹는 수준이다. 2017년 미군은 하루에 269,930배럴의 원유를 구매했다.[7] 원유는 무게의 83~87%가 탄소로 구성되어 있다. 1배럴에는 약 159리터의 석유가 들어가며, 무게는 약 135kg이다. 이 중 약 118kg은 탄소가 차지한다. 탄소는 이산화탄소의 27.27%를 차지한다. 원유 1배럴에 담긴 모든 탄소가 산소 분자와 결합해 이산화탄소가 된다면, 이론적으로 원유 1배럴이 연소하면 433kg의 이산화탄소가 만들어질 수 있다. 따라서 미군이 매일 구매하는 원유량이 모두 연소하면 116,576,590kg(또는 영국 톤으로 약 115,000톤에 해당)의 이산화탄소가 배출된다. 1년이면 약 4,300만 톤에 달한다. 하지만 앞서 언급했듯이 미군이 이산화탄소 환산량으로 5,600만 톤을 배출한다고 인정하고 있고, 글로벌 책임 과학자 단체는 연간 2억 5백만 톤이라고 추정하기 때문에 이 수치는 여전히 낮다. 원유 배럴은 원시적인 측정 기준으로, 액화천연가스와 같은 또 다른 이산화탄소 배출원을 간과한 채 최소치만을 반영한다. 조금 덜 과학적인 방법이긴 하지만, 미국 군대가 전 세계 대기에 배출하는 연간 탄소 배출량이 '엄청나게 많다'라는 것을 보여준다. 348대의 에이브럼스Abrams 탱크로 구성된 일반적인 미군의 탱크 대대는 하루에 230만 리터의 연료를 소비한다[연료 1갤런으로 탱크 한 대가 0.6마일 이동한다] ··· F-16 전투기는 일반 차량이 2년 동안 소비하는 만큼의 연료를 1시간 만에 사용한다.[8] 일반적으로 제트 연료 1kg에서 3.16kg의 이산화탄소가 배출되는 것으로 계산한다. 물론 이런 계산법은 민간 항공기에도 똑같이 적용한다. 그래서 전 세계의 민간 항공산업을 하나의 국가로 간주한다면 인간 활동으로 인한 온실가스 총배출량의 2%에 해당하며, 온실가스 배출에서 8위를

차지할 것이라는 주장도 있다.[9]

　미 군용 항공기만을 고려해 보면, 일단 하늘에서 B-52H 폭격기 한 대가 시간당 3,500갤런의 연료를 사용하며, 폭격기에 연료를 가득 채우면 139.38톤이 들어간다 — 이 정도 연료로 8,800마일을 비행할 수 있다. 2017년 미국 공군은 49억 달러어치의 면세유를 구매했고, 해군은 28억 달러, 육군은 4,700만 달러, 해병대는 3,600만 달러어치의 연료를 구매했다. 모두 합치면, 미군이 남기는 탄소발자국은 전 세계의 그 어떤 단일 조직(민족 국가는 제외)의 탄소발자국보다 크다. 소비하는 연료만을 기준으로 미군 전체는 지구상에서 온실가스 배출량으로 47위에 해당한다.[10]

　군용 운송수단은 경제성을 전제조건으로 설계되지 않았기 때문에 특정 군용 운송수단(특히 항공기)이 민간용 운송수단에 비해 본질적으로 에너지 효율이 낮은지를 파악하는데 미묘한 문제가 있다. 결국 납세자가 이 비용을 부담한다. 보잉의 장수 모델인 B-52H 폭격기와 보잉의 최신 모델인 787-8 드림라이너Dreamliner를 대략적으로 비교한다면 흥미로운 사실이 드러난다. 두 기종의 폭과 길이는 거의 비슷하다. 두 기종의 비행거리는 모두 약 8,500마일이고 최대 이륙 중량은 약 220톤이다. 그러나 B-52 폭격기 중 H형은 1960년대 초에 개발되었고, 드림라이너는 2011년에 처음으로 항공기 운항을 시작했다. 반세기의 시간은 엔진 효율성에서 결정적 차이를 보였다. B-52H는 8개의 엔진이 있지만, 드림라이너에는 단 2개의 엔진만 있다. B-52H의 프랫 앤드 위트니Pratt

& Whitney 터보팬 엔진은 각각 17,000파운드의 추력 성능을 보인다. 드림라이너의 롤스로이스 트렌트 1000 엔진은 고비율 바이패스 터보팬 엔진으로 분류되며 각 엔진은 64,000파운드의 추력을 발휘한다. 위 두 가지 엔진의 가장 큰 차이는 연료 효율성과 소음에 있다. 드림라이너는 총연료 용량이 126,206리터이고, B-52H는 181,610리터이다. 군용 엔진은 민간 항공기의 엔진에 비해 거의 항상 더 많은 연료를 소비한다. 트렌트 엔진의 소음이 작은 이유는 직경이 큰 바이패스 설계 덕분이다. 반면에 B-52의 8개 구형 엔진은 가늘고 4개 포드에 2개씩 배치되어 있다. 이런 구형 엔진은 소음이 심하고 연료 효율이 훨씬 낮다. 이와 같은 기술적 비교는 군용 장비와 민간 장비의 주요 차이를 보여주기 때문에 의미가 있다: 항공 분야뿐 아니라 상업용 선박과 해군 선박의 차이, 일반적인 육상 차량과 군용 차량의 차이를 알 수 있다. 다시 말해 군용 장비는 환경이나 납세자의 주머니 사정이 아니라 전투력을 최우선으로 설계한다. 민간 항공기에서 엔진 소음을 줄이는 것은 판매에 직접적인 영향을 미칠 수 있어서 오랫동안 주요 관심사였다. 콩코드Concorde 비행기가 아무리 아름다워 보여도, 엔진 소음은 판매에 늘 영향을 미치는 심각한 문제였다. 콩코드 비행기는 높은 고도 및 초음속 비행 시 가장 경제적이었지만, 이로 인해 판매 가능성은 치명적인 타격을 받았다. 왜냐하면 하늘에서 음속을 돌파하는 소음을 원하지 않기 때문이다(초음속 굉음sonic boom은 정부나 항공사로부터 온실가스 배출권을 얻으려거나 신경 쇠약에 대한 보상을

원하는 시민에게 마르지 않는 샘물이나 다름없다). 콩코드 비행기는 60,000피트 고도의 얇은 대기층에서 마하 2의 속도로 비행할 때 최대 효율을 발휘하도록 설계되었다: 이는 일반적인 초음속 비행기보다 20,000피트 더 높은 고도이다. 군대에서는 순수한 성능이 최우선이며, 스텔스stealth 비행기를 제외한 모든 항공기에서 엔진 소음은 일반적으로 우선 고려 사항이 아니다. 놀랍게도 환경은 소음 공해의 형태로 또 다른 피해를 본다.

가족용 자동차이든, 오토바이든, F-16 전투기든 엔진에서 나는 모든 소음은 에너지 손실을 의미한다. 엔진에서 힘이 아니라 일부러 소음이 발생하도록 설계한 게 아니기 때문에 비효율적이다. 대형 스피커가 달린 거대한 앰프를 설계한다고 상상해 보자. 목적은 단 하나, 전투기가 고속으로 비행하며 수직 상승을 할 때 지평선에서 지평선까지 하늘을 가득 채우는 귀청이 터질듯한 똑같은 소리를 내는 것이다. 이런 음파를 재현하려면 엄청난 힘이 필요하지만, 전투기는 하늘을 날면서 1분 마다 그 정도의 에너지를 낭비한다. 물론 군용 제트 엔진은 합리적인 연료 효율성을 고려해 설계한다. 하지만, 소음과 같은 부수적 결과는 일반적으로 고려하지 않는다. 에너지는 열의 형태로도 손실된다. 열 사용이 의도적인 경우(이륙과 같은 중요한 기동 시 강력한 힘을 내도록 점화되는 애프터버너 afterburner[제트 엔진의 추력을 일시적으로 증가시키는 장치 – 옮긴이]의 경우처럼), 엄청난 양의 연료가 연소하고, 마찬가지로 엄청난 소음과 탄소가 발생한다.

## 소음 피해

소음만으로도 환경에 피해를 줄 수 있다는 사실은 여러 연구를 통해 입증되었다. 연구에 따르면 런던과 같은 도시에서 새들의 새벽 합창이 점점 빨라지고 있는데 이는 불쌍한 새들이 엄청난 교통 소음에 자기들의 합창이 묻히지 않도록 하기 위해서라고 한다. 또한 미국과 러시아의 해군처럼 무기 테스트에서 발생하는 소음으로 환경에 피해가 생긴다는 사실도 점점 명확해지고 있다. '스텔스' 잠수함 설계를 테스트할 때 발생하는 시끄러운 갖가지 수중 소음(모두 폭발음은 아니다)으로 인근 바다에 사는 물고기의 신경계에 피해가 생기는 것은 말할 것도 없고, 수백 마일 떨어진 곳의 고래와 돌고래 같은 해양 생물의 예민한 청력에 손상이 생길 수도 있다.

## 전쟁

전쟁 자체로 군대가 매일 일으키는 대기 및 환경 피해가 엄청나게 증가한다는 사실에 주목할 필요가 있다. 모든 분쟁으로 사담 후세인 군대가 정유 시설에 불을 지르고 시커먼 연기로 인해 중동의 넓은 지역의 낮은 밤처럼 어두워지고 쏟아진 원유로 넓은 바다가 오염되었던 이라크 전쟁 같은 상황이 발생하는 것은 아니다. 하지만 전쟁으로 인해 군대가 배출하는 탄소의 양은 엄청나게 늘어난다. 2016년 이라크와 아프가니스탄에서 벌인 군사 작전만으로, 미 공군은 2

차 세계 대전 동안 미국의 모든 항공기가 사용했던 휘발유를 합친 것보다 더 많은 제트 연료를 소비했다.[11] 미국은 1945년 이후로 계속해서 공개적으로든 비밀리에든 전 세계 여기저기서 사실상 전쟁 상태에 있으며 이로 인해 환경 및 대기에 엄청난 추가 피해가 발생했을 것이다.

## 건설

지구 환경에 피해를 주는 것은 단지 군대의 무장만이 아니다. 군대의 건설(공항, 항구, 도시 등)도 큰 피해를 유발한다. 가장 무겁고 큰 수송기용 주 활주로는 길이만 해도 5.5km이고, 너비는 80m, 두께는 50cm이다. 수송기 착륙 구역은 더 두꺼울 수도 있다. 대부분의 활주로 크기는 이보다 절반 정도 작지만, 여전히 엄청난 양의 콘크리트가 필요하다. 전 세계 시멘트/콘크리트 산업은 전 세계 이산화탄소 배출량의 약 8%를 차지한다. 매년 전 세계에서 생산되는 40억 톤 이상의 시멘트 제조로 인해 15억 톤의 이산화탄소가 배출된다. 콘크리트의 또 다른 문제는 모래로 만들어진다는 점이다. 안타깝게도, 사막의 모래는 어느 정도의 인장강도tensile strength를 가진 콘크리트를 제조하는 데 사용할 수 없다: 모래 알갱이가 너무 곱기 때문이다. 이상적인 것은 해변의 모래이며, 오늘날 모래는 밀수와 암거래가 많이 되는 상품 중 하나이다. 멀리 떨어져 있다면 섬 전체가 도난당한다. 지난 20년간 중국 군대는 남중국해의 거주가 불가능한 산호초에 준설한 모래로 군용 활주로와 항만 시설을 개발하고 있다. 그러나 중국은 군용 시설이외에 민간 섬 프로젝트를 진행하고 있다. 지브롤터Gibraltar 크기의 두 배 크기인 인공섬 첵랍콕Check Lap Kok 에 홍콩의 새 공항이 있다. 이중 하나인 '오션 플라워Ocean Flower'는 두바이의 팜 주메이라Palm Jumeirah보다 1.5배 크며, 그 자체로 괴이한 과시용 프로젝트이다. 완성되면, 오션 플라워 섬에 28개의 박물관(!), 58개의 호텔, 7개의 '민속 공연 광장' 그리고 세계 최대규모의 콘퍼런스 센터가 들어서게 된다. 중국의 건설 프로젝트 규모를 알 수 있는 통계가 있다. 2011년부터 2013년사이 단 3년 동안, 중국은 미국이 20세기 전체 동안 사용한 것보다 더 많은 콘크리트를 사용했다.[12]

## 에이전트 오렌지와 그보다 더 나쁜 것

군대는 연소한 탄화수소, 대기 중 이산화탄소 및 질소산화물보다 환경에 훨씬 더 해로운 물질을 남기는 경우가 흔하다. 예를 들면, 미군은 대전차 포탄과 같은 무기에 고갈 우라늄(DU)을 사용해 이라크의 전쟁터뿐만 아니라 민간 지역에 방사성 물질의 흔적을 남겼다. 이라크에서 선천적 기형, 영아 사망, 소아 백혈병, 일반 암이 급격히 증가했다.[13]

고갈 우라늄이 걸프전 참전 군인들을 계속 괴롭히고 있는 미스터리 같은 걸프전 증후군Gulf War syndrome의 원인 중 하나일 가능성은 자주 언급되었다. 이라크 시민들이 겪은 것과 유사한 건강 문제가 발칸 지역과 특히 코소보에서도 나타났는데, 이곳에서 미국과 영국 군인들이 고갈 우라늄 탄약을 사용했다. 지상 표적에 실탄을 사용해 정기 훈련 비행 연습을 하는 미국의 사막 지대는 이제 하늘에 비행기가 없어도 건강에 위협이 된다. 미 공군의 A-10 '워트호그' 지상 공격기는 가장 강력한 기관총이 탑재되어 있다: 엄청난 화력의 7 연장 기관총으로, 장갑차를 관통할 수 있는 고갈 우라늄탄을 분당 3,900발, 초당 65발 발사할 수 있다. 사막에 엄청난 양의 고갈 우라늄이 널려 있을 것이다. 2022년 1월 27일, 노스롭 그루먼Northrop Grumman의 최고경영자는 일 년 안에 대전차용 고갈 우라늄 탄약 M829A4의 생산을 중단하겠다고 발표했다. 노스롭 그루먼의 고갈 우라늄 공급업체는 에어로제트 로켓다인Aerojet Rocketdyne인데, 어떤 조치를 취할지 알려진 바 없다. 집속탄, 지뢰 등과 같은 고갈 우라늄 무기는 이제 더 이상 일부 투자자들에게 용납할 수 없다는 의미이다.[14]

하지만 전쟁이 항상 적군을 직접 겨냥하는 것은 아니다. 적군이 환경을 사용할 수 못 하게 하려고 종종 환경을 공격 목표로 삼기도 한다. 이런 작전의 유명한 사례가 바로 베트남 전쟁의 오퍼레이션 랜치 핸드Operation Ranch Hand이다. 베트콩에게 식량과 은신처를 제공하지 못하도록 1961년부터 1971년까지 농지와 숲에 여러 가지 제초제와 고엽제가 살포되었다. 이보다 앞서 2차 세계 대전 당시 영국과 미국의 과학자들은 공중에서 살포해 농작물을 죽일 수 있는 제초제 개발을 공동 연구를 진행했었다. 1948년부터 1960년까지 말레이시아 비상사태 동안 영국은 이렇게 개발된 것 중 두 가지를 섞어 트리옥손Trioxone이라는 제초제를 개발했다. 이런 경험이 나중에 베트남 전쟁에서 '랜치 핸드'의 직접적인 영감이 되었다. 당시 주목표는 밀림으로 우거진 산악 지형의 구불구불한 호치민 트레일이었다. 트리옥손 혼합물은 나중에 에이전트 오렌지로 불렀는데, 드럼 용기에 표시된 색상 코드(에이전트 그린, 핑크, 퍼플, 블루, 화이트, 오렌지 I, II, III, 슈퍼 오렌지)에서 유래한 '레인보우 제초제'를 구성하는 다양한 화학물질 중 하나였다. 이 제초제는 다이옥신이라고도 부르는 TCDD에 오염되었다. TCDD는 발암성이 확인된 지속적인 발암물질이다. 랜치 핸드 작전으로 베트남에 제초제를 마지막으로 살포한 지 이제 50년이 지났다. 숲이 서서히 회복되고 있지만, 제초제 찌꺼기는 여전히 선천성 기형과 암을 유발하고 있다.

　모두 합쳐 거의 1,200만 갤런의 에이전트 오렌지가 살포되었다. 관심 있다면 위키피디아의 '레인보우 제초제Rainbow Herbicides' 내용을 참고하기 바란다. 이 글을 쓰고 있을 때 위키피디아 설명에서 1976년 존스턴 환초Johnston Atoll에 길게 쌓인 녹슨 화학물질을 담은 드럼통 사진을 볼 수 있었다. 녹슨 드럼통 사진은 나에게 특별한 의미가 있다. 사이공(예전의 명칭)에 위치한 탄손누트Tan Son Nhut 공군기지의 랜치 핸드 작전 사무실 문밖에 걸려있는 '당신만이 숲을 막을 수 있다'라고 적힌 안내문이 기억나서가 아니다. 나는 1990년 12월 미국 지질 조사국Geological Survey이 빌린 영국 조사선에 탑승했다. 미국의 200마일 배타적 경제수역 내에 있는 해저 지형을 음파로 탐지해 지도화하는 작업을 수행 중이었다. 존스턴 환초Johnston Atoll가 있는 하와이 주변을 탐사 중이었다. 이 환초는 고위험, 고보안 지역이기 때문에 나중에 지도화해야 한다고 들었다. 이 섬은 조약의 조건에 따라 미국이 독일 군사기지에서 나온 신경가스 탄약과 기타 화학무기를 파괴하던 곳이었다. 위키피디아 사진에 있던 레인보우 제초제 드럼 통들도 파괴되었다. 우리는 보안 허가를 받은 인가자이더라도 턱수염이 있으면 보호 마스크가 밀폐되지 않을 수 있어 착륙이 허용되지 않았다는 사실을 알게 되었다. 우리가 탑승한 배는 항상 바람이 부는 반대편에 있도록 특별히 주의했다.

'사랑과 전쟁에서 모든 것이 허용된다'라는 고대 격언은 나쁜 행동을 장려하는 것이 아니라, 사랑에 빠진 사람들과 전투 중인 군인들은 넘지 말아야 할 선이 없다는 사실을 유감스럽지만, 인정할 수밖에 없다는 의미이다. 결국 뒤늦은 조약들로 세균 전쟁과 같은 것을 금지해 전쟁에서 무슨 짓도 하려 드는 것을 막으려 한 것이다. 전 세계에서 군인들이 해외 영토에 실탄을 무분별하게 난사하고, 지뢰밭을 설치하며, 넓은 지역에 터지지 않은 폭탄 조각을 퍼뜨리는 집속탄을 사용해 나중에 사람과 동물이 무차별적으로 부상을 당하거나 목숨을 잃게 만든다. 최소한 이런 군인들에게 책임을 묻기 위한 노력은 있었다. 현재 영국을 포함해 110개 국가가 집속탄 사용을 금지하는 협정에 서명했다. 영국은 1999년 포클랜드 전쟁과 예전의 유고슬라비아에서 집속탄을 사용했다. 미국과 러시아는 이 협정에 서명하지 않았고, 러시아는 우크라이나 전쟁에서 집속탄을 사용했다는 주장도 있다.

집속탄에 관한 가장 유명한 사례로 1917년 벨기에의 메신Messines에서 영국군이 독일군 참호 아래에 몰래 쌓아놓은 26개의 거대한 '지뢰'를 들 수 있다. 이 중에서 20개가 동시에 터져버렸다. 핵 시대 이전에 발생한 사상 최대의 인재로 만 명이 사망했다. 런던과 심지어 더블린에서도 들릴 정도였다. 나머지 6개 지뢰는 폭발하지 않았고, 시간이 지나면서 지뢰의 정확한 위치는 알 수 없게 되었다. 1955년 번개로 인해 지뢰 하나가 폭발했지만, 다행히 인명 피해는 없었다. 나머지 5개 중에서, 한 개는 라 페티트 두브 농장La Petite Douve Farm의 헛간 아래 어딘가에 있을 것으로 추정되며 언제든지 터질 수 있다. 인터뷰에 응한 해당 농장의 농부는 '전혀 걱정 없어' 보였다고 한다.


## 로켓과 미사일

민간 과학의 손에 있었음에도 최근까지 군대와 준군사조직의 전유물로 여겨진 기술 분야가 있다. 미사일이나 달 착륙에 사용하는 바로 로켓 기술이다. 냉전 시대에는 로켓에 사용하는 연료의 유해한 부작용을 조사하는 것이 사실상 불가능했다. 그 이후 일론 머스크Elon Musk의 스페이스 엑스Space X, 리처드 브랜슨Richard Branson 의 버진 갤럭틱Virgin Galactic, 제프 베이조스Jeff Bezos의 블루 오리진 Blue Origin과 같은 기업의 등장과 저궤도 '우주 관광'이 선을 보이면 서, 로켓 기술의 새 시대가 열렸다. 덕분에 추진체 사용에서 환영할 만한 소식이 들렸다. 블루 오리진의 뉴 셰퍼드New Shepard는 수소와 산소를 원료로 사용하기 때문에 물만 배출된다. 다른 로켓은 액화 산소와 액화 메탄을 사용한다. 군대의 직접 통제를 받지 않고 신세 대 우주 개척자들은 환경 보호에 더 책임감 있는 모습을 보인다. 점 점 더 확장되고 격화되는 우주 군사화 경쟁에 집착하는 국가들을 의 심하지 않을 수 없다. 이들이 지구에서 보인 기록이 친환경과 정반 대였기 때문이다. 카자흐스탄에 있는 구소련의 광대한 바이코누르 우주 기지Baikonur Cosmodrome의 로켓 발사 현장 주변에 과염소산염 과 디메틸히드라진(UDMH)과 같은 추진체의 잔류물이 있는데, 이 로 인해 수백 평방 마일에 이르는 지역은 오랫동안 건강 문제에 시 달렸다. 로켓을 성공적으로 발사해도 두 가지 화학물질 과염소산염 과 디메틸히드라진이 상당히 많이 배출될 수 있지만, 발사 직후 로 켓이 끔찍하게 추락하면 — 최근 프로톤-엠Proton-M의 실패의 경우 처럼 — 최고 500톤의 독성 연료가 공중에서 흩어질 수 있다. 특히 UDMH는 부식성이 매우 강한 신경 독소이며 발암물질일 지도 모 른다. 플로리다의 물 상수원과 상추에서 과염소산염이 검출되었는 데, 해안의 케이프 커내버럴Cape Canaveral에서 진행한 로켓 발사가 원인인 것으로 보고 있다. 과염소산염은 미사일 연료와 불꽃놀이뿐만 아니라 고체 연료 로켓의 산화제로 사용된다. 이 물질은 주로 갑상선과 폐에 영향을 미치는데, 미국의 물에서 발견된 대부분의 물질은 군사 기지나 연방의 국방 계약업체가 운영하는 시설에서 나온 것으로 확인되었다. 러시아도 마찬가지이다. 캄차카반도Kamchatka Peninsula의 일부 군용 시험장과 저장 지역에서 화학물질이 유출된다는 확실한 증거가 있다. 이 지역 해양 생물의 사망률은 누구나 알 수 있을 정도로 심각하며, 스쿠버 다이버와 스노클러들은 눈이 따갑고 피부에 자극이 생긴다고 불평한다. 이 모든 게 외딴 바닷속 수로에서 부식되고 있는 퇴역한 구소련 잠수함의 버려진 원자로는 빼놓고 하는 얘기이다. 따라서 세계 어디에 있든 군대는 공공 감시를 잘 받지 않기 때문에 언제나 국토 방위라는 명분으로 지구상에서 가장 끔찍한 오염을 일으킨다. 적어도 이제는 우리가 지켜야 하는 것이 '각자도생'의 정신을 가진 민족국가가 아니라 지구 자체라는 사실이 분명해졌다. 하지만 이런 말을 계속하는 것은 참 피곤한 일이다.

# 즐거운 휴가:
## 에코 롯지와 크루즈

휴가를 도덕적 또는 지적 성장의 부수적 수단이 아니라 보상으로 대한다고 해서 조롱해서는 안 된다. 누구에게나 환상이 있다. 그들은 회색빛의 북유럽에서 묵혀진 칙칙한 수개월의 시간이 마치 광고에서처럼 파란 하늘 아래 따뜻하고 푸른 바닷가의 해변에서 그 누구의 눈치도 볼 것 없이 맘껏 몇 주간의 휴가로 달랠 수 있을 거라 믿고 싶어 한다. 이런 꿈 같은 시간을 보내는 데 문제 될 게 뭐가 있을까? 구리빛의 낯선 이들과 놀아나든, 아니 무엇을 하든, 이들의 환상 속에 푸짐한 점심과 저녁을 먹기 전에 조그마한 종이 우산이 꽂힌 기다란 유리잔에 이국적인 음료가 끝없이 제공되는 모습이 담겨 있다. 이 휴가는 연료비, 주택담보 대출, 학교 유니폼, 새로운 코로나 변종, 한없이 미뤄지는 병원 예약 등에 대한 걱정을 떨쳐버리는 소중한 시간이고, 전쟁의 위협, 해수면 상승, 멸종 위기에 처한 동물 종… 등등에 관한 이야기도 완전히 무시할 수 있는 시간이어야 한다. 돈이 얼마가 들든 지금은 힘들게 얻은 즐거움을 만끽할 시간이며, 환경은 젠장, 알아서 어떻게 되겠죠. 어쨌든 플라스틱이 바다로 흘러가는 것을 원하지 않는다면, 튜브형 선크림을 팔고 정전기 때문에 고양이 털에 달라붙는 폴리스티렌 구슬로 만든 포장재를 사용하지 않을 것이다.

마찬가지로 누구도 오염 피해를 최소화한 다른 사람의 휴가를 향한 욕망을 비난하지 않아야 한다. 결국 환경에 신경 쓰는 많은 사람들은 일상생활과 휴가 모두에 똑같은 마음을 품는다. 환경론자가 강단에서 늘어놓는 일장 연설과 기근, 화재, 홍수에 대한 예언을 생각한다면, 오염 피해를 최소화한 휴가도 이제는 더 이상 특별하게 칭찬받을 일이 아니다. 하지만 적어도 이런 노력은 합리적이고 이 시대의 정신과 맞아떨어진다. 마찬가지로, 도시의 번잡스러움과 그로 인한 몸과 마음의 고통에서 여전히 자유롭게 지구에서 빠르게 사라져가는 지역을 보고 싶어 하는 마음도 당연한 것이다. 볼 수 있을 때, 서두르자! 다양한 기회가 있다.

## 에코 롯지

'에코 투어리즘ecotourism' 또는 '그린 투어리즘green tourism'은 꽤 오래 성장해 온 산업이다. 특히 자신을 '친환경 여행자'라 여기는 부유한 관광객에게 인기가 있다. '책임감'은 무책임한 이전 사람들과 자신들을 구분하는 멋진 표식이 되었다(1950년 후반과 1960년대 초반에 나도 적은 예산으로 사람들이 잘 찾지 않는 광활한 별천지 같은 어딘가를 돌아다녔다). 오늘날 친환경 여행자들은 에코 호텔eco-hotel, 에코 리조트eco-resort, 에코 롯지eco-lodge와 같은 친환경 숙박 시설에 머물 수 있다.

이런 선한 대안 사이에 몇 가지 다른 점이 있다. 에코 호텔은 아마도 도시에 있으면서 더 지속 가능한 운영을 약속하는 경우가 일반적이다(상업적 기업은 종종 스스로에게 '다짐한다.' 진지한 의도를 암시하지만, 법으로 강제할 수 있는 신중한 약속을 하는 것은 아니다). 에코 호텔에서 말하는 약속이란 경영진이 에너지 절약형 전구, 물 절약형 화장실 수조를 제공하고, 욕실 수건 세탁 횟수 감소 노력 등에 자찬하며 일회용 플라스틱 사용은 피하고 복도에 타이머 스위치를 설치해 불필요한 조명은 소등하는 것을 의미한다. 물론 이런 모든 선한 조치들로 운영 비용을 줄일 수 있다. 호텔이 레스토랑을 자랑한다면, 채식주의자와 준 채식주의자를 위해 많은 식단을 제공할 것이다. 이런 것들은 자기 집에서는 몰라도, 관광하러 온 사람들의 나라에 있는 호텔과 공공시설 대부분에서 오래전부터 당연하게 누리던 서비스이다.

한편, 에코 리조트는 도시를 벗어난 주로 섬이나 산에 있는 친환경 호텔일 것이다. 단순히 친환경적인 하룻밤을 보낼 장소 이상으로, 해변, 스파, 인피니티 풀, 다양한 레스토랑의 편의 시설과 관광지의 식물과 동물을 둘러보는 투어 프로그램도 제공한다. 서비스의 대부분은 생태계에 미치는 영향을 최소화하려는 리조트의 노력 가운데 제공될 것이다. 특히 자체 샘물 공급, 태양광 발전을 통한 전력, 화학 약품이나 필터 없이 호기성 미생물을 활용해 자연 처리되는 하수 시설을 강조할 것이다.

마지막으로, 친환경 숙박시설 중 일등은 에코 롯지eco-lodge이다. 훨씬 외딴 곳에 있고 검소하고 절제된 수준으로 줄인 숙박시설을 제공한다. 에코 롯지는 더 자세히 살펴봐야 한다. 우선 왜 '롯지'인가? 호텔보다 상업적인 느낌이 덜하고, 호스텔처럼 시끄럽고, 기숙사 같다거나, 싸구려 같은 느낌이 덜하며, 모텔보다는 훨씬 자연에 가까운 느낌을 준다. 미국에서 가장 오래된 호텔 체인 중 하나가 트래블롯지Travelodge이다. 하지만 '트래블travel' 대신에 '에코eco'를 앞에 붙인 '롯지'는 고급스러워 보이면서도 뭔가 이국적인 듯한 느낌을 준다: 대형 여행자 쉼터보다는 작고 호스피스처럼 우울하지 않다. 《www.tourismteacher.com》는 에코 롯지에 대해 이렇게 설명한다:

> 에코 롯지는 규모가 작고, 보통 객실은 30개 미만이다. 즉 환경에 미치는 영향이 적다는 뜻이다. 에코 롯지는 자연에서 별로 멀지 않은 시골스러운 곳이나 자연적인 환경 속에서 만날 수 있다. 그래서

에코 롯지는 도시, 소음, 교통, 스모그, 오염에 크게 영향받지 않는다.

이 설명은 뜯어 볼 필요가 있다. 객실이 30개 미만이라는 것이 환경에 미치는 잠재적 영향에 관해 아무것도 설명해 주지 않는다. 객실이 20개 있는 라고스Lagos 해안에 위치한 초특급 호텔이 지역의 맹그로브 숲을 훼손하는데 아무렇지도 않게 일조하고 있을지도 모른다. '시골스러운'과 '자연적인'이라는 두 단어를 애매하게 구분하는 것도 광고 문구의 전형적인 특징이다. 광고에서 '자연적인', '시골스러운', 그리고 '원시적인'과 같은 좋은 느낌을 주는 형용사를 정확성보다 마음 내키는 대로 바꿔 쓰는 경향이 있다. '자연적이지 않은' 지역은 도대체 무엇일까?

'에코 롯지는 지역 경제에 도움이 된다. 에코 투어리즘은 단기적인 돈벌이를 위해 자연환경에 손을 대거나 훼손하는 것보다 더 지속 가능한 장기적인 소득 창출 방법이라는 점을 보여준다.'

아, 어떤 호텔이든지 청소원을 고용하는 것만으로도 지역 경제에 필연적으로 기여해야 한다는 점은 무시하고, 제3세계의 삶의 고충은 설명도 하지 않은 채 제3세계의 생존을 묘사한다며 '단기 자본주의적 이익'이라는 공허하고 경멸적인 표현을 쓰는 것에 주목하게 된다. 즉, 에코 롯지의 사례가 없었다면, 현지인들은 무기력하고 외국인의 돈에 아주 쉽게 넘어갈 것이라는 암시를 담고 있다. 동남아시아의 생계형 어촌 마을에서 살았던 경험에서 얻은 깨달음이 있다. 그 어촌 마을 사람들은 멍청해서가 아니라 주변 자연

환경을 훼손하지 않고 하루하루 살아갈 수만 있어도 행복해할 것이라는 점이다. 돈밖에 모르는 중국 상인들이 쥐꼬리만큼 내고 어촌마을 바다의 산호에서 작고 화려한 물고기를 마음대로 잡도록 내버려둔다면 자신들의 미래가 사라진다는 사실을 어민들은 정확히 잘 알고 있다. 현지 소년들에게 돈을 주고 시키는 일은 플라스틱병을 갖고 물 속으로 들어가 시안화 용액을 산호 속으로 뿌리는 것이다. 곧 마비된 물고기들이 산호초 구멍과 틈새에서 떠오르기 시작한다. 배 위에서는 더 많은 소년이 작은 그물로 아직 살아 있는 물고기를 건져서 녹슨 실린더에서 산소가 보글보글 나오는 커다란 플라스틱 통에 집어넣는다. 이 불쌍한 물고기 중 중독과 충격을 버티고 저녁까지 여전히 살아있을 물고기는 몇 마리 안 되겠지만, 국제 항공 운송의 고난마저 이겨낸 물고기는 훨씬 드물다. 이렇게 살아남은 물고기는 로스앤젤레스 성형외과 대기실의 수족관 유리 밖 세상을 보며 남은 생을 보내게 된다. 문제는 모든 마을 사람이 산호초를 고갈시키고 오염시키는 위험에 대해 잘 알고 있지만, 하루하루 삶의 무게가 더 힘들게 느껴진다는 것이다. 경제적 여유가 없는 사람들에게 삶은 당장 눈 앞의 문제다. 생필품을 사러 도시로 가는 교통비, 약 한 병, 그물을 수리하기 위한 나일론 줄, 공책, 슬리퍼, 쌀 1kg: 모두 오늘 당장 쓸 현금이 있어야 하는 것들이라, 아무리 후회스러울지라도 어떻게 해서든 구하는 게 없는 것보다 낫다. 하지만, 이게 이 글에 담긴 미묘한 메시지가 아니다. 현지인들은 에코 투어리즘이 자신들에게 '장기적 소득 창출 방법'

을 주고 어떻게 도움이 된다는 것인지를 제대로 알아야 한다.

에코 롯지의 목표는 손님, 직원, 방문객에게 건강한 생태계의 중요
성과 가치를 알리는 것이다. 여행 장소에 피해를 주지 않으면서 여
행을 즐기는 최고의 방법을 알려줄 것이다. 종종 에코 롯지에서 현
지에서 일도 해보고 지역 사회에 기여할 수 있는 프로그램과 활동을
제공하기도 한다! 일부 롯지 안에는 농장도 있고, 농장에서 근로 체
험을 할 수도 있다.

에코 롯지에서 비슷한 생각을 가진 손님에게 (자연환경에 '피
해'를 주지 않고) 일할 기회를 제공하며 휴가를 즐길 수 있게 하는
것은 클럽 메드Club Med와 같은 휴양지에 온 것이 아니라 키부츠와
같은 집단 농장을 온 것 같이 느껴진다. 어쨌든, 에코 롯지가 현지
인에게 주는 메시지는 분명하다: 수천 마일을 날아와 고무 채취,
옥수수 수확, 수수 심기와 같은 여러분의 생활을 따라 체험해 보려
고 2주 동안 여행 온 환경에 관심이 많은 외국인에게 봉사하는 것
이 여러분의 미래라는 것을 받아들이면 돈을 벌 수 있다. 그들은
생존하는 게 아니다. 그들은 당신과 당신의 가족이 싫든 좋든 태어
나 살고 있는 마을에 비싼 돈을 내고 찾아온 환경 선교사들이다.
솔직히 말해서, 이런 관광객에게 배울만한 건 없다. 여러분의 신조
는 분명히 이래야 한다: 친환경은 신경 쓰지 마라: 돈과 장기적 돈
벌이에만 집중하자!

'자연적인' 환경에서 생계형 삶이 더 힘들고 더 짧은 삶이라는

대가를 치르지 않을 것이라는 생각이야말로 실로 아이러니하다. 열대의 목가적인 풍경은 할리우드, 고갱의 타히티 그림, 데이비드 애튼버러David Attenborough(영국의 자연 다큐멘터리 제작자이자 해설자 - 옮긴이)의 다큐멘터리에 길들여진 사람들의 환상에나 존재할 뿐이다. 희망은 혹독함, 질병, 부패한 현지 공무원들을 편집해 버린다. 당연히 이렇게 해서 남은 것이야말로 더 자연스러운 것 아니겠는가? 훼손도 덜 하고, 오염도 덜한 그런 자연 말이다.

인도네시아의 라자 암파트Raja Ampat에 있는 마하라자 에코 다이브 롯지MahaRaja Eco Dive Lodge는 친환경의 전형이지만, 롯지에 온 손님들을 안심시키려고 노력해야 한다는 점도 잘 알고 있을 것이다.

> 수돗물은 없지만, 감수해야 한다는 뜻이 아닙니다. 서양식 샤워와 화장실을 위해 신선한 샘물이 사용되고, 객실에는 생분해성 세면도구, 옥수수로 만든 칫솔, 미네랄 친화적인 자외선 차단제가 제공됩니다. 비건 고객들을 위해 현지에서 생산한 농산물로 만든 전통 파푸아 요리를 제공합니다.[1]

광고 카피라이터의 예술은 '신선한' 샘물에서 명확해진다 — 아마도 신선하지 않은 샘물과 대비되는 의미일 것이다. 샤워와 화장실이 있지만, 수도가 없다고 하면 하인들이 바가지를 들고 화장실 수조를 정기적으로 채운다는 얘기로 들린다: '감수한다'라는 말은 손님들이 알아서 해결해야 한다는 의미일 것이다. 자외선 차단 지수의 표현과 관련해, '미네랄 친화적인' 자외선 차단제라는 표현은 전혀 과학적이지도 않고 말도 되지 않는다(정확히 어떻게 미네랄에 친화적이란 말인가? 과연 미네랄이 여러분에게 친화적일 수 있는가?). 아마도 티타늄 이산화물($TiO_2$), 아연 산화물($ZnO$), 즉 피부에 흡수되지 않는 물리적 자외선 차단제를 의미하는 것으로 보인다. 하지만, 이 역시 모두 피부에 흡수되는 자외선 차단제인 아보벤젠($C_{20}H_{22}O_3$) 또는 옥티녹세이트($C_{18}H_{26}O_3$)와 마찬가지로 화학물질이다. 지구상의 어떤 물질 — 특히 광물 — 도 화학식으로 표현할 수 있다는 점을 고려할 때, 화학물질이다 아니다를 구분하는 것이 별 도움이 되지 않는다. 다만, 환경 친화적인 손님의 경우 아보벤젠이라는 화학물질이 햇빛에서 빨리 분해되어 1시간 정도 지나면 보호 효과가 거의 없다거나 옥티녹세이트는 산호에 해로운 영향을 미칠 수 있다는 의혹에 대해서 이미 잘 알고 있다는 전제로 대하게 된다. '화학물질'을 본능적으로 꺼리는 사람들은 $C_{55}H_{72}O_5N_4Mg$라고 하면 틀림없이 가장 나쁜 물질이라고 의심할 것이다. 탄소가 얼마나 많은지 보라! 사실 이것은 가장 흔한 클로로필의 화학식이다: 광합성에 필요한 녹색 색소로, 클로로필이 없으면 식물은 녹색이 될 수 없으며 그렇게 되면 환경주의자들은 새로운 명칭을 붙여야 할 것이다. 여전히 가방에 미니 모기 살충제를 몰래 가져오는 손님이 한, 두 명 있을 것이다. 열대 지방에서의 생활은 곤충 때문에 고통이 될 수도 있고 모기장 안에서 윙윙거리는 모기 한 마리만 있어도 잠은 잘 수 없다. 그래도 가져온 스프레이는 아주 작은 거니까 밖의 정글에 심각한 영향을 미치지는 않을 것이라 할 수는 없다.

여전히 일부 지역에 고대 파푸아의 식인 전통이 여전히 남아있다는 증거를 생각해 보면 현지 재료를 사용한 '전통 파푸아 요리'의 비건 버전은 다행스러운 일이다. 능력 있는 요리사에게 흥미로운 요리 도전이 될 것이고, 통통한 친환경 여행객에게도 현지의 숲을 탐방하는 것은 결코 잊을 수 없는 경험을 선사할 것이다.

물론, 앞에서 분석한 내용 대부분은 별것 아닌 것에 까다롭게 트집 잡는 식이다. 하지만 친환경 여행이 내세우는 대단한 미덕과 상투적인 문구들 때문에 그렇게 트집 잡지 않을 수 없다. 에코 롯지, '지역 사회에 기여', '단기 자본주의적 이익'의 공포는 개발도상국의 난감한 정치, 경제 상황을 교묘하게 비켜 간다. 무엇보다, 결국 상황을 제대로 이해하려면, 충분히 전원풍의 느낌을 주는 에코 롯지는 아주 먼 외딴곳이어야 한다는 사실을 명심해야 한다. 에코 롯지는 아프리카(특히 감비아), 인도네시아, 코스타리카에 있다. 즉, 이 중 한 곳에서 휴가를 보내려면, 대부분의 친환경 관광객은 수천 마일을 비행기를 타고 이동해야 하며, 그로 인해 상층 대기권에 시커먼 탄소 발자국을 남기게 된다. 또한 이러한 여행의 시작과 끝은 필연적으로 자동차, 버스, 지프를 타고 이동할 수밖에 없다. 롯지가 외딴 곳에 있을수록, 전기차량일 가능성은 낮아진다. 롯지에 도착해서 석유 램프나 털털거리는 소리를 내는 캐스터 오일 콩('빈자의 촛불') 불빛 아래에서 현지에서 조달한 생선과 과일로 식사를 하면 제법 근사하다. 하지만 누구보다 친환경적인 관광객일지라도 — 특히 아이와 같이 왔다면 — 가져온 전동 칫솔은 옥수수로 만든 칫솔로 바꿀 준비가 되었더라도 생명과 같은 전기 기기를 충전할 수 있는 전기를 원할 것이다. 그렇다면 숲속에 숨겨진 모터 소리가 나는 발전기보다는, 아마도 상당히 넓은 면적의 태양광 패널을 필요로 할 것이다. 그 정도의 패널을 만든다면 그 지역은 더 '자연스러운' 모습으로 남지 않을 것이고 결코 순수한 자연 상태와도 멀어질 것이다.

www.tourismteacher.com 웹페이지의 광고와 소형 선박으로 북극과 남극을 여행하는 고급 에코 크루즈 광고 사이에 분명히 유사점이 있다는 사실은 흥미롭다. 선박의 친환경적 특성과 탄소 발자국은 엄격히 제한된다는 점을 강조한다. 이런 크루즈 관광 상품은 흔히 해당 지역과 그 지역 동물에 대해 잘 아는 유명 전문가와 함께 여행한다는 약속을 전제로 판매된다. 저녁 식사 후 크루즈 승객들을 모아놓고 전문가들은 다음 날 뭘 볼 수 있는지를 설명하고, 바다사자, 플랑크톤, 군함새 등에 대한 질문에 답한다. 이런 전문가들은 에코 롯지에서 손님과 방문객에게 교육을 제공하는 '자연 해설사' 같은 역할을 한다. 그럼에도, '친환경' 선박이 남기는 환경 오염 발자국은 탄소만 있는 게 아니다. 이는 2021년 12월 바젤대학교University of Basel의 과학자들이 남극의 웨델 해Weddell Sea에서 해수의 미세 플라스틱을 연구하던 중 확인되었다. 과학자들은 분석

샘플 중 거의 절반이 해양 페인트에서 나온 것을 확인했다. 그리고 실망스럽게도 이런 미세 조각의 89%가 과학자들이 탄 배인 알브이 폴라스턴RV Polarstern에서 벗겨져 나온 페인트였다는 사실을 발견했다. 야생에서 책임감을 느끼고 조심스럽게 행동한다고 해도, 우리는 영원히 지워지지 않는 흔적을 첨단 부츠의 밑창이 마모되면서 나오는 미세 플라스틱 형태로 남긴다.[2]

그린 투어리즘green tourism은 순수하게 쾌락적인 것보다는 최소한 어느 정도는 교육적이어야 한다는 생각은 최소 2,000년 전 부유한 아테네 사람들이 파라오 시대의 이집트로 여행을 다니던 시절까지 거슬러 올라갈 정도로 오래되었다(피라미드와 다른 기념물에 새겨진 낙서에서 그들의 자녀가 느꼈던 따분함이 생생하게 드러난다). 같은 생각이 16세기부터 19세기 사이 유럽에서도 플로렌스나 베니스 같은 전설적인 풍경과 유명한 예술 도시를 방문하는 그랜드 투어Grand Tour 형태로 유행했다. 그 시절에는 여행은 어쨌든 힘들고, 최악의 경우엔 목숨까지 위태로울 수 있다는 것을 모두가 받아들였지만, 문화와 낯선 무언가를 경험하는 것은 여행이 주는 보상이었다. 여행하며 최소한 길이 나지 않은 길, 강도, 탐욕스러운 지방 관리, 주기적으로 바퀴가 빠지는 불편한 마차를 겪어야 했다. 침대에는 이가 기어다니거나 이미 만원인 여관도 있었고, 그래서 남자 손님은 마구간의 짚풀 더미 위에서 잘 수밖에 없었다. 토마스 쿡Thomas Cook 자신도 오늘날의 에코 롯지가 몽블랑Mont Blanc, 카프리Capri, 폼페이Pompeii 같은 예술적인 장소의 전초 기지와 똑같은 역할을 한다고 인정했을 것이다. 전체 지역 경제는 외국 관광객에게 서비스를 제공하는 것을 중심으로 형성되었다. 관광객들이 여행 중 불편을 감수하며 로맨틱한 경험을 위해 비용을 냈지만, 그래도 필요하다고 느끼는 편의용품을 공급하기 위해 새로운 마을이 생겨났다.

환경을 생각하는 관광객이라면 역사에서 용기를 얻어야 한다. 에코 롯지로 관광객을 태우고 가는 소형 보트가 자연 그대로의 모습을 가진 외딴 지역의 작은 만에서 고장 나면, 그런 일도 고대 전통의 일부라는 점을 스스로에게 상기시켜야 한다: 마부가 번개에 맞은 것과 같다(손님을 태운 마차를 이끌고 이동하던 마부는 마차 안의 손님들과 달리 밖에 노출되어 있다 보니 번개에 맞는 일이 흔했다. 이 역시 여행의 일부로 여길 정도라는 의미이다 - 옮긴이)라는 옛 말을 현대적 상황으로 바꾼 것이다. 역사의 선조들과 마찬가지로, 열대 지역에 땅거미가 지면 바다 위에서 속수무책으로, 위아래로 흔들리며 모기떼가 달려드는 상황이 생기더라도 관광객은 이 모든 일이 경험의 확장이라는 이름으로 하는 모험의 일부라며 철학적 반성을 할 수 있다. 모두가 그 여성에게 모기 살충제를 사용한 것을 고발하지 않기로 한다. 얼마 뒤 수천 마일 떨어진 교외 지역의 자기 집에 안전하게 귀가하면, 해파리한테 쏘이고, 아메바로 인해 이질에 걸리고, 감염된 원숭이에게 물렸던 일은 에코 관광의 기념 배지로 남을 것이다.

대부분의 휴가객이 외진 곳이라 개발이 안 된 시골의 에코 롯지를 예약하지 않는 것은 아마도 다행스러운 일이다. 만일 그렇게 한다면, 더 많은 시골 지역은 친환경 여행객들이 원하지 않는 방식으로 개발될 것이며, 그럼 여행객들은 휴가를 위해 점점 줄어드는 야생의 환경을 찾아 더 깊이 들어갈 수밖에 없다.

## 크루즈 휴가

거대한 크루즈 선에서 보내는 휴가는 에코 크루즈와 에코 롯지와는 정반대의 개념이다. 또 얘기하지만, 크루즈 선상 휴가도 결코 새로운 산업은 아니다. 선상 여행이라는 개념은 빅토리아 시대의 시작 직전으로 거슬러 올라간다. 1835년 『셰틀랜드 저널The Shetland Journal』의 편집자는 여름에는 크루즈를 타고 패로 제도와 아이슬란드로, 겨울에는 햇살이 가득한 스페인으로 가는 크루즈 여행을 해보라고 제안했다. 1840년 페닌슐라 앤드 오리엔탈 선사Peninsular & Oriental (P&O) Line는 지중해로 가는 여행에 40명의 승객이 탑승했는데, 작가 윌리엄 메이크피스 새커리William Makepeace Thackeray도 그중 한 명이었다. 그는 나중에 『펀치Punch』에 이 여행에 관한 가벼운 기사를 시리즈로 썼다. 5년 후 라이프치히Leipzig의 한 잡지에 '세계 크루즈에 참여할 기회'라는 공지가 실렸다. 이 모든 항해는 화물과 승객을 전 세계의 목적지로 운송하려고 만든 증기선을 타고 이루어졌다. 즐거움이 아니라 비즈니스를 위해서였다. 해외 무역도, 제국도 비즈니스를 위해서 운영되었다. 그 시절 해상 여행은 어쩔 수 없는 사람들만 이용할 정도로 위험천만한 것이었다. 증기 동력은 돛으로 여전히 보완했는데 당시 자주 발생하던 엔진 고장으로 모든 것을 잃지 않기 위해서였다. 이 때문에 순수하게 관광 목적으로 해상 여행하는 승객들은 아주 용감하고 도전적이라는 평가를 받았다. 라디오가 없던 시절에 배는 흔적도 없이 사라지는 일이 흔했고 누구나 해상 여행이 치명적으로 예측 불가능하다는 것을 알면서 자랐다. 1858년 10월, P&O 증기선 실론Ceylon호는 사우스햄프턴Southampton에서 베니스Venice와 다른 지중해 항구를 거쳐 알렉산드리아Alexandria로 향하는 처녀 항해를 했다. 승객들은 그래도 자신들이 마차를 타고 여행하는 사람들만큼 용감하다고 생각했을 것이다. 실론 호는 인도, 실론, 호주로 가는 훨씬 장거리 여행을 위해 설계되었다. 일등석에 130명, 이등석에 유료 승객 30명을 수용할 수 있었다. 지중해로 가는 초기의 항해는 새로운 선박의 시험 운항 비용을 회수하는 창의적인 방법이었을 것이다. 20년 넘게 운항을 해오던 실론 호는 화물 운송이 아닌 전용 크루즈 운항에 적합하도록 엔진을 교체하고 개조했다. 1881년 9월 17일 『데일리 뉴스Daily News』에 세계 최초 크루즈 전용 선박을 타고 하는 세계 일주 광고가 실렸다:

실론 호는 빅토리아 항구에 정박 중입니다. 실론 호를 타고 항해하고 싶은 누구라도 둘러보실 수 있습니다. 실론 호는 필요한 모든 것을 다 갖추고 있습니다. 동급 선박에서 볼 수 있는 숙박 편의시설은 물론이고, 상갑판에는 여성 전용 럭셔리 라운지와 남성용 고급 흡연실이 마련되어 있습니다. 각 객실은 2인실이며, 매우 안락한 침

대가 준비되어 있습니다. 크루즈 항해는 10월 15일에 시작해 1882
년 7월 7일경에 종료될 예정입니다. 알.디. 런햄R.D. Lunham 선장님
이 크루즈 항해 지휘를 맡습니다. 승객의 개인 하인도 승선할 수 있
도록 준비가 되어있고, 크루즈 승무원으로부터 어떤 방해도 받지 않
고, 승객이 주갑판을 원하시는 대로 사용하실 수 있도록 설계되었습
니다. 전체 크루즈 요금은 승객 500파운드이며, 동반 하인 150파
운드입니다. 이번 크루즈 시범 운항이 성공적으로 마무리되면, 저희
선사는 앞으로 이처럼 즐겁고 유익한 항해를 정기적으로 운항할 계
획입니다.

현재 가치로 환산하면 거의 9개월에 걸친 '재미있고 유익한' 크
루즈 여행은 일 인당 약 60,000파운드 정도이다. 하인을 동반한다
면 추가로 수천 파운드가 더 들었을 것이다. 크루즈를 마치면, 전
세계를 항해했으니 그런 경험을 해봤다는 자체만으로 대단한 업적
이라고 주장할 만한 일이다. 마젤란Magellan조차 그런 주장을 할 수
없을 것이다.

이후 거의 100년 동안 더 호화로운 대서양 횡단 및 장거리 여객
선은 크루즈 운항선 역할도 했다. 하지만 1930년대에 항공 여행이
시작되면서 해상 운항의 이윤은 잠식당했다. 이런 과정은 2차 세
계 대전 이후 항공 기술의 급속한 발전으로 가속화되었고, 1960년
에는 대서양 횡단 여객선이 공룡처럼 사라져버렸다. 동시에 경제
의 번영으로 임금 상승과 법정 공휴일과 같은 반가운 소식이 여행
객에게 전해졌다. 모든 일상에서 벗어나 집보다 더 편안하고 다양

한 즐길 거리를 제공할 수 있는 떠다니는 호텔에서 산다는 생각 덕분에 오늘날의 크루즈 전용 선박 시대가 탄생했다.

이제 크루즈 전용 선박들은 구형 여객선들이 이미 하던 극한의 일을 하게 되었다. 그것은 승객이 탑승한 배가 깊숙한 바닷속 얼어붙은 시커멓고 얼음장처럼 찬물 위에 얇은 강철로 지탱하는 바다의 점 하나에 불과하다는 사실을 생각하지 않게 만드는 것이었다. 재앙 같은 사고가 발생하면, 바다는 크루즈선을 타이태닉과 수많은 다른 배들처럼 소리 소문 없이 집어 삼켜버릴 것이다. 옛 선박들은 점점 새로 단장하면서, 승객들이 원하지 않으면, 갑판 위로 갈 필요도 없고, 바람과 물보라를 맞거나 굴뚝에서 나오는 검은 연기를 마실 필요가 없게 만들었다. 대신, 크루즈 승객들은 완벽한 선상에서 커튼이 드리운 창문과 활활 타오르는 장작불이 있는 대저택의 거실을 즐길 수 있었다. 아니면 진저 로저스Ginger Rogers와 프레드 아스테어Fred Astaire(1900년대 초, 중반에 미국에서 대활약한 뮤지컬과 영화배우이자 무용가 - 옮긴이)가 당장이라도 탭댄스를 추며 내려올 것 같은 웅장한 대리석 계단이 있는 멋진 호텔이나 궁전 같은 분위기에서 머물 수 있다. 가짜 그리스식 기둥이 있는 수영장은 1차 세계 대전 이전부터 여객선에 설치되어 있었고, 수영장 자체는 고급 식당처럼 필수 시설이 되었다.

오늘날 크루즈 선박은 이 원칙을 발전시켜 엄청난 규모와 시설을 갖춘 바다 위를 떠다니는 환상의 세계로 바뀌었다. 마지막 대서양 횡단 여객선이었던 '대양의 그레이하운드'의 멋진 우아함에 익숙한 이들에게 현대식 크루즈선은 대체로 너무 흉측하고, 둥둥 떠다니는 아파트와 비슷해 보인다. 아이다 크루즈AIDA Cruise 선사의 크루즈선 아이다프리마AIDAprima는 양쪽에 거대한 눈이 그려져 있고 뱃머리에는 빨간 입술이 그려져 있다. 이처럼 크루즈선은 낙서 같은 슬로건이나 무서운 예술 작품으로 더 흉측해 보일 수 있다. 크루즈선과 컨테이너 선박이 서로 얼마나 비슷해지고 있는지 알아보는 것은 흥미롭다: 한쪽은 객실 창문(현창이 아님)이 가파른 절벽 같이 보이는 배와 또 다른 쪽은 레고 블록들이 서로 연결되어 탑처럼 쌓인 배이다. 하지만 그 배에 쌓여 있는 것은 모두 화물이다. 최신 크루즈선은 치수로만 볼 때 벌크 유조선 몇 개를 제외하면 바다 위에 떠 있는 배들 중 가장 크다. 로열 캐리비안Royal Caribbean의 최신 '퀀텀 클래스 Quantum Class' 크루즈선 오디세이 오브 더 시즈Odyssey of the Seas는 항공기 75대 이상을 싣고 비행 갑판 길이만 330미터에 달하는 세계에서 가장 크고, 가장 비싼 최신형 항공모함 유에스에스 제럴드 알 포드USS Gerald R. Ford보다 더 크다. 이 크루즈선에는 약 4,400명의 승무원이 근무한다. 승무원을 제외하고 5,400명의 승객을 수용할 수 있다. 실제, 오늘날 가장 큰 크루즈선은 사실상 움직이는 도시와 같고, 인구 두 배 규모의 대부분의 도시보다 더 많은 편의 시설을 갖추고 있다. 항공모함이 크루즈선을 능가하는 점은 비용이다: 약 120억 달러 대 14억3천만 달러이다. 이는 단순히 납세자에게 부과되는 첨단 군사 장비와 투자 수익을 내야 하는 떠다니는 호텔의 차이를 보여줄 뿐이다.

토마스 쿡Thomas Cook의 관광객과 오늘날의 관광객 차이를 가장 잘 보여주는 것은 베니스에 정박해 베니스 도시를 작아 보이게 만드는 현대식 크루즈선의 사진이다. 르네상스 시대의 웅장한 교회와 궁전은 모형 철도 설계도에 놓인 미니 건축물처럼 작아 보이고, 그랜드 운하는 작은 시냇물처럼 조그맣게 보인다. 이런 크루즈선이 사랑도 미움도 받는 항구에서 크루즈선 때문에 생기는 문제에 대해서는 여기서 논하지 않겠다. 시민들의 수십 년의 항의와 늦게나마 취해진 법적 조치 덕분에 크루즈선이 항구와 공해에서 배출할 수 있는 배기 오염물질의 양에 제한이 있다. 또한 새로운 기술에 맞춰 크루즈선의 추진 시스템이 지속적으로 개선되고 있으며, 최신 크루즈선 중 액화석유가스LPG를 사용하는 경우가 많다. LPG는 여전히 화석연료지만, 벙커 오일과 해양 디젤보다 훨씬 깨끗하다.

하지만 여행 수단이 버스, 비행기, 크루즈선 중 무엇이든 여행의 환경비용 중 가장 중요하면서도 거의 완전히 무시되는 것이 있다. 연료의 탄소 발자국을 강조하려고 일반 크루즈선은 하루에 300톤의 연료를 연소한다고 말한다: 자동차, 항공기, 기타 차량의 경우처럼 기후에 대한 장기적 비용을 직접 반영하는 방식이다. 그러나 크루즈선을 처음 건조할 때부터 발생하는 엄청난 생태 비용은 어떨까? 한 번도 언급된 적이 없다. 마찬가지로, 전기 자동차와 하이브리드 자동차도 채굴해서 제련 과정을 거친 철과 알루미늄 또는 고무와 플라스틱, 배터리에 들어가는 니켈, 희토류, 구리 배선 등으로 인한 환경 피해와 중국 소유의 코발트 광산에서 일하는 6세 아프리카 어린이들에 미치는 영향에 관한 평가는 이루어지지 않는다. 우리가 보통 듣는 모든 것은 자동차를 운행할 때 발생하는 환경 비용뿐이다. 하지만 바다 위를 떠다니는 도시(현대식 크루즈선과 시설)를 건설하는 것은 재료의 조달과 사용 면에서 엄청난 환경 부담을 초래한다. 누가 환경에 미치는 영향을 계산해 볼까? 새로운 크루즈선 한 척에는 3,000개 이상의 객실이 있다: 5,000명 이상의 손님을 수용할 수 있는 라스베이거스의 대형 호텔과 비슷한 규모이다. 카펫만 해도 얼마나 필요한지(카펫도 대형 석유업체에서 시작된다), 페인트도(위와 같음) 얼마나 필요한지는 하나님만 알 수 있다. 엄청난 환경 비용에 장비는 하나도 포함되지 않는다: 첨단 엔진, 포드 프로펠러(기존 선박 프로펠러 시스템보다 기동성, 조종성이 뛰어난 선회식 전기 추진장치 – 옮긴이), 모든 항법 및 기술 장비들이 안전을 위해 이중 또는 종종 삼중으로 설치된다. 그러나 우리는 이러한 크루즈선의 총 건조 비용과 시설 비용을 항목별로 분류하고 생태적으로 유발하는 비용이 얼마나 되는지 한 번도 들어본 적이 없다. 단지(만약 있다고 해도) 운항 중에 발생하는 환경 영향을 추정할 뿐이다. 그렇다면 이렇게 엄청난 환경 부채는 어떻게 상환하거나 상쇄하는 걸까? 답은, 당연히: 아무것도 하지 않는다.

코로나19 전염병은 다양한 형태의 휴가 문화에 큰 타격을 입혔다. 멀쩡해 보이는 거의 새것이나 다름없는 크루즈선 — 심지어 거의 새 크루즈선 — 마저 방글라데시와 다른 지역의 해체장으로 끌려갔다. 이는 운항을 멈춘 상태에서 발생하는 계류 비용과 핵심 시스템 유지를 위한 보조 엔진 가동에 필요한 선원과 연료비를 절약하기 위해서였다. 하지만 크루즈 산업은 무너지기에는 너무나 경제적으로 막강했다. 코로나 봉쇄 조치에서 벗어나 창백한 모습이었지만, 사람들은 크루즈만이 줄 수 있는 휴가를 만끽하려는 열망을 품은 채 다시 크루즈로 돌아왔다. 이런 시기에도 새로운 크루즈선이 건조되고 있었다. 현대의 크루즈선은 육지에서도 즐길 수 있지만 멀리 운전해야 가능한 승객이 원하는 거의 모든 즐거움을 제공한다. 인공 파도와 서핑을 즐길 수 있는 수영장, 시뮬레이션 스카이다이빙, 암벽등반 시설, 일광욕실, 야외 영화관, 조깅 트랙, 사우나, 실내체육관, 롤러스케이트장, 아이스스케이트장, 피트니스 센터, 어린이 보육시설과 놀이방, 수십 개의 바와 세상의 모든 요리를 맛볼 수 있는 레스토랑도 20개나 있다. 이 중 몇 개 레스토랑은 안 가보는 게 나을 수도 있다. 여기에 더해 중심 거리에는 일반적인 명품 브랜드 제품을 판매하는 공항 터미널에 가득한 그런 종류의 상점들 — 실제로는 '아울렛'같은 상점 — 이 있다. '모든 것에서 벗어나고 싶어 하는' 사람들이 쇼핑도 포기해야 하는 것은 아니다. 그리고 이 모든 시설이 움직이고 있다. 이렇게 바다 위를 여행하는 도시는 유명한 장소에 정박해 관광할 기회를 제공한다. 옛날 사람들이 하던 그랜드 투어Grand Tour의 마지막 흔적을 엿볼 수 있다. 크루즈 승객들은 배에서 내리자마자 바가지를 쓰는 일이 다반사이며, 일부 승객은 외국 도시의 모습을 보고 배를 타고 여행 중이었다는 사실을 처음 깨닫게 된다. 관광객 모두가 낯선 문화와 마주칠 위험을 무릅쓰고 싶어하는 것은 아니다. 피. 지. 워드하우스P. G. Wodehouse는 소설 『더 코드 오브 우스터The Code of the Woosters』에서 이 점을 신랄하게 표현했다. 버티Bertie(소설 속 주인공 -옮긴이)는 지브스Jeeves(현명하고 박식한 버티의 하인 - 옮긴이)가 얘기한 세계 일주 크루즈 여행을 할 수 있을지도 모른다는 희망에 찬물을 끼얹으면서 여행한다고 해서 모두가 문화에 관심 있는 게 아니라고 주장했다. 버티가 언급한 단점 중 하나는 '타지마할을 보러 가야 하는 번거로움'이었다. 버티는 오래 전 테베Thebes에 있는 고대 이집트 신전 벽에 ('점심은 언제야?') 불만에 찬 낙서를 새긴 그리스 청소년들과 완전히 같은 생각이었을 것이다.

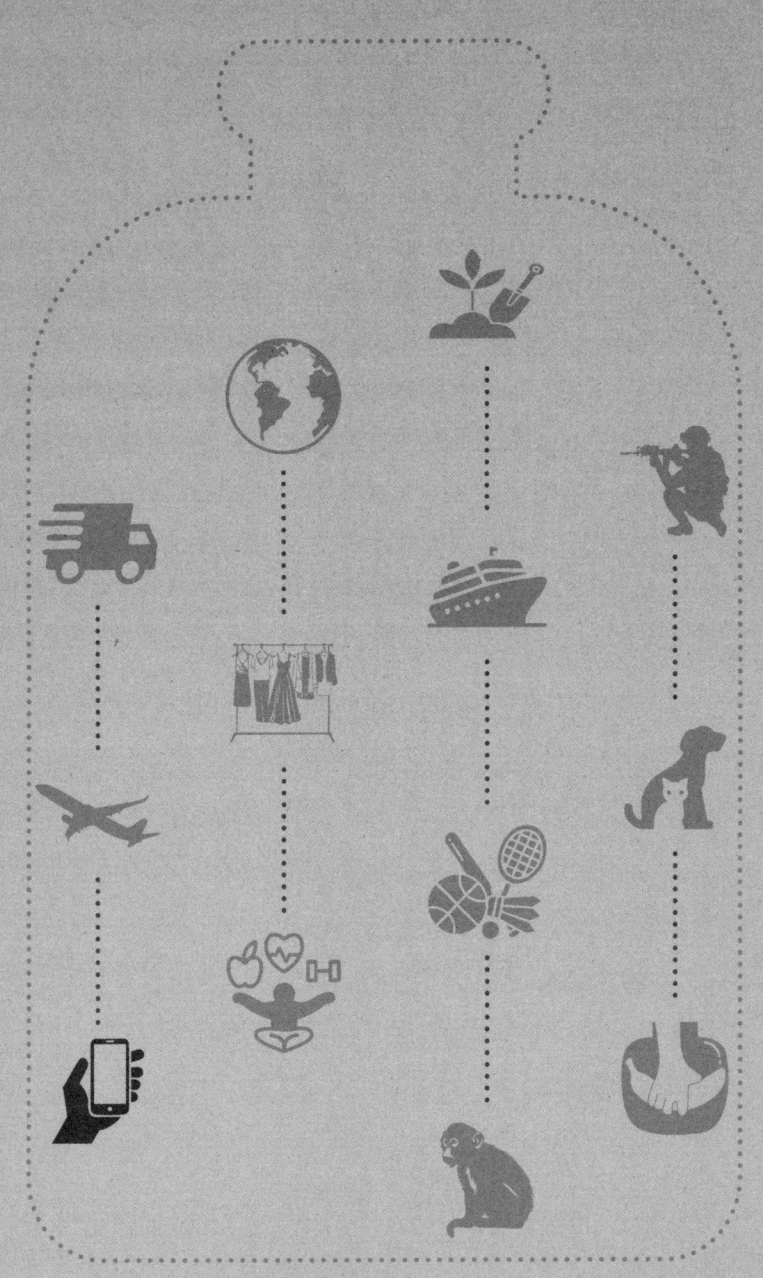

# 휴대폰과 컴퓨터

지난 20년간 휴대폰은 사람들의 삶에서 옷처럼 거의 필수적인 요소가 되었다: 떼려야 뗄 수 없는 동반자, 많은 친구보다 더 가까운 존재, 배우자나 파트너보다 종종 더 필수적인 존재이다. 미국 청소년들은 휴대폰이 한 사람의 사회적 지위나 인기의 가장 중요한 지표라고 믿는 것으로 알려졌다 – 보석, 시계, 심지어 운동화보다 중요한 지표로 여겨진다. 이러한 휴대폰의 사회 비용은 자주 논의되지만, 휴대폰과 휴대폰 서비스 제공업체의 환경 비용은 너무 쉽게 무시된다. 앞서 언급했듯이, 사실 우리는 삶의 필수품이 환경에 미치는 영향에 대해 굳이 알고 싶어하지 않는다. 하지만 이는 우리가 정말 좋아하는 것들(휴가를 위한 비행, 진토닉 칵테일, 온라인 쇼핑, 고성능

자동차 운전, 푸아그라, 코카인 등등)의 단점을 인정하는 것과 크게 다르지 않다. 휴대폰의 경우, 마이크 버너스-리Mike Berners-Lee의 연구 덕분에 환경에 미치는 영향에 대해 아주 잘 알 수 있다. 그는 탄소 발자국 전문가이자 월드 와이드 웹의 발명가인 팀 경Sir Tim의 형이다. 마이크 버너스-리에 따르면, 하루에 최대 2분씩 일 년 동안 휴대폰을 사용하면 이산화탄소가 47kg 배출된다고 한다. 하루에 한 시간씩 사용하면 일 년에 1.25톤의 이산화탄소가 배출된다. 한 해에 전 세계의 휴대폰으로 인해 1억 2,500만 톤의 이산화탄소가 배출될 것이다. 여러분이 하루에 한 시간씩 휴대폰으로 통화하는 사람이라면, 연말까지 배출하는 이산화탄소량은 런던에서 뉴욕까지 이코노미 클래스로 편도 비행하는 것과 맞먹는다.[1]

휴대폰을 충전하는 데 드는 직접적인 에너지 비용은 필요한 전기량이 적기 때문에 얼마 되지 않는다. 휴대폰이 환경에 미치는 영향으로 인한 비용은 드러나지 않고 전가되기 때문에 다른 차원의 문제이다. 디지털로 연결되는 휴대폰을 쓸 때마다 훨씬 더 많은 전력이 사용되지만, 분산 처리 덕분에 전기는 수천 킬로미터 떨어진 곳에서 눈에 보이지 않게 소비된다. 전화기, 컴퓨터 또는 스마트 TV를 사용해 인터넷에 접속할 때마다 전 세계의 거대한 데이터 센터 중 하나에 연결 요청이 전송된다: 데이터 센터는 지구에서 가장 에너지 소비를 많이 하는 시스템 중 하나로 에어컨이 설치된 복합 시설이다. 어떤 계산에 따르면 이러한 데이터 센터만으로 전 세계에서 생산되는 전기의 약 3%가 소비된다고 한다. 이는 인터넷 기반 시스템이 확산되면 계속 증가할 것이다. 이미 대형 데이터 센터 하나만으로 중간 규모의 도시만큼의 전기가 소비된다. 한 전문가는 '전 세계 에너지 사용량의 약 5%가 전자제품으로 소비됩니다. 이 수치는 전기 사용량을 낮추기 위한 특단의 진척이 없다면 2030년까지 최소 40%까지 늘어날 것으로 보입니다.'라고 경고한다.[2] 전기 사용량을 줄이는 큰 진전은 기대하기 어렵다.

향후 몇 년 이내에 개발도상국에서 약 10억 명이 인터넷에 접속하게 될 것이며, 고해상도 사진, 스트리밍 동영상, 이메일, 감시 카메라 영상, 휴대폰, TV 및 '스마트 홈' 기기를 사용하게 될 것이다. 이를 위해 훨씬 뛰어난 연산 능력, 네트워크 대역폭 확대 및 저장 용량 증설이 필요하다. 사물인터넷에 인공지능, 자율주행차, 로봇을 추가할 수 있다. 마크 저커버그Mark Zuckerberg의 '메타버스 Metaverse' 계획이 실현되고, 더 많은 사람들이 현실을 떠나 헤드셋을 착용하고 디지털 세계에 살기로 하면, 현실 세계의 데이터 센터가 필요하게 되는 연산 능력 (그리고 전기)은 엄청나게 늘어날 것이다. 메타버스와 잠재적 경쟁자들은 거주자들의 연결된 컴퓨터 속에서만 존재할 것이다. 가상 현실 세계는 이미 존재하며 전 세계의 젊은이들을 끌어들이고 있다. 그들의 '아바타'(컴퓨터로 시뮬레이션한 대체 '자아')는 디지털 세계의 그림자 영역에서 실제 화폐로 부동산과 구찌 핸드백을 구매한다. 이 행동은 대부분의 사람들에게 완전 미친 짓으로 보인다. 이게 미친 짓이든 아니든, 에너지 소비는 달러와 마찬가지로 너무나도 현실적이다.

데이터 센터는 2025년까지 세계 최대의 에너지 소비자가 될 것으로 예상된다. 이는 스크린, 고글, 프로세서 생산에 필요한 희토류와 같은 천연 자원의 늘어나는 수요를 넘어서는 것이다.[3]

## 제조

이 모든 전자기기를 실제 제조하는 것으로 인한 환경 비용은 별도로 다뤄야 하는 중요 사안이다. 휴대폰이 크리켓 공처럼 낮은 수준의 기술이라 해도, 휴대폰의 엄청난 수량만으로도 환경에 영향을 미칠 수 있을 것이다. 하지만 실제 전 세계의 약 61억대의 휴대폰을 만들려면 수십 개의 산업 분야에서 수백만 명의 고용이 필요하며 엄청난 환경 피해가 발생한다. 캐나다의 맥마스터 대학교McMaster University 연구팀은 제조의 시작부터 완성까지의 과정에서 발생하는 오염물질을 기준으로 볼 때 모든 전자기기 중 휴대폰이 가장 유해하다고 밝혔다.

일반적으로, 휴대폰의 약 40%는 금속(주로 구리, 금, 은, 플래티넘, 텅스텐), 또 다른 40%는 여러 가지 플라스틱, 나머지 20%는 유리와 세라믹을 포함한 다양한 재료로 구성되어 있다. 휴대폰 한 대에 무려 62가지 금속 물질이 포함될 수 있고, 17가지 '희토류' 금속 중 16가지가 들어 있다. 이런 희토류는 안타깝게도 채굴이 상당히 어렵고 지구 여기저기에 흩어져 있다. 이러한 금속의 실제 매장량 규모는 알 수 없지만, 이런 금속의 대체재로 알려진 대안도 없고, 고갈되면 다시 구할 방법이 없다. 따라서 오래된 휴대폰을 재활용하는 것이 무엇보다 중요하다. 게다가, 휴대폰에 사용되는 원소 중 콜탄coltan이라는 광석에서 추출되는 탄탈룸tantalum은 전 세계 전자 산업에 없어서는 안 될 아주 중요한 자원이다. 탄탈룸은 민간용과 군사용을 포함해 모든 종류의 기기에 사용된다(스마트 폭탄의 회로에 필수적으로 사용된다). 세상에 알려진 콜탄 매장량의 절반 이상은 콩고민주공화국 그리고 이웃한 르완다에 있다. 두 국가의 내전으로 인해 탄탈룸은 분쟁 광물이 되었지만, 다이아몬드와 달리 탄탈룸의 정확한 출처는 분석해도 알 수가 없다.

휴대폰에 필수적인 다양한 광물의 채굴 작업과 이런 작업으로 인한 강제노동, 산림 파괴, 독성 슬러리(광산에서 채굴 등의 과정에서 발생하는 물과 광물 입자가 혼합된 폐기물 - 옮긴이) 유출로 인해, 세상에 어디를 가나 존재하는 휴대폰은 지구에 엄청난 피해를 주고 있다. 현대 문명의 새로운 필수품이 된 휴대폰의 보급 대수만으로도 상황은 지속적으로 악화하고 있으며, 재활용이 늦게나마 중요하게 주목받았지만, 휴대폰의 소형화로 인해 귀중한 부품을 회수하는 일에 속도가 안 붙고 노동력도 많이 들어간다. 휴대폰의 30% 정도만 회수해 재사용이 가능하다. 나머지는 연간 수백만 톤의 전자 폐기물로 버려진다. 4,000톤의 은, 380톤의 금 그리고 200,000톤의 구리가 전 세계에 버려져 사용하지 않는 휴대폰에 묵혀져 있다는 사실은 신기한 일이다. 글로벌 전자 폐기물 통계 파트너십Global E-waste Statistics Partnership은 이런 사실을 비관적으로 보고 있다.

2019년 전 세계에서 사상 최대 규모인 5,360만 톤의 전자 폐기물이 발생했다 - 이는 5년 전보다 21% 증가한 수치이다. 한때는 값비쌌던 폐물이 쌓인 쓰레기 산에 노트북, 모니터, 전동칫솔, 휴대폰, 에어컨, 토스터, 진동기, TV 등이 있다. 즉, 우리의 삶을 중재하는 다양한 전기 장비의 전체 목록을 볼 수 있다.

2019년에 전자 폐기물 중 공식적으로 수거 및 재활용된 것은 고작 17.4%에 불과했다. 즉, 보수적으로 잡아도 약 570억 달러 — 일부 국가의 국내총생산보다 많다 — 정도의 철, 구리, 금과 다른 고가의 수거 가능한 자원이 2019년에 처리와 재사용을 위해 수거되지 않고 대부분 버려지거나 소각되었다는 뜻이다.[4]

이렇게 버려진 536만 톤은 앞으로 10년 이내에 두 배로 증가할 것으로 예상되며, 이렇게 늘어나는 이유의 대부분은 전자제품의 수명이 더 짧아졌기 때문이다. 패션 액세서리로도 사용되는 모든 소비재 내구재처럼, 계획된 노후화built-in obsolescence (제품의 수명을 의도적으로 제한시키는 것 - 옮긴이)가 가장 눈에 띄는 특징이며 그로 인해 환경에 최악의 영향을 미친다. 이는 전적으로 휴대폰 제조사들의 경쟁 탓이다. 제조사들은 주로 카메라 기능이나 곡면 디스플레이, 폴더식 화면과 같은 기발한 기능을 내세우는 판매 술책으로 소비자들이 1년 또는 2년마다 최신 휴대폰을 구매하게 만든다. 이것은 성능보다 패션과 훨씬 더 관련이 있다. 실제로, 우리의 전체 경제 시스템이 저지른 피해는 대부분의 사람이 절대 사용하지도 않을 기능이 들어간 전자 제품을 끊임없이 업그레이드하는 걸 보면 알 수 있다.

## 패션

계획된 노후화built-in obsolescence 원칙은 1920년대 후반의 이른바 피버스Phoebus 카르텔 사례에서 잘 확인할 수 있다. 이 카르텔은 오스람Osram과 지이씨GEC와 같은 전 세계 주요 전구 제조업체 6개사가 1928년까지 가정용 전구의 평균 수명이 2,800시간으로 늘어난 것에 우려하는 가운데 결성되었다. 전구의 수명이 연장되는 바람에 이들의 안정적인 판매가 보장되지 못한다고 느낀 것이다. 그래서 카르텔은 전구의 수명을 단축하는 방법을 연구하기로 합의했고, 전구의 수명이 너무 길면 카르텔 회원사에 징계와 벌금을 부과하기로 했다. 1934년까지 피버스 카르텔은 평균 전구 수명을 절반인 1,400시간으로 줄이는 데 성공했고, 판매는 급증했다. 카르텔은 전구 수명을 1,000시간으로 목표 삼았지만 성공하지 못했다. 대신 2차 세계대전으로 원자재를 국유화하거나 제한하고, 경제성이 강조되면서 피버스 카르텔은 무너졌다. 그 이후로, 소비재의 '계획된 노후화' 개념은 사람들의 환경 의식이 높아지면서 점점 부정적 평가를 받았다. 그럼에도 전자제품 분야에서 계획된 노후화는 여전히 유효하며 인기 있다. 오늘날 휴대폰 거대 기업들은 신중하게 선택한 SNS 인플루언서들의 도움 덕분에, 비내구재(잠시 소비하고 나면 없어지는 소모성 제품 - 옮긴이)의 최신 패션은 무덤에 놓인 꽃처럼 오래가지 못한다는 사실을 아주 잘 알고 있다.

다시 말하지만, 의도적으로 제품의 수명을 제한하는 것이 결코 처음 있는 일이 아니다. 자동차 제조업체들은 계획된 노후화 원칙을 적어도 지난 90년 동안 활용해 왔다. 매년 디자인만 조금 바꿔 새로운 모델을 출시해서 특정 연도에 출시된 것인지 구분할 수 있게 하면 남에게 뒤처질까 두려워하는 고객의 심리 덕분에 자동차 판매는 알아서 이뤄진다. 그러나 환경 문제와 사회적 압력이 늘어나면서, 새로운 모델이 나올 때마다 새로운 스마트폰을 구매하려는 욕구가 약해질 수 있다. 재활용 소재가 들어간 신제품인 페어폰 Fairphone(2013년에 설립된 네덜란드 휴대폰 제조, 판매기업으로, 친환경, 지속가능성을 추구해 사용자가 직접 수리할 수 있는 휴대폰을 만들고 있다 - 옮긴이)이 출시되어 시장에 반가운 변화가 생길 것이다. 대부분의 휴대폰은 수명이 5년 정도이며, 새 배터리를 쓰면 더 오래 사용할 수 있다. 휴대폰을 더 쉽게 수리할 수 있도록 하는 새로운 시도 덕분에 휴대폰을 오래 사용하기가 쉬워질 것이다. 하지만 휴대폰을 생산할 때부터 내재된 패션 요소로 인해 많은 사람들이 휴대폰을 고작 18개월 또는 2년 사용하다 서랍에 처박아 버리고 최신 모델을 구매한다. 불행히도, 5G 모바일 네트워크로 전환하면서 갑자기 수백만 대의 휴대폰이 무용지물이 된다. 이는 휴대폰 제조사들이 최신 휴대폰에 고의적인 노후화 전략을 적용했을 가능성도 있다.

제조사들이 성능이 개선되어 새로운 모델을 출시하는 것이 아니라, 최신 패션 액세서리를 내놓는 것으로 여기는 관행을 지적하며, 유럽 환경국European Environmental Bureau은 '휴대폰과 기타 전자제품의 수명을 단 1년만 연장해도 이산화탄소 배출량 측면에서 200만 대의 자동차를 도로에서 제거하는 것에 맞먹는 효과를 낼 수 있다.'라고 말했다. 그뿐만 아니라, 2021년 여름에 도입된 새로운 유럽연합의 규정에 따라, 냉장고, 세탁기, TV는 더 오래 사용할 수 있도록 설계되어야 하며, 에너지 소비 효율이 우수하고, 수리가 쉬워야 한다. 이 기준은 당연히 유럽연합에 수입되는 모든 백색 가전제품에 적용될 것이다. 우리는 모두 오랫동안 기다려온 EU의 이러한 합리적인 계획이 어떻게 펼쳐질지 궁금해할 것이다.

## 슈퍼컴퓨터와 양자 컴퓨터

오늘날 스마트폰은 사실상 온라인 컴퓨터이며, 온라인 컴퓨팅은 대부분의 사람들이 생각하는 것보다 훨씬 더 많은 에너지를 소비한다. 미국에서만, '전통적인' (즉, 일반적인 디지털) 컴퓨터는 2040년까지 현재 미국의 전력망이 공급할 수 있는 것보다 더 많은 에너지를 필요로 할 것으로 추정된다. 슈퍼컴퓨터는 특히 전력 소모가 상당히 많다. 세계에서 가장 많은 에너지를 소비하는 슈퍼컴퓨터인 광저우의 톈허-2Tiahnhe-2는 18메가와트를 소비한다. 1,800만 와트는 컴퓨터 한 대로서는 엄청난 양의 전기이다: 60W 전구 30만 개를 켜는 데 필요한 양이다. 후속 모델인 톈허-3Tiahnhe-3는 더 많은 에너지가 필요할 것이다.

이러한 고성능, 고속 컴퓨터도 여전히 '고전적인' 즉 디지털 시스템을 사용한다. 이보다 더 진보한 것이 양자 컴퓨팅이다. 디지털 컴퓨터에서 정보의 단위인 '비트'는 1 또는 0의 값을 갖게 된다. 양자 컴퓨팅의 비트에 해당하는 큐비트qubit는 동시에 1과 0일 수 있다. 이것이 바로 중첩supercomposition의 개념이다: 무언가 동시에 여러 상태에 존재할 수 있다는 것이다(동시에 이랬다저랬다 하는 다른 누군가의 행동을 경험해 봤다면 완전히 모르는 얘기가 아닐 수도 있다. 슈뢰딩거Schrödinger의 유명한 고양이 역설 참고). 큐비트의 힘이 발휘되려면 얽힘entanglement이라는 과정으로 서로 연결되어야 한다. 이론상으로는 추가되는 각 큐비트로 컴퓨터의 성능은 두 배 좋아진다. 몇 년 전 '양자 우위quantum advantage' 수준을 달성한 구글의 시카모어Sycamore와 같은 컴퓨터는 대규모 연산을 동시에 처리해야 하는 암호화나 인공지능과 같은 특성을 근본적으로 변화시킬 미래를 예고하는 듯했다. 전 세계 보안 기관의 익명성은 말할 것도 없고, 이는 이론상으로 지금까지 깨지지 않았던 암호화폐 블록체인의 익명성에 도전이 될 것이다(소위 '양자 아포칼립스'). 양자 컴퓨팅 기술은 효과가 입증되었지만, 가정용 '노트북' 수준의 디지털 컴퓨팅을 대체하기에는 아직 갈 길이 멀다.

현재 양자 컴퓨터를 구매하고 운영할 수 있는 것은 가장 부유한 정부, 군사 및 정보 기관, 대학 연구소, 기술 분야 대기업뿐이다. 2019년 구글은 시카모어 프로세서의 성능이 더 개선되었고, 다음 단계인 '양자 우월성quantum supremacy'에 도달했다고 밝혔다: 이 단계는 '고전적인' 디지털 컴퓨터는 아무리 '고성능'이어도 그리고 연산할 수 있는 시간을 아무리 줘도 처리할 수 없는 수준이다. 시카모어는 세계에서 가장 강력한 '전통적' 슈퍼컴퓨터가 푸는 데 1만 년이 걸릴 것이라는 문제를 단 3분 20초 만에 해결했다. 그렇게 딱 떨어지는 숫자는 누가 어떻게 계산했는지 궁금하지 않을 수 없다. 슈퍼컴퓨터가 자신의 성능을 겸손하게 추정한 걸까? 9,008년이 아니었던 게 확실한가? 아니면 '정말 오랜 시간'에 해당하는 실리콘 밸리식 표현이었을까?

'양자 우월성'이라는 용어가 인상적으로 들릴지라도(그리고 이 용어가 영화 제목으로 아무리 좋아 보여도) 양자 컴퓨팅은 유아기를 벗어났지만, 여전히 초기 단계에 머물고 있다. 구글 팀이 시카모어에 연산하라고 부여한 문제는 분명히 상당히 전문적이고 현실 세계에 적용하는 것과는 아무 상관이 없는 것이었다. 2021년 5월, 세계 최고의 양자 컴퓨팅 이론가 중 한 명인 아이작 추앙Isaac Chuang은 미국 매사추세츠 공과 대학교MIT에서 다음과 같이 솔직히 털어 놓았다. '오늘날 양자 컴퓨팅은 실용적 관점에서 볼 때 관심을 끄는 것 말고는 아무런 쓰임새가 없습니다.'

여러 정부와 다양한 기업이 상당한 자금과 인력을 투입하고 있는 가운데 이런 발언은 이후 논란의 대상이 되었다. 그중에서도 중국 과학기술대학USTC의 노력은 결코 무시할 수 없다. USTC의 양자 연구실은 2020년 100억 달러의 비용으로 출발했다. 이 정도의 금액은 결코 적은 금액이 아니다. 2021년 7월 USTC는 구글의 시카모어가 해결했던 것보다 '1,000배' 더 어려운 문제를 해결했다고 발표했다. 그로부터 불과 두 달 뒤, USTC는 그보다 또 다시 1,000배 더 어려운 문제를 해결해 기록을 경신했다고 밝혔다. USTC 위성은 2016년부터 해킹이 불가능한 것으로 알려진 양자 통신을 사용해 궤도 비행을 하고 있다. 양자 통신은 급속히 확산되며 전 세계를 위협하는 끊이지 않는 사이버 해킹에 대한 주요 방어 수단으로 널리 인식된다. 그리고 무엇보다 전 세계의 군대에서 양자 통신을 사용하는 일이 점차 늘고 있다. 양자통신을 위해 양자 컴퓨팅 자체가 꼭 있어야 하는 것은 아니지만, 큐비트qubit를 사용한다. 양자통신 기술은 양자키 분배Quantum Key Distribution에 의존한다. 암호화된 데이터는 일반적인 이진 숫자로 전송되지만, 데이터 해독을 위한 열쇠는 큐비트로 전송된다.

인간의 노력으로 이뤄지는 기술의 발전에는 언제나 환경에 미치는 해로운 영향이 동반되기 때문에, 양자 컴퓨팅과 양자 통신의 어두운 면은 무엇인지를 물어야 한다. 2018년 2월 미국 오크리지 국립연구소Oak Ridge National Laboratory는 양자 컴퓨터가 현재의 슈퍼컴퓨터보다 에너지 소비는 훨씬 적을 것이라고 발표했다. 이런 주장이 사실일 수도, 아닐 수도 있지만, 현재까지 대규모로 사용할 수 있는 양자 기술은 아직 개발되지 않았다. 그러나 양자 프로세서가 제대로 작동하려면, 큐비트의 섬세한 양자 상태를 방해할 수 있는 모든 표류 에너지를 차단해야 한다. 큐비트는 가장 작은 열이나 진동에 노출되어도 쉽게 붕괴될 수 있기 때문이다. 따라서 큐비트는 절대 영도에 가까운 온도— 아울러 에너지 — 수준을 유지할 수 있는 '부유실'에서 보관해야 한다. 아이비엠IBM의 취리히 '큐-랩'Zürich 'Q-Lab'에 있는 양자 컴퓨터의 프로세서는 섭씨 -273°C에 가까운 온도에서 보관한다(절대 영도는 -273.15°C로 정의된다). 이 온도는 별 사이의 온도보다 더 차갑고, 액체 헬륨을 사용해 도달할 수 있다. 절대 영도의 수준까지 온도를 낮추고 유지하기 위해 상당한 양의 에너지가 필요하다. 양자 컴퓨터 프로세서를 거의 절대 영도까지 낮춰 발생하는 초전도성은 양자 컴퓨터의 회로가 거의 제로에 가까운 전기 저항을 갖는다는 것을 의미한다. 양자 컴퓨터가 '전통적인' 컴퓨터만큼 실용성을 가지려면 규모를 확대해야 하고, 오류 교정에만 아마도 6개 중 5개의 큐비트를 사용해야 한다. 아마도 100만 큐비트 수준의 양자 컴퓨터가 아니면 그 어떤 실용적인 작업도 해내기 어려울 것이다. 다양한 대안이 제안되었지만, 전문가들조차 너무 비싸지 않고, 운영비는 저렴하고, 환경에 과도한 영향을 미치지 않는 양자 컴퓨터를 만들 수 있는지에 대해 확신하지 못한다. 따라서 양자 컴퓨팅이 '전통적인' 컴퓨팅보다 연산을 수행하는 데 전기를 덜 사용한다고 해도, 양자 컴퓨터의 냉각에 필요한 전력 수요는 상당할 것으로 보이며, 고도의 전문 건설 능력과 작업 환경도 필요하다. 어떤 방식으로든, 양자 컴퓨팅은 없었더라면 훨씬 더 나았을지도 모르는 또 하나의 발명품이 될지도 모른다(하지만, 주목! 항아리에 새로운 종류의 바나나가 들어 있다! 지구상의 어떤 힘으로도 원숭이가 항아리에 손을 넣는 것을 막을 수 없을 것이다).

이처럼 높은 수준의 기술과 일상적인 기술 사이의 격차를 보여주는 사례로, 대부분의 국가는 국내와 해외에서 신뢰할 수 있는 휴대폰 서비스를 제공하기에는 갈 길이 멀다. 내가 잘 알고 있는 필리핀의 한 지역에서, 사람들이 날씨와 상관없이 휴대폰 신호를 잡기 위해 해변에 몰려드는 일이 흔하다. 자동차와 비행기 장에서 이미 언급했던 것처럼 영국에서 사람들이 휴대폰 신호를 위해 동네에 있는 언덕 꼭대기까지 걸어 올라간다. 또한 내가 아는 한 영국인은 휴대폰 신호를 조금 안정적으로 잡으려고 날씨와 상관없이 자신의 차고 밖에 서 있어야 한다. 이러한 기본적인 수준의 휴대폰 신호를 확보하려면 인프라(위성 제작과 위성의 올바른 궤도에 안착하는 것도 포함) 측면에서 엄청난 자원이 필요하다. 휴대폰 신호가 잘 잡힐 수 있게 해주는 전 세계 데이터 네트워크를 운영하려면 점점 더 많은 전력이 필요할 것이다.

# 웰니스와 뷰티

'웰니스Wellness'라는 개념은 건강과 관련해 성장하고 있는 인플루언 서, 체육관, 다이어트, 고가의 치료법으로 후기 자본주의와 우리 시 대의 퇴폐적이고, 자기중심적인 면모를 어느 면에서는 완벽하게 표 현한 것이다. 귀네스 팰트로Gwyneth Paltrow는 소위 '자신의 질 냄새 가 나는 향초', 엄청나게 비싼 장난감, 순수한 어리석음으로 이 시대 의 완벽한 고대 여사제 역할을 하고 있다(그런데 그녀의 향초 냄새 는 독일 회사 비배로스Viværos의 벌버 오리지널VULVA Original에 추월 당했다. 자세한 내용은 나도 옛날 사람이라 이런 얘기를 하기가 민 망하다). 웰니스의 기저에 깔린 생각은 '올바르게 사는 것', 즉 돈을 많이 써야 하는 삶을 통해 모든 질병과 죽음마저도 끝없이 피할 수 있다는 믿음이다. 그런데도, 2018년 전 세계 웰니스 산업의 총가치가 4조 5천억 달러였다는 점은 충격이다: 이는 전 세계에서 연간 보건 지출 총액(같은 해 세계보건기구WHO 발표 기준 8조 3천억 달러)의 절반이상에 해당하는 금액이기 때문이다. 웰니스 산업은 전 세계 국내총생산GDP의 5%를 훌쩍 웃도는 규모이다.

그러나 코로나19 전염병은 이 여성 중심운동이 건강을 위해서라면 기꺼이 돈을 쓰는 부자들보다 더 해롭다는 사실을 보여줬다. 코로나19 백신 개발 이후, 예전의 페미니스트 구호였던 '나의 몸, 나의 선택'은 새롭게 정치화된 뉘앙스를 갖기 시작했고, 특정 웰니스 영역은 극우세력과 큐어넌QAnon(온라인에서 활동하는 미국의 극우 음모론 집단 - 옮긴이)의 음모론과 결합하기 시작했다. 이런 결합이 단순히 SNS와 무분별하게 활개를 치고 있는 웹사이트에 단순히 도움을 받은 것뿐만 아니라, 적극적으로 장려되고 강화되었다는 것을 누구나 알 수 있다. 또한 웰니스의 원천이 유럽에서 아주 멀리 대서양 건너에 있다는 것을 누구나 알 수 있다. 그 근본적인 이유는 유럽에서와 달리, 미국의 의료 서비스는 사실상 모두 민간 소관이고, 너무 비싸 개인을 파산시킬 수도 있다(주로 65세 이상을 대상으로 하는 메디케어Medicare는 치료비의 절반만 부담하며 메디케어 대상자는 나머지 절반을 보장받을 수 있는 보험에 가입하라는 권유를 받는다). 만성질환은 보험에 가입한 중산층 시민조차 파산하게 만들 수 있다.

이로 인해 두 가지 놀라운 결과가 빚어졌다. 첫 번째, 미국 시민의 대다수가 건강에 대해 거의 미신적으로 신경 쓰며, 병에 걸리는 것을 끔찍하게 두려워한다. 두 번째, 의사들이 거대 제약사와 공모하고 있다는 의혹을 사고 있다. 특히 '제약회사의 리베이트를 받는 의사'들이 처방전을 남발한 옥시콘틴OxyContin 스캔들 이후 음모론이 쉽사리 연상된다. 코로나19 전염병이 절정에 달했을 때 백신 접종으로 인해 음모론은 수면 위로 떠올랐다. 갑자기 백신 접종은 대중의 순진함, 무지, 두려움을 이용해 새로운 부를 창출하려는 거대 제약회사와 의료진 사이의 정치적 협약으로 비칠 수 있었다. 미국 정부가 코로나19 백신은 누구나 무료로 접종받을 수 있다고 강조했지만, 접종 대상자가 민간 건강보험이나 메디케어에 가입된 경우 해당 기관은 백신 주사를 투여한 의료진에게 첫 번째 접종은 $16.95, 두 번째 접종은 $28.39의 비용을 지급하라는 청구서를 받았다.

코로나19와 그 변이 바이러스는 사망자와 경제적 피해 측면에서 이미 엄청난 피해를 준 전 세계적인 전염병이다. 누구나 무료로 백신 접종을 받을 수 있도록 보장하는 것은 아주 시의적절하고, 책임감 있고 부유한 정부가 향후 발생할 수 있는 사회적, 경제적 재난을 방지하거나 완화하기 위한 최소한의 조치라 할 수 있다. 하지만 음모론에 빠진 사람들은 이를 전혀 다른 시각으로 바라본다. 그들에게는 이런 조치가 다수의 복지라는 사회주의 가면을 쓰고 '나의 몸, 나의 선택'이라는 개인의 신성한 신조를 무시하는 것으로밖에 보이지 않는다. 음모론자들은 웰니스가 살금살금 확산하는 공산주의에 장악되었다고 여기며, 개인의 자유와 미국 공화주의의 이상을 훼손하려는 미 연방정부의 사악한 음모의 일환이라고 생각한다. 그들이 생각하는 사회는 깊이 병든 사회이다.

전 세계에 이상한 정보를 온라인으로 퍼뜨리는 사람들이 대체로 그런 식으로 주장한다. 코로나19가 유럽과 그 이외 지역으로 확산했다 — 수만 명의 사람들이 코로나19 백신 접종을 거부했다 — 는 사실은 인간의 고집스러움을 증명한다. 병에 걸리지 않고 중환자실에서 소중한 공간을 차지하지 않는 것으로 시민들이 자신과 동료를 위해 가지는 의무라 할 수 있는 사회적 책임이라는 개념은 그런 고집불통의 사람들에게 아무 소용이 없다. 그들의 부모와 조부모가 영아 때 당시에 유행했던 몇 가지 치명적인 질병에 당연한 예방 접종을 하지 않았다면, 그들 자신도 태어날 수 없었을 거라는 생각도 그들에게는 전혀 먹혀들지 않는다. 오늘날 자기 멋대로 굴고 이기적인 많은 사람들이 할아버지, 할머니, 증조할아버지, 증조할머니 덕분에 세상에 존재하는 것이다. 조부모와 증조부모가 오래전에 천연두, 디프테리아, 소아마비, 홍역, 백일해, 결핵 등에 대한 예방 접종을 받았기 때문이다. 백신 접종을 깨끗한 식수나 적절한 하수 처리와 같은 합리적인 공중 보건 조치가 아니라 공산주의의 침투 수단으로 보는 것은 훨씬 더 깊은 착각에 빠졌기 때문일 것이다.

하지만 광활하고 수익성 높은 웰니스 산업 대부분은 개인적인 불안, 과학적 무지, 이상한 이데올로기 덕분이다. 한 마디로 순수한 이기주의 덕분이다. 상업적 관점에서, 웰니스와 피트니스 산업을 구분하는 것은 종종 거의 불가능하다. 두 산업 모두 나-나-나와 내 불멸의 권리를 기반으로 하며 각각이 어떤 영역에 속하는지를 알 수 없는 그런 약간의 모호함을 이용한다. 보통 사람들이 나누는 대화라면, 예를 들어 조카가 탈 없이 잘 지내는가를 알고 싶은 이모는 '얘야, 잘 지내니?'라고 물을 테고, 이런 질문에 조카는 '아주 잘 지내죠. 이모도 잘 지내시죠?'라고 대답할 것이다. 이모가 듣고 싶어 하는 답일지 모르지만, 웰니스와 피트니스에 열광하는 사람들과 그런 사람을 기반으로 번영하는 산업이 원하는 답은 아니다. 조카의 대답은 너무 애매하다. 그렇게 대답하면 오랫동안, 마치 의사의 진단인 척하는 상술을 의도적으로 피하게 된다: '아주 잘 지낸다고요, 네? 이봐요, 그건 당신 생각이고 우리말을 믿으세요. 당신은 당신이 생각하는 것만큼 잘 지내거나 건강한 게 아닙니다.' 실제로 얼마나 건강하다고 느끼든, 심지어 천식을 앓고 있는 물개처럼 쌕쌕거리지 않고 계단을 오를 수 있을지라도, 이런 말은 불안감을 유발하도록 계산된 것이다. 하지만 '나는 건강하다' 또는 '건강해지고 싶다'라는 말은 '무엇을 위해 건강한가?'라는 조건이 전제되지 않으면 의미가 없다. 사람은 대체로 인생을 사는 데 필요한 건강 수준을 자동으로 부여한다. 소파에 앉아만 있는 사람도 자신이 선택한 직업에 알맞게 건강하다고 주장한다. 100년 전에는 학교, 직장을 오가거나 근처 마을에 사는 누군가를 만나러 매일 몇 마일씩 걸어 다녔다. 그들이 노동자였다면, 오늘날 노동자보다 군

살 없이 좀 말라 보이지만 아주 훨씬 건강했을 것이다. 왜냐하면 요즘에는 기계가 노동자를 대신해서 무거운 걸 드는 일을 하기 때문이다. 요즘은 자전거를 타고 출퇴근하는 사람들이 소파에 앉아 지내는 사람들보다 당연히 더 건강하지만, 아이언 맨Iron Man 대회 (철인 3종 경기로 수영 3.8km, 사이클 180km, 마라톤 42.195km로 구성된 체력과 지구력을 테스트하는 대회 - 옮긴이)에 참가할 정도로 건강한 것은 아닐 테고 올림픽 경기에 참여하기에는 훨씬 부족할 것이다. 이런 대회에 나갈 정도가 되려면 집착에 가까울 정도로 온갖 노력을 다해야 하고, 특수 영양 보충제도 꼭 먹어야 한다.

운동을 통한 조각 몸매 만들기는 그 자체로 지난 10년에 걸쳐 상당한 인기를 누리고 있다. 긴 소매에 레깅스를 입은 인플루언서들이 웨이트 트레이닝을 하고, 크레아틴 셰이크와 단백질 바에 관해 계속 강조한다. 그 덕분에 판매량이 많이 늘어나 수많은 종류의 제품으로 가득 찬 전문 매장이 생겨날 정도이다. 단백질 바의 주 소비층은 여성이다. 애슬레저athleisure 의상(운동을 뜻하는 athletic과 여가를 뜻하는 leisure의 합성어로, 일상복과 운동복의 경계를 허문 편안하고 활동성이 좋은 의류를 의미한다 - 옮긴이)을 입고 요가 클래스와 파워리프팅 powerlifting(역도처럼 무거운 헬스 기구를 이용한 운동을 의미 - 옮긴이)을 오가는 여성들에게 단백질은 근육이 선명해 보이게 하고, 강렬하고 근육질의 요즘 인기있는 여성 이미지를 만드는데 도움이 된다.(그런데 직장은 다니는가? 회사에서도 저렇게 입고 다니나?) 단백질 바에 일반적으로 포함된 팜유에 신경 써야 할까? 팜유는 포화 지방도 높고 사용하지 않는 제품이 거의 없을 정도이지만, 이로 인해 엄청나게 넓은 아마존 정글이 파괴되고 있다. (부록2 바이오연료 참고) 몇 년 전까지만 해도 단백질 보충제는 남성 보디빌더들이 큰 통에 들어있는 가루 형태로 구매해 거의 모든 음식에 섞어서 섭취했다. 몸에서 한 번에 대사 처리할 수 있는 단백질이 20~30 그램 정도밖에 안 되기 때문에 대부분의 단백질은 낭비되었다. 비타민 C와 마찬가지로 과잉 섭취한 것은 소변으로 배출된다. 비싼 단백질 보충제를 과잉 섭취한다면, 문자 그대로 돈이 새어 나가는 셈이다.

하지만 선명한 근육을 강조하는 유행의 유혹에 상식이라는 따분한 충고는 간단히 덮여 버린다. '6주 만에 선명한 근육 몸매 완성'이라는 문구는 근육질의, 튼튼하고, 단단한 몸매를 뽐내는 『멘스 헬스Men's Health』 잡지를 도배해 버린다. 내가 어렸을 때 잡지에는 항상 찰스 아틀라스Charles Atlas 광고가 빠지지 않았다. 그는 이탈리아계 미국인 보디빌더로 '동적 긴장' 운동으로 97파운드 약골에서 더 이상 해변에서 눈에 모래를 맞지 않는 근육질 남자로 변신해 이름을 날렸다. 그 당시에도 여성들을 유혹하는 것보다 다른 남자들을 압도하는 것이 중요했고, 그것이 남성 건강의 핵심이었다. '오늘날 초 근육질 남성들은 멋져 보이지만 무의미한 장식 같은 복근을 자랑합니다: 이런 복근은 기능이 아니라 미용을 위한 근육입니다.'라는 시린 칼레Sirin Kale의 지적은 잊을 수 없다.[1] 그녀는 화학적으로 만든 보조제 없이 체지방이 적은 체형에 과도하게 큰 근육질 몸매를 갖는다는 것은 아주 어렵다고 덧붙였다. 과거에는 건강의 개념은 '화학물질'은 가능한 거의 섭취하지 않는 것을 의미했지만, 오늘날에는 그런 주의 사항은 사라져 버렸다. 대신에 몸무게가 많이 나가던 과거의 자신을 잊어버리고, 화학적 보조제로 근육질 몸매(그리고 성기능 강화)를 만든다. 오늘날 도시의 나르시스는 체육관의 수영장을 바라보며 다른 남자들이 빨래판 같은 자기 복근을 부러워한다는 것을 알고 있다. 최상의 체력과 지나친 자기 집착은 소독 약품 냄새와 함께 키메라처럼 수영장을 떠돌고 있다.

열망하는 건강 수준이 무엇이든, 고통 없이 얻을 수 없고, 다시 쉽게 잃게 될 것이다. 이것이 피트니스 산업이 고객의 마음을 사로잡을 때 사용하는 전략이다. 사람들은 몇 개월 운동하면, 나름 최상의 몸 상태를 만들 수 있다. 하지만 운동을 반복하며 자기 몸을 혹사하고, 정신을 마비시키지 않으면, 체력은 계속 줄어들고 보통의 게으름뱅이 상태로 돌아간다. 이는 날씬한 몸매를 위한 경우와 정확히 똑같은 과정이다. 누구나 이런 과정을 알고 있지만, 이로 인해 대부분 사람은 불안감과 자기 혐오감을 갖게 된다. 자기 몸에 관해 불안해하는 누구든지 웰니스와 피트니스 산업의 잠재적 고객이다. 그리고 이런 사람들은 그 어떤 것보다 자신과 자신의 외모에 거금을 쓰라는 말에 넘어갈 것이다.

## 체육관

웰니스 산업이 환경에 미치는 영향 중 쉽게 간과하는 것으로 헬스장이 있다: 현대적 피트니스의 성지인 헬스장에서 수백만 명의 사람들이 도시 생활의 죄를 씻어내고 있다. 건강을 향한 순수한 마음이 가득하지만, 헬스장은 환경에 영향을 미친다. 우선, 헬스장은 유산소 운동으로 인한 호흡과 땀 배출을 해결하기 위해 일반적으로 일 년 내내 난방과 냉방이 필요한 꽤 넓은 건물에 있다. 또한 샤워를 위해 많은 양의 물 — 뜨거운 물 또는 차가운 물 — 을 사용하며 스파 또는 수영장이 있다면 물이 훨씬 더 많이 필요하다. 세탁해야 하는 수건도 아주 많다. 심장 강화 운동 기구(로잉 머신, 러닝 머신, 자전거, 일립티컬 및 운동 에너지를 필요로 하는 모든 기구)는 대기 상태일 때도 그렇고 제조 과정에서도 전력과 자원을 많이 소비한다. 헬스장에서 플라스틱 형태의 쓰레기(병 등)가 그리고 수영장과 스파에서는 화학물질이 많이 발생한다. 또한 모든 고객의 90%가 걷거나 자전거가 아니라 차를 타고 헬스장에 온다는 통계도 있다.

이런 단점을 보완하기 위해 그린 헬스장Green gym이라는 개념이 도입되었다. 현재까지 이는 LED 전구 사용, 화장실 물 사용 감소 등을 하는 그린 호텔과 상당히 유사한 조치를 채택한 헬스장을 의미했다. 그린 헬스장 개념은 또한 다양한 종류의 유산소 운동 기구를 제조하는 회사들이 고객이 소모한 칼로리로 전기를 생산할 수 있도록 운동 기구를 재설계하는 것을 의미한다. 전기 생성 기능이 없는 오래된 기구는 사용을 중단하고 대신에 비슷한 기구지만 소형 발전기가 내장되도록 비싼 돈을 들여 재설계해서 경제적으로 이득을 추구하는 것이다. 고객의 관점에서 이런 시도는 아마도 꽤 맘에 들 수 있다. 왜냐하면 헬스장은 새 운동 기구 비용을 회원비에 충실하게 반영하겠지만, 고객은 땀을 흘리며 운동하면서 환경보호에 일조한다는 생각에서 위안을 찾을 것이기 때문이다.

아쉽게도, 이런 운동 기구로 생산할 수 있는 전기량은 아주 적다. 자전거나 러닝 머신에서 열심히 운동하는 사람은 시청하고 있는 화면에 필요한 전력을 간신히 생성할 수 있을지 모르지만, 그 정도가 전부이다. 자전거 자체 조명에 전력을 공급할 수 있도록 설계한 자전거를 타본 사람이라면 쉽게 이해할 수 있다. 작은 발전기를 장착하면 약하지만, 페달을 돌리기가 눈에 띄게 힘들어지고 고작 2.5볼트 전구 몇 개를 밝히는 정도의 전력이 생긴다. 그래서 대부분의 사이클리스트들이 발전기 대신 배터리로 구동되는 밝은 LED 조명을 휴대(그리고 착용)한다. 헬스장 운영 입장에서 헬스장 지붕에 태양광 패널을 설치하는 것이 훨씬 좋을 것이다. 흐린 날씨가 잦은 영국에서도 태양광 패널로 최소한 샤워나 수영장의 물을 데우거나 조명에 도움이 될 수 있다.

또한 패션 스포츠웨어로 인한 문제도 있다. 이런 스포츠웨어는 멋을 내고 싶어하는 헬스장 사용자들이 선호한다. 당당하게 유행을 따르지 않는다면 구멍 난 오래된 면 티셔츠, 색이 바랜 럭비 반바지, 강아지가 최근에 물어뜯은 오래된 운동화를 신고 근육질의 몸매에 멋진 스포츠웨어를 입고 운동하는 사람들의 비꼬는 시선을 무시할 수 있는 자신감이 생길지도 모른다. 하지만, 군대의 탄소발자국 장의 옷에 관한 내용에서 살펴보았듯이, 신축성 있는 오늘날 애슬레저 의류는 플라스틱 산업 — 거대 석유 회사에 덕분이라 해야 할지도 모르지만 — 에서 유래한 생분해되지 않는 합성 소재로 만든다. 제조 과정에 엄청난 양의 물을 소비한다. 하지만 희망은 있다. 대만의 싱텍스Singtex라는 회사는 커피 찌꺼기로 천을 개발했다고 한다. 이 제품은 땀 흡수와 자외선 차단 효과가 좋다고 한다. 이 천으로 만든 옷을 입으면 헬스장에서 힘들게 운동하고 나중에 샤워실에서 경멸의 눈초리를 받을 필요 없이 아이패드를 들고 제일 가까이 있는 스타벅스에 걸어가도 괜찮다고 생각할 만큼 커피 향이 충분히 남아있는지는 알 수 없다. 만일 그렇게 했다면, 블론드 바닐라 라떼보다 무거운 것을 들지 않고도 그린 스포츠웨어에 일조했다고 자축했을 것이다.

## 사망률 억제하기

웰니스 산업에서 가장 큰 분야가 개인 관리, 미용 및 항노화 부문으로, 2018년에만 1조 830억 달러의 매출을 기록했다. 이 분야에서 웰니스 산업의 귀네스 팰트로 같은 사람들이 밥벌이를 할 뿐만 아니라 많은 의사들, 주로 여성 의사들(또는 최소한 인스타그램에 'Dr'을 이름 앞에 붙인 사람들)이 스킨케어와 기타 제품으로 막대한 영향력을 행사하기도 한다. '히알루론산 세럼' 같은 표현들을 드레이 박사(안드레아 수아레스 박사Dr Andrea Suarez), 바바라 슈투름 박사

Dr Barbara Sturm, 쉬렌 이드리스 박사Dr Shereene Idriss, 바니타 라탄 박사Dr Vanita Rattan 등등이 사용하고 있다(히알루론산 세럼 10ml 한 병에 100달러나 한다). 이런 식으로 홍보하고 사용하는 것이 대체로 괜찮고 크게 해가 되지 않지만, 한 가지 문제가 있다: 화장품과 향수 산업 자체에서 배출되는 다양한 오염 물질이 너무 복잡해서 이런 물질이 환경에 미치는 진짜 영향이 아직도 확인도 되지 않았고, 측정조차 할 수 없다. 과거에 각질 제거용 얼굴 스크럽과 치약에 사용되던 마이크로비즈microbeads(직경 5mm 미만의 미세한 플라스틱 조각 - 옮긴이)는 2018년 7월 미국에서 금지되었고, 이후 영국과 이탈리아서도 금지되었다. 하지만 마이크로비즈가 들어있는 다른 제품들이 빠져나갈 수 있는 몇 가지 허점이 있다. 물론 금지 조치도 하지 않는 국가는 말할 것도 없다. 대부분의 물질과 마찬가지로, 마이크로비즈도 바다에 모이고, 물고기가 먹고 나면, 우리 인간의 몸에도 유입된다. 하지만 마이크로비즈는 훨씬 더 크고 광범위한 문제의 단지 일부에 불과하다.


## 독성 칵테일

2022년 5월 13일 영국 BBC의 웹사이트에 따르면, 미세 플라스틱이 처음으로 인체의 혈액에서 발견되었고, 검사 대상자 중 80%에서 검출되었다. 인체 내 혈액에서 이미 확인된 다른 지속성 유기 오염물질POP에 미세 플라스틱이 추가된 것이다: POP는 환경이나 인체 내에서 쉽게 분해되지 않는 독성 화학물질이다. POP는 주로 우리 혈액과 지방 조직에 모인다. 오늘날 많은 사람들에서 DDE 흔적이 나타날 것이다: DDE는 정원 가꾸기 장에서 설명한 오래전부터 사용이 금지된 살충제 DDT의 대사산물이다.

'영원한 화학물질'의 잔류 특성 때문에 알려진 새로운 오염물질이 있다. 이 물질은 주로 패션 산업 장에서 언급한 주로 과불화화합물, 즉 PFAS 물질이다. 수백 가지 PFAS 물질이 방염재, 옷의 발수성 '비접착' 코팅제 등의 용도로 사용된다. 스웨덴의 비정부기구NGO인 켐섹ChemSec은 유럽연합에서 현재 사용 중인 모든 화학물질 중 무려 62%가 건강과 환경에 유해하다고 추정하고 있다. 우리 모두의 혈액에 수백 가지의 합성 화학물질이 존재한다: 이는 장기적으로 어떤 영향을 미치는지 아무도 알지 못하는 '독성 칵테일toxic cocktail'이다.

마이크로비즈가 포함된 제품을 자신도 모르게 사용해 해양 오염을 유발하는 것도 문제이지만, 화장품을 통해 우리의 내분비계가 교란되는 것은 더욱 심각한 문제이다. 프탈레이트phthalate, 특히 디에틸 프탈레이트DEP는 피부 화장품, 헤어스프레이, 향수에 용매와 고정제로 사용된다. 불행히도 프탈레이트는 내분비계 교란 화학물질로, 호르몬을 모방한다. 인체의 정상 호르몬의 신호 체계를 교란해 기분이나 에너지 수준의 변화부터 유방암과 선천성 기형의 발병률 증가와 같은 문제를 일으킬 수 있다. 한마디로, 이러한 내분비계 교란 화학물질EDC은 인간과 동물의 생식계, 신경계,

면역계뿐만 아니라 발달에 손상을 입힐 수 있다. 몸에서 씻겨 나가는 경우 하수 시설을 통해 환경 피해를 일으킬 수도 있다.

북미와 서유럽 이외 지역의 강을 대상으로 한 최초의 약물 오염 연구에 따르면, 조사 대상 4분의 1 이상에서 약물 오염으로 인해 환경과 인체 건강이 위협을 받고 있다고 한다. 가장 많이 검출된 두 가지 물질은 카바마제핀carbamazepine(간질과 신경통 치료제로 사용)과 메트포르민metformin(당뇨병 치료제로 사용)이었다. 또한 카페인, 니코틴, 파라세타몰과 같은 소위 '일상적으로 소비하는 물질lifestyle consumables'의 농도도 높게 검출되었다. 항생제와 피임약에 더해 이런 물질이 이미 잘 알려진 강과 물의 오염물질에 추가된다. 우리가 정신 또는 신체 질병 치료를 위해 약품에 점점 더 의존하게 되면서, 이러한 오염은 더 악화할 것이며, 규제가 미비한 나라에서는 오염이 더 심각해질 것이다.[2]

내분비계 교란 화학물질이 환경에 미치는 영향은 특별히 조사하지 않는 한 대부분 눈에 띄지 않지만, 대기 중으로 유출되면서 바로 알아차릴 수 있는 화학물질이 있다. 화장품이나 '개인 위생용품' 시장의 거의 모든 제품은 화학적으로 향 처리를 한다. 심지어 무향이라고 주장하는 제품도 다른 성분에서 나오는 불쾌한 냄새를 가리기 위한 화학물질이 포함될 가능성이 높다. 이런 물질의 분자들이 서로 또는 식물, 동물과 어떻게 상호작용을 하는지 거의 완전히 알려지지 않았다. 남자들은 종종 잘못 고른 애프터셰이브 로션이나 데오도란트를 사용하지만, 특유의 화장품 냄새를 풍기며 다니는 것은 대체로 여성인 경우가 흔하다. 비누, 스킨크림, 파우더, 립스틱, 샴푸, 헤어스프레이, 데오도란트에 들어있는 여러 향료가 뒤섞인 이상한 냄새가 공기 중에 퍼져나간다. 성차별적 발언을 하는 게 아니다. 이는 단지 평생 냄새를 맡으며 도대체 어떻게 사람들이 끔찍한 향의 충돌을 참고 사는지 의아해하는 후각이 아주 예민한 사람이 관찰한 내용이다. 레스토랑의 옆자리 손님에서 풍겨오는 이런 냄새를 맡는 것은 나에게는 옷에 밴 퀴퀴한 담배 연기만큼이나 나쁘고, 잠시 내 미각을 마비시켜버린다.

건조되는 페인트, 라이터 연료, 얼룩 제거제, 매니큐어, 손 소독제, 도로 표시물, 너무나 많은 물질을 내뿜는 기타 휘발성 성분과 유명 향수회사(그리고 그다지 유명하지 않은) 제품을 포함한 많은 제품에서 증발해 나오는 물질이 모두 어떻게 되는지가 궁금할 때가 종종 있다. 마침내 이런 물질이 우리 건강과 환경에 미치는 잠재적 영향에 관해 진지하게 관심이 쏠리고 있다. 영국의 『가디언』 신문의 '폴루션워치Pollutionwatch' 섹션에 실린 한 기사는 인쇄 잉크, 접착제, 코팅제, 세제, 방향제 등에서 증발해 나오는 화석연료 기반의 화학물질이 여름 스모그 속 오존을 생성하는 핵심 원인이며 심지어 그 유해성은 차량의 배기가스가 환경에 미치는 영향을 넘어선다는 사실에 주목했다. 그런데 개인위생 제품에서 나오는 화학물질 또한 심각한 대기 오염물질인 것으로 드러났다. 한 실험에서 참가자들에게 슈퍼마켓이 샤워 젤, 샴푸, 컨디셔너, 보습제, 그리고 마지막으로 스프레이형 데오도란트를 사용해 샤워하라고 요청했다.

반응성이 아주 뛰어난 리모넨limonene은 주로 시트러스 향이 나는 샴푸에서, 벤질 알코올은 컨디셔너에서, 에탄올은 로션에서 검출되었다. 개인차가 있었지만, 오래 씻은 참가자의 경우 이런 물질이 적게 검출되었다. 다른 화학물질도 확인되었는데, 각 참가자가 수건이나 옷을 세탁할 때 사용한 세탁 제품과 관련이 있어 보인다. 또한 다른 연구자들이 사용한 제품이 실험실 내부 공기에 영향을 미쳤다는 사실도 확인되었다.[3]

이제 제조업자에게 책임을 지라고 압박해야 할 때이다. 욕실마다 있는 샴푸의 가짜 과일 냄새를 만들 때 사용하는 화학물질로 인한 오염에 책임을 져야 한다. 이런 화학물질 대부분은 자연에 미치는 영향은 측정도 되지 않은 채 강으로 그리고 결국 바다로 흘러들어간다. 무엇보다, 건강을 중시하는 소비자들은 향수와 청결을 같은 것으로 여기지 말고, 아무 냄새가 없어야 청결하다는 점을 배워야 한다. 냄새가 나는 데오도란트라는 개념 자체는 터무니없는 모순이다.

## 보완 의학

우리 주변의 자연환경이 눈에 띄게 또는 우리도 모르게 악화하고 있지만, 웰니스 산업에서 '건강과 행복을 위한' 시장 규모는 워낙 거대하기 때문에 큰 변화를 갖기는 상당히 어려워 보인다. 우리는 3억 6

천만 달러 규모의 산업인 전통 의학과 보완 의학을 간과해서는 안 된다. 영국의 대부분 도시에서 홀랜드 앤드 배럿Holland & Barrett('영국의 유명 건강 및 웰빙 매장')의 지점들을 흔히 볼 수 있다. 홀랜드 앤 배럿은 스스로 유럽 최대의 웰니스 소매업체라고 소개한다. 영국과 유럽에서 '건강과 웰빙' 제품을 판매하는 유사한 상점은 수천 개에 이르며, 미국 전역에는 아마도 수만 개가 영업하고 있을 것이다. 여기에 너무나 공교로운 사실은 바로 대체로 이런 상점의 고객은 인류 역사상 가장 건강하고, 가장 잘 먹고 가장 치료도 잘 받는 사람이라는 점이다. 하지만 그들은 캡슐, 로션, 그리고 점점 더 신비로운 식물의 추출물에 엄청난 돈을 지출하고 있다.

거의 매년 새로운 '고대 치료법'이 발견된다. 전에는 아무도 주목하지 않았던 잡초의 놀라운 치유 효능과 심지어 신비로운 특성에 관한 이야기가 탄생한다. 누군가는 아키텐Aquitaine에 있는 한 수녀원의 허브 정원을 묘사한 12세기 라틴어 문서에서 멍크 베니슨Monk's Benison(수도사의 축복 기도라는 뜻 - 옮긴이)이라는 약초를 발견했다고 주장한다. 이 약초의 '거의 초자연적인' 효능은 호 리스틱 Ho Listik 박사의 연구소에서 정해진 절차에 따라 확인한 것이다. 그는 이 추출물 캡슐을 먹으면 3주 만에 전립선이 축소될 수 있다는 것을 개인적 경험으로 알고 있다. 그뿐만 아니라, 이 제품에는 지능을 향상하고 머리의 모낭을 재생시킨다고 알려진 피-엘릭시론산p-elixironic이라는 성분이 들어있다. 직접 사용해 보기 전에는 약효는 믿기 어려울 정도이다… 그리고 갑자기 보완 의학 상점의 선반에는 이런 사과 안내문이 붙었다. 인기 제품인 멍크 베니슨 캡슐이 안타깝게도 일시적으로 품절되었지만, 추가로 6월 중순쯤 입고될 예정입니다. 입소문(즉, SNS를 통한 소문)의 위력은 대단하다.

건강과 웰빙을 추구하는 산업은 수많은 번화가 상점과 더불어 위대한 플라시보 음모Great Placebo Conspiracy를 만들어 낸다. 전 세계 수백만 명의 고객들이 자신의 건강이 좋아졌다고 믿는다. 몇 년 전 실제로 '생명의 영약'이라는 사실이 밝혀진 마누카Manuka 꿀 같은 제품에 지출한 금액만큼 건강이 좋아졌다고 생각하는 것이다. 마누카 꿀은 멍크 베니슨, 티베트 동위드 등 다른 제품들로 대체되면서 이제는 시대에 뒤처진 것일지도 모른다. 무엇이든 다 좋다. 왜냐하면 사람들은 저마다의 유머 감각에 따라 자신을 돌보기 때문이다(홀랜드 앤드 배럿에서 판매하는 제품 중에 '뷰티풀 미Beautiful Me'라는 제품이 있는데, 계산대에서 이 제품을 내밀고 얼굴이 빨개지지 않을 수 없을 것이다). 하지만 확실히 잘못된 것은 피시 오일fish oil과 같은 제품으로 인한 환경 파괴이다.


## 피시 오일

재생 가능한 은행나무와 멀구슬나무 대농장과 같은 것이 있을 수도 아닐 수도 있지만, 기름을 위해 수백만 톤씩 잡히는 작은 물고기 개체는 심각한 위협을 받고 있다. 그뿐만 아니라, 야생에서 고갈되어 가는 어족 자원은 이들을 식량으로 삼는 다른 종의 굶주림을 초래한다. 이런 패턴은 오래전부터 이어져 왔으며, 수십 년 전 고래, 물개, 오징어, 펭귄, 앨버트로스를 굶게 만든 구소련의 트롤 어선이 대규모로 포획하던 남극 크릴 — 작은 새우 모양의 갑각류 — 도 포함된다. 서유럽의 모래장어는 얼마 전까지만 해도 이 작은 물고기를 갈아서 가축 사료로 사용하거나 밭에 비료로 바로 뿌리기 위해 수백만 톤씩 잡혔다. 헤브리디스 제도The Hebrides에서, 모래장어 어업이 규제될 때까지 바다오리, 세가락갈매기, 바다쇠오리 군락은 급감하기 시작했다. 이제 다음 타자는 페루의 멸치 어업이다. 멸치는 대량으로 포획해 오메가-3 지방산을 함유한 기름으로 가공된다. 오메가-3는 세포 건강을 유지하는 데 중요하며 다양한 식품에 함유되어 있다. 히알루론산도 마찬가지이다. 선진국에서 거의 모든 사람들이 오메가-3와 히알루론산을 섭취한다. 하지만 '필수'라는 단어가 오메가-3 지방산을 함유한 캡슐에 붙여지고, 식이보충제로, 대대적으로 홍보되기 시작하면, 수평선 너머에서 벌어질 누군가의 포식성 어업을 막을 방법이 없다.

하지만 이게 전부가 아니다. 한 번은 티스푼으로 오메가-3 오일을 맛보았는데 산패된 것이라는 것을 즉시 알 수 있었다. 버터부터 올리브 오일까지 모든 종류의 기름과 지방이 공기나 열에 노출되면 나타나는 특유의 산화된 맛이 났다. 최근 한 신문 기사에서 이 문제를 다뤘다. 2022년 1월 18일, 리차 사이얼Richa Syal이 『가디언』 신문에 기고한 내용에 따르면, 수십억 달러 규모의 글로벌 시장을 위해 페루 멸치 4백만 톤에서 매년 약 38,000톤의 멸치 기름이 추출된다고 한다. 이 정도 양의 멸치는 많은 나라의 연간 총 어획량을 훨씬 넘어서며, 엄청나게 많은 자연 생물을 식용이 아니라 건강한 사람을 더 건강하게 만들기 위한 희박한 가능성을 위해 죽이는 것이다. 채식주의, 환경주의적 가치에 고취된 요즘의 웰니스 시장이 살아있는 생물을 이렇게 학살하는 것을 흔쾌히 묵인해 버리는 것과 홀랜드 앤 배럿과 같은 기업이 멸치로 만든 피시 오일 제품을 계속 홍보하는 것도 정말 이상한 일이다.

많은 양의 피시 오일이 산패되는 것은 놀랄 일이 아니다. 페루에서 이 작은 물고기에서 정제하지 않은 피시 오일을 압착해 추출하고 나면, 정제와 가공을 위해 중국으로 보낸다. 이 과정에서 시간도 많이 들고 공기와 높은 온도에 노출된다. 안정성이 낮고 차가운 성질의 기름을 산화하려면 공기와 높은 온도가 필요하다. 정제된 기름은 포장을 위해 유럽과 미국으로 다시 수출된다. 캡슐 형태 또는 스푼으로 섭취하는 액체 형태(대구 간유처럼)로 상점의 진열대에 도착할 때쯤이면 산패되었을 가능성이 아주 높다.

## 어드벤트 캘린더와 그 너머

2021년 9월 15일, 영국의 『미러The Mirror』 신문 독자들은 대체의학과 휴식을 결합한 특별한 프로모션을 접했다. '클린 뷰티clean beauty'라는 카피라이터의 아이디어에 맞서 더티 뷰티dirty beauty나 심지어 클린 어글리니스clean ugliness가 어떤 모습일지 궁금하신 용기 있는

독자님, 손 들어보세요:

클린 뷰티 팬들에게 좋은 소식이 있습니다. 홀랜드 앤 배럿이 2021년 신규 뷰티 어드벤트 캘린더beauty advent calendar(원래는 크리스마스까지 남은 24일을 카운트 다운하면서 매일 한 개씩 열어보는 24개의 작은 문이 달린 달력이지만, 연말에 선물을 주고받는 서양의 문화에 맞춘 마케팅 전략의 하나로 장난감, 초콜릿, 화장품 등을 총 24개씩 담은 제품이다 - 옮긴이)를 출시했습니다.

무려 170파운드 상당의 제품으로 구성된 천연 뷰티 캘린더는 이번 주 판매가 시작되었습니다. 공식 웹사이트에서 단 45파운드에 구매할 수 있습니다.

올해 크리스마스 카운트다운에는 닥터 오가닉Dr Organic, 렌REN, 벨레다Weleda, 수킨Sukin과 같은 브랜드의 스킨케어, 헤어케어 제품이 담겨 있습니다. 클린 뷰티를 좋아하시는 팬에게 이보다 더 좋은 선물은 없습니다.

소비자 사회에서 '어드벤트advent'(예수님의 탄생을 기다리는 4주간을 의미하며, 기독교에서 대림절, 대강절, 강림절로 표현한다 - 옮긴이)는 종교적 의미의 흔적조차 잃어버렸고, 모든 판매 전략들과 마찬가지로 단순히 '특가 상품!'을 의미할 뿐이다. 여름휴가를 9월 초부터 중순 사이에 가는 가정이 많고, 크리스마스까지 아직 일 년 중 1/4 이상의 시간이 남아 있지만, 첫 번째 '어드벤트 캘린더'가 벌써 등장하기 시작한다. 기업의 매출을 올려 줄 귀인 탄생의 서막이다: 기업은 제품 여러 가지를 묶어 할인가에 판매하고 이를 선물이라고 부르며 매출을 극대화한다. 미러 신문의 독자들이 머리를 쥐어짜며 고민해야 할 게 있다면 친구 중 누가 '최애 클린 뷰티 팬'이 될 자격이 있는지 판단하는 것이다. 그리고 선택된 친구가 과연 45파운드 상당의 스킨케어와 헤어케어 선물을 받을만한지를 결정해야 한다. 2개월 뒤 2021년 11월 말, 블랙 프라이데이Black Friday(11월 넷째 주 목요일인 추수감사절 다음 날로 미국의 최대 쇼핑 이벤트 - 옮긴이) 프로모션에는 크리스마스까지 매일 새로운 선물을 공개하는 다양한 '어드벤트 캘린더'가 포함되었다: 크리스마스는 선물을 주고받는 가장 큰 축제이다.

그 해에 귀네스 팰트로Gwyneth Paltrow가 운영하는 굽Goop (중산층을 대상으로 하는 쇼핑, 뷰티, 음식, 패션, 여행, 웰니스, 일, 남성 등 8가지 삶의 키워드와 관련된 제품과 삶의 방향성을 제시하는 고급 웰니스의 선두 주자 - 옮긴이)의 선물 목록에는 $535,000짜리 '친환경 부유식 호텔 스위트'를 시작으로 다 합쳐 100만 달러가 훨씬 넘는 제품들이 포함되었다. 부유식 호텔은 '안테네 포드Anthénea pod'(프랑스 선박 전문 건축가 미셸 뒤칸셀이 설계한 세계 최초로 바다 위를 떠다니는 UFO 모양의 친환경 호텔 - 옮긴이)로, 수면 위와 아래에 창문이 있고 물에 떠 있는 이글루 형태의 건축물이다. 부유식 호텔의 용도가 뭔지 분명하지는 않지만, 너무 비싸다면, 눈을 조금 낮춰 $393,000짜리 금과 다이아몬드로 만든 카르티에Cartier 시계와 팔찌도 있다. 이 다음으로는 가격이 쭉 내려간다. $37,290면 살 수 있는 나무, 벨벳, 금도금으로 처리한 어린이용 실내 놀이터. '부자 엄마의 에너지'라는 굽Goop의 설명이 어울리는 가격이다. 아니면 $18,500짜리 에르메스 버킨Hermès Birkin 가방도 있다. 웰니스 여행 선물과 비교해보면 각각 $4,900과 $2,250짜리 커피 테이블은 진짜 저렴한 셈이다. 웰니스 여행 상품에는 인도 라자스탄Rajastan으로 여행가서 호랑이 보기, 하루에 $606짜리 스웨덴의 나무집 호텔 숙박하기, 하루에 $1,000부터 시작하는 맨해튼 플라자 호텔의 '나홀로 집에 2' 패키지, 주말에 저렴하게 $500를 내고 케이프타운Cape Town 근처에서 상어와 함께 수영하기 등이 포함된다. 낮의 사치에 비해 밤이 조금 재미없다는 생각이 든다면, 굽은 10가지 성인용 바이브레이터를 추천한다. 이 중에는 '질 벽을 자극하는 움직임을 만드는' $180짜리도 있고 '빠는 느낌'(학생이라면 시가 가장 잘하는 게 'sucking'이라고 생각할 것이다 – 'suck'은 '빨다'의 뜻과 '나쁘다' '실망이다'의 뜻이 있는데, 학생에게 시는 재미없고 지루하기 때문에 그런 의미로 흔히 'Poetry sucks'[시는 정말 싫어]라고 한다는 점을 비유적으로 사용했다 – 옮긴이)을 만들어내는 '시인'이라는 별칭을 가진 스마일 메이커Smile Makers의 $129짜리 바이브레이터도 있다. 그러나 텍사스에 사는 사람이라면 굽Goop이 내놓은 10개 모두를 수집하지 않는 것이 좋다. 텍사스 주법에 따라 성인용 바이브레이터는 '음란 장비'로 분류되며, 6개 이상 소유하면 '대량 유통'을 의도하고 법을 위반한 것으로 추정한다. 물론 텍사스에서 총기는 6자루 이상 합법적으로 소유할 수 있지만, 성인용 바이브레이터는 안된다.

현실로 돌아와서 2021년 12월 켄터키Kentucky와 아칸소Arkansas
의 마을 전체가 지구 온난화로 더 사나워진 토네이도에 의해 산산
조각 났다. 몇 주 후 크리스마스 메시지에서 끔찍한 세상의 문제에
대한 경고를 멈추지 않는 나이 든 카산드라Cassandra(트로이의 공주로
예언 능력을 갖췄지만 아폴로의 저주로 예언 능력은 갖추되 아무도 그녀의 말을 믿
지 않게 되었다 - 옮긴이)와 같은 존재인 프란치스코Francis 교황은 세상
은 이제 위기와 고통에 너무 무감각해져서 위기와 고통이 발생해
도 거의 알아차리지도 못한다고 경고했다. 브랜드 굽Goop은 교황
에게 필요한 것은 '시인'과의 진지한 교감을 통해 마음을 바로잡고
신성한 웰니스의 감각으로 몸을 채우는 것이라 할 것이다.

## 건강 여행

건강 여행에서 웰니스와 스파는 밀접한 관계이다. 둘 다 신체적 편
안함을 강조한다. 2021년 5월, 말로 표현하기 어려운 팰트로Paltrow
가 뉴스에 또 등장했다. '저는 언제나 바다 옆에서, 바닷속에서, 바
다 위에 있을 때 가장 행복하답니다!' 팰트로는 마이애미 헤럴드
Miami Herald에 이렇게 얘기했다. '2022년 브랜드 굽goop과 제가 새
보트 실레브러티 비욘드Celebrity Beyond를 타고 실레브러티 크루즈
와 콜라보를 할 예정입니다. 실레브러티 크루즈의 새로운 웰빙 어드
바이저가 되어 몇 가지 특별 프로젝트를 진행합니다. 우리 브랜드
굽은 실레브러티 크루즈의 풍성한 웰니스 경험을 위해 프로그램과

피트니스 키트를 기획하고 있습니다. 나머지는 비밀 유지서약을 해서 밝힐 순 없습니다.'[4] 크루즈 선사의 CEO인 리사 루토프-펄로Lisa Lutoff-Perlo는 크루즈에 탑승하는 모든 승객에게 '우리 굽의 제품으로 가득 찬 선물 보따리를 안겨드리겠습니다'라고 약속했다. 크루즈 배 자체는 '혁신적이고, 외부로 개방된 디자인으로 끝없이 펼쳐진 바다 전망과 숨막히는 파노라마를 보여준다'고 설명하는데, 이는 크루즈 배에서 바다를 볼 수 있다는 미국식 표현이다. 운이 좋으면, 승객들은 선물 보따리에서 시인이라는 이름의 바이브레이터를 발견할 것이다. 시인과 밤을 함께한다면 '몸과 마음과 영혼 달래기'에 도움이 될 것이다. 뜻밖이라고 할만한 진지한 소식 하나를 전하자면, 실레브러티 크루즈는 18세 이상의 손님들이 코로나19 백신 접종을 맞아야 승선이 가능한 최초의 100% 백신 접종 항해 서비스를 제공한다.

만일 그렇다면, 실레브러티 비욘드 호는 2022년 9월 24일에 바르셀로나에서 로마로 계획대로 출항했을 것이다. 웰니스도 있지만 질병도 있다. 다른 크루즈 선사들은 코로나19 창궐로 인해 큰 타격을 입었다. 2021년 크리스마스쯤에 크루즈선 카니발 프리덤Carnival Freedom은 탑승한 승객들 사이에서 코로나19 바이러스가 급속히 확산하면서 보네르Bonaire와 아루바Aruba에 입항이 금지되었다. 보네르 여행을 버킷 리스트에서 지우고 싶었던 여성 승객에게는 너무나 큰 실망을 주었다. '크루즈가 아니라 세균 배양 접시를 타고 항해하는 셈이죠.' 그녀는 기자에게 말했다. '지난 일주일

은 바이러스 슈퍼 전파 행사하는 것 같았어요.'[5]

같은 12월 아침에 예상치 못한 이메일 광고가 도착했다:

슈퍼 스파. 최고의 서비스를 즐길 수 있는 호텔 가이드입니다.

휴식하면서 재충전하세요. 체중도 줄이고, 럭셔리한 휴식을
즐기세요. 심신의 안정과 치유를 위한 서비스… 그리고 멋진 휴가를
만끽하세요.

이번 주에는 전 세계에서 최고의 서비스와 매력적인 프로모션도 즐
길 수 있는 인기 만점의 스파 호텔 10곳을 소개합니다.

인도양의 섬에서 나만의 시간을 만끽하고 싶으신가요? 카리브해에
서 심신의 안정을 취하거나 두바이에서 스트레스를 풀고 싶으신가
요? 여러분이 원하는 모든 것을 하실 수 있습니다. 따라서 특별한 할
인 혜택과 유연한 항공 요금을 확인하세요. 이제 여권에서 먼지를
털어내고 최고의 스파를 즐기세요.

왜 이런 종류의 웰니스에는 항상 심각한 환경 비용이 수반된다
는 점을 이렇게 나서서 지적해야 하는 걸까? 위 이메일에 첨부된
'슈퍼 스파'의 위치는 다음과 같다: 몰디브, 세인트루시아, 세이셸,
태국, 모리셔스, 두바이, 발리, 바베이도스. 항공기, 크루즈 배, 관
광 버스, 호텔, 심지어 방귀를 뀌는 이집트 낙타를 포함해 모든 것

을 계산하면, 2018년에 전체 여행의 17%를 차지한 8억 3천만 건 정도의 웰니스 관광이 어떻게 그런 거대한 탄소와 메탄 발자국을 남기게 되었는지를 알 수 있다. 전체 관광에서 17%만으로 규모가 $6,390억에 달하며, 머지않아 $9,190억으로 늘어날 것이라는 예상이 있었지만, 이런 낙관적인 예상은 코로나19로 인해 어려워졌다.

하지만 다른 영역과 마찬가지로, 인간을 위한 웰니스 산업도 지구에 또 다른 치명타를 날리고 있다면, 이는 조각 몸매와 '더 나은 몸매를 위한 목표'를 세운 수많은 사람들에게도 관련한 위험을 줄 수 있다. 더 나은 정신을 함양하려는 관심이 이렇게 없는 곳은 그 어디에도 없다('정신 수양' 어쩌구저쩌고하는 건 전혀 중요하지 않다). 수백만 명의 사람들이 자신의 몸에 관해 괴로워하면서도 가련하고 이기적이고 소비지향적인 사고의 과정에 더 걱정하지 않는 것은 영원히 의문으로 남을 수밖에 없다. 단백질 바를 급하게 먹고 리어타드leotard(몸에 딱 붙는 스포츠용 타이츠 - 옮긴이)를 입고 음악에 맞춰 몸을 움직이는 게 진지하게 생각하는 것보다 훨씬 쉽기 때문이다. 그렇지 않다면, 이미 건강한 사람에게 말도 안 되는 '건강 보조제'를 판매하는 것은 그렇게 간단한 일은 아닐 것이다.

## 사기

웰니스와 같이 인기가 많은 분야에서 셀 수 없을 정도로 많은 사기가 벌어지고 있지만, 한 가지 사례만 들어도 충분하다. 히말라야 소금 램프는 일반적으로 분홍색 바위 소금 덩어리에 전구가 들어간 제품이다. 이 램프는 전원을 켜면 공기 중으로 음이온을 방출한다는 주장과 함께 아주 좋다며 판매된다. 음이온은 기분을 좋게 만들고 집중력을 향상시킨다고 한다. 반면에 양이온은 기분을 나쁘게 만들기 때문에 나쁜 것으로 여긴다(헷갈리지 않도록 설명하자면, 이온은 전자 하나를 얻거나 잃은 원자 또는 분자를 의미한다. 전자를 잃으면 양이온이 되고, 전자를 얻으면 음이온이 된다). 음이온은 우주 광선, 번개, 파도, 심지어 화강암과 같은 방사성 물질에서도 끊임없이 생성된다 - 즉, 화강암이 많은 에든버러 사람들은 아주 활기차고 특별히 똑똑하다는 얘기이다. 과학 분야에서 이온에 관한 연구는 최소 100년 동안 이어졌다. 연구 중에는 폭포 근처에서, 해변에서 또는 폭풍우 다음에 기분이 좋아지는 것처럼 보이는 사람들은 왜 그런지에 관한 것도 있다.

아주 유익한 과학 유튜브 채널 베리타시움Veritasium의 한 에피소드에서 데릭 멀러Derek Muller는 히말라야 소금 램프를 사서 캘리포니아 공과대학의 연구실로 가져갔다. 램프를 가열한 후, 연구실의 이온 전문가는 그 어떤 이온도 방출되지 않는 것을 확인해 주었다. 왜 이온이 나오기를 기대하는지를 묻자, 멀러는 소금 표면에 떨어지는 물 분자가 염화 음이온을 방출한다는 판매원의 설명을 반복했다. 그렇게 되려면 단순한 소금 램프의 출력보다 훨씬 더 많은 에너지가 필요하다는 전문가의 설명을 듣고 이해하게 된 멀러는 히말라야 소금 램프에서 어떤 이온도 나오지 않은 결과에 놀라지 않게 되었다. 히말라야 소금 램프는 분명히 사기이다: 이온이 나오지도 않을 뿐만 아니라, 그럴 가능성도 없었다. 그러나 '악성' 양이온이 공장과 대도시 주변의 오염지역에 많다는 사실에 주목한 멀러는 이러한 합리적 결론을 내렸다. '만약 강력한 과학적 증거가 있는 정신적, 신체적 건강을 개선하는 방법을 찾고 있다면, 그냥 산책하는 것이 좋다.'

건강 증진 측면에서, 단순히 산책하는 것이 사람과 환경 모두에게 가장 유익한 조치일 것이다. 하지만, 여기에는 돈이 보이지 않는다. 글로벌 웰니스 산업도, 근육을 키우는 헬스 운동도, 아로마 테라피도, 노 젓는 로잉 머신, 바흐 꽃 치료도, 단백질 보충제도, 그리고 무엇보다도 귀네스 팰트로도 없다. 그러니 인기를 끌 수 없을 것이다.

# 개인의 자유 vs 지구:
# 암호화폐

10여 년 전, 모든 것이 무해해 보였다. 비트코인Bitcoin이 처음 언론에 등장했을 때, 암호화폐라는 개념은 여러 다양한 이유로 매력적으로 보였다. 비트코인은 역사상 최초의 디지털 현금 시스템이었으며, 적어도 종이를 사용하지 않기 때문에 환경적으로 장점이 있었다. 현금도, 은행이 고객에게 우편으로 늘 보내는 수많은 명세서와 기타 문서도 사용하지 않았다. 전 세계 어디로나 익명으로 송금하는 게 가능하다면, 은행, 현지 은행법이나 세무사가 없어도 돈거래를 할 수 있다. 암호화폐의 이런 특징은 많은 사람에게 — 특히 미국의 특정 공화당원들에게 — 기술 덕분에 가능해진 혁명을 알리는 반가운 신호로 여겨졌다. 이 기술 덕분에 자유와 독립은 신장할 것이다. '비트코인과 다른 암호화폐의 등장으로 우리는 중앙은행(그리고 그 고객인 정부)이 더 이상 정치인들과 은행가들이 엘리트적이고 폐쇄적인 경제 클럽의 그림자 속에서 시민의 재산과 생계에 세금을 부과하고, 처벌하고, 지출하고, 통제할 수 있는 통화 독점을 더 이상 할 수 없는 시대로 빠르게 다가서고 있다.' 이는 제이.비.셔크J. B. Shurk가 웹페이지 아메리칸 싱커American Thinker에 남긴 글이다.[1] 힐러리 클린턴은 곧 민주당의 견해를 밝혔다. 싱가포르에서 열린 블룸버그 신경제 포럼에서 이런 경고를 했다. '새로운 코인을 채굴하고 암호화폐로 거래하려는 노력은 아주 흥미롭고 조금 색달라 보이지만, 통화 체제를 약화시키고, 달러의 기축통화 역할을 저해해서, 국가의 체제를 불안정하게 만들 수 있습니다. 암호화폐로 인한 불안정한 상황은 작은 국가에서 시작해 훨씬 더 큰 국가로 확산할 수 있습니다.'[2]

여러 면에서 — 그리고 대부분의 사람에게 — 비트코인은 여전히 수수께끼처럼 느껴진다. '사토시 나카모토Satoshi Nakamoto'가 시작한 것은 분명하다 — 창시자가 남자일 수도 여자일 수도 있고, 어느 나라 사람인지, 어쩌면 단체일 수도 있지만, 사실 제대로 아는 게 없는 것 같다. 그 이후로 수십 개의 다른 암호화폐가 등장했다(예를 들어, 라이트코인Litecoin, 이더리움Ethereum). 상업 거래에 암호화폐를 받는 회사가 많기는 하지만, 암호화폐가 너무 변동성이 심하기 때문에 아직 널리 사용되지는 않고 있다. 2021년 5월, 일론 머스크Elon Musk가 비트코인으로 테슬라 자동차를 구매하는 것을 막는 바람에 비트코인이 급락하는 일도 벌어졌다. 한편, 여러 정부에서 특히 세금 부과와 범죄 문제와 관련해 블록체인 기술의 익명성과 국가 회계 시스템을 연계하려고 노력하고 있다.

암호화폐는 전통 화폐의 무형적 대안이고, 사용자가 깰 수 없는 알고리즘을 이용해 결제와 같은 금융 거래를 하기 때문에, 정부가 개인의 거래를 추적하는 것이 여전히 거의 불가능하다. 이로 인해 암호화폐는 불법적인 목적을 위해 매력적인 수단이다. 비트코인은 소위 '다크dark' 웹사이트(암호화된 콘텐츠를 이용하거나 거래할 수 있는 온라인 네트워크 - 옮긴이)인 실크로드Silk Road가 2014년 폐쇄되기 전까지 총기, 마약, 아동 음란물 등 엄격히 규제되거나 불법적인 물품을 익명으로 구매하는데 널리 사용되었다. 그 이후, 비트코인과 다른 암호화폐는 다크넷darknet(저작권이 있는 다양한 콘텐츠를 불법으로 공유하는 웹사이트 등의 온라인 커뮤니티 - 옮긴이) 목적으로 점점 더 많이 사용되고 있다. 초기에는 '다크' 웹사이트라는 개념은 거의 과학 공상 소설 같거나, 최소한 대부분의 컴퓨터 사용자가 이해하기 어려워 소수의 컴퓨터 천재만 아는 것으로 여겨졌다. 하지만 이제는 토르Tor와 아이투피I2P같은 소프트웨어와 브이피앤VPN(공용 네트워크에서 안전하게 데이터를 주고받을 수 있도록 해주는 기술 - 옮긴이)의 익명성을 이용해서 접근하기가 쉬워졌다. 덕분에 더 많은 사람들이 필요한 수준의 기술적 전문성을 갖추게 되었다. 경찰은 특히 마약 거래업자와의 싸움에서 지고 있는 것처럼 보인다. 불법 웹사이트 하나를 폐쇄시키면, 두 개가 더 생겨난다. 거래업자, 고객, 암호화폐 자체의 익명성 — 해독이 불가능하다고 주장하는 암호화 기술로 보호된다 — 덕분에 이런 유형의 거래가 통제하기 어려운 방향으로 급속히 늘어나고 있다.

다른 모든 마법 같은 신기술과 마찬가지로, 숨겨진 문제를 발견하기 전까지는 열광적으로 받아들였다. 암호화폐는 익명성과 책임감이라는 두 가지의 조화라는 불가능한 문제를 제기한다. 디지털 시대에, 익명성과 암시장은 서로 함께하며 다양한 기관에 새로운 위협이 되고 있다. 이는 미국 공화당처럼 개인의 권리가 국가보다 절대적으로 신성하다고 믿는 사람에게 아주 희소식일 수 있지만, 인간은 사회적 동물이며, 사회적 동물은 가능한 질서 있게 함께 살아야 한다고 믿는 사람들에게는 그렇지 않다. 인간은 함께 살지 않으면, 사회의 모든 것은 빠르게 무너져 버릴 것이다(최근 미국인들은 직접 깨닫게 되었다).

암호화폐의 장점은 요약하면 이렇다. 실제 교환 가치를 가진 가상화폐이다. 가상 화폐는 '블록체인'이라고 하는 데이터베이스인 개인 '지갑'에 저장하는데, 이 지갑은 암호화된 비밀번호가 있어야 사용할 수 있다(실제 비밀번호를 알아내서 경찰의 기소로 이어지는 경우도 종종 있다. 전 세계의 많은 사람들이 비밀번호의 힌트를 적어 둘 때, 쉽게 풀 수 있고 심지어 그냥 숫자만 사용하기도 한다). 거래는 빠르게 진행되고, 사용자 이외에는 아무도 규제하지 못한다. 시스템 자체에 어떤 변경을 하려면 블록체인에 참여 중인 한 명 한 명의 동의를 얻어야 한다. 블록체인 파일은 전 세계의 컴퓨터 네트워크에 저장되어 있고, 모든 거래는 참여자 누구나 확인할 수 있기 때문이다. 그래서 블록체인 시스템은 투명하고 변경이 불가능하다. 이 점에서 안전하다: 각 참여자는 거래 수행에 사용할 고유의 암호키를 갖고 있고, 이를 이용해 거래는 즉시 이루어진다. 따라서 전자상거래로 개인과 기업이 누구의 감시도 받지 않고 빠르게 결제할 기회가 생긴다. 은행 협정을 공유하지 않는 국가 간 거래에 특히 유용하다. 왜냐하면 블록체인 기술을 사용하면 원래 며칠씩 걸리는 관행적인 '일반 절차'를 거치지 않고 거래를 할 수 있기 때문이다.

암호화폐의 단점 중 하나는 거래를 되돌릴 수 없다는 사실이다. 일단 결제가 되면, 거래 쌍방의 합의가 없으면 환불을 할 수 없다. 실수로 누군가에게 송금했는데 상대방이 환불을 거부하면, 되돌릴 수 없고 어떻게 할 방법이 없다. 또 다른 단점은 일반적으로 암호화폐의 뛰어난 장점으로 강조되는 것이다. 어느 웹사이트의 주장처럼, '비트코인은 복잡한 알고리즘을 사용하기 때문에, 어떤 개인, 조직 또는 국가가 마음대로 조작할 수 없습니다. 디지털 강도질을 하려면 완전히 미친 수준의 능력이 필요할 겁니다.' 이에 대해 즉시 이런 반박이 있을 수 있다. 컴퓨터 시대가 우리에게 가르쳐 준 한 가지는, 뛰어난 해커들이 '깨뜨릴 수 없는' 알고리즘을 뚫으려고 하는 것처럼, 디지털 보안은 언제나 한 발 앞서 나가려고 노력한다는 사실이다. 내일의 양자 컴퓨팅이 현재의 모든 암호를 해독하게 될 것이고 따라서 절대적인 보안을 향한 노력은 멈추지 않을 것이다. 앞으로 살펴보겠지만, 암호화폐 사기는 이미 충분히 가능한 상황이다.

한편, 암호화폐로 인해 개인에게 엄청난 재산 피해가 발생할 수 있다. 이런 피해는 사기보다 단순한 개인 부주의로 인해 발생한다는 생생한 사례를 통해 우리에게 경고한다. 2013년 제임스 하웰스 James Howells는 실수로 컴퓨터 하드디스크 드라이브를 버렸는데, 그 안에 비트코인 7,500개가 들어있는 지갑이 들어 있었다. 버린 하드 드라이브는 웨일스의 쓰레기 매립장으로 보내졌다. 기자들은 비트코인의 가치 변동에 따라 버려진 비트코인의 가치가 2억 파운드 또는 약 9천만 달러 정도라고 추정했다. 2021년 1월, 하웰스는 뉴포트Newport 시의회에 5,000만 파운드를 내고 쓰레기 더미를 불도저로 뒤져서 하드디스크 드라이브를 찾아볼 수 있게 해달라고 했다. 하지만 시의회는 매립지에 묻힌 지도 오래된 그렇게 작은 것을 찾기 위해 직원들이 노력할 만한 가치가 없을 뿐 아니라 쓰레기를 발굴하면 인근 지역에 '엄청난 환경적 피해를 입힐 것'이라며 그의 제안을 거절했다.

단점을 좀 더 살펴보면, 암호화폐는 보편적인 만병통치약이 되기에는 아직 갈 길이 멀다. 우선, 암호화폐는 이해하기 어렵고 컴퓨터를 잘 모르는 사람은 믿기도 어렵다. 이는 개인뿐 아니라 많은 기업에게도 마찬가지이다. 더 중요한 문제는, 이런 암호화폐의 가치는 변동성이 너무 커서, 가치가 올라가면 투자자들이 아주 빨리 큰돈을 벌 수 있지만, 가치가 떨어지면 큰돈을 잃을 수도 있다는 점이다.

2021년 초, 도지코인Dogecoin이라는 암호화폐가 비트코인보다 100배 더 빠르게 올랐고, 이더리움Ethereum의 이더Ether는 최근 사상 최고가를 기록했다. 2021년 5월 영국 중앙은행 총재인 앤드루 베일리Andrew Bailey는 암호화폐에 내재적 가치가 없다는 점을 지적해야 한다고 생각했다. '사람들이 암호화폐에 가치를 부여하지 않는다는 얘기는 아닙니다. 왜냐하면 외재적 가치가 있을 수 있기 때문입니다 […] 하지만 암호화폐를 구매하시려면 돈을 잃을 준비를 하셔야 합니다.' 실제로, 암호화폐의 내재적 불안정성은 2021년 9월 초 엘살바도르 El Salvador가 비트코인을 법정화폐로 채택하면서 극명하게 드러났다. 몇 시간 만에 비트코인의 시가 총액에서 약 4천억 달러가 사라졌다. 4개월 전, 앞에서 언급했던 것처럼, 일론 머스크가 비트코인으로 테슬라 전기 자동차를 구매하는 것을 금지하는 바람에 비트코인 가격이 급락했었다.

이러한 극도의 변동성 때문에 많은 기업과 개인들이 암호화폐를 신뢰하지 않는다. 또한 암호화폐를 인정하지 않는 나라도 많다. 이미 중국, 대만, 베트남, 볼리비아에서 불법이며, 더 많은 나라가 그 뒤를 잇고 있다. 반면 2022년 초, 놀랍게도 지브롤터Gibraltar(이베리아 반도 남부에 있는 영국의 해외 영토 - 옮긴이)는 영국의 암호화폐 블록체인 기업인 발레리움 피엘씨Valereum PLC가 지브롤터의 주식거래소를 인수했고, 기존 채권과 함께 곧 도지코인과 비트코인과 같은 암호화폐도 거래될 것이라고 발표했다. 이로 인해 영국은 다소 애매한 상황에 놓이게 되었다. 영국은 암호화폐 투자에 관해 강력하게 경고하면서도, 영국 재무부는 가칭 브리트코인Britcoin(너무 뻔한 이름 아닌가?)이라는 중앙 디지털 화폐의 가능성을 검토 중이라는 보도가 나돌고 있었다. 당시 영국의 재무장관이었던 리시 수낵Rishi Sunak은 '우리의 비전은 더 개방적이고, 더 친환경적이며, 기술적으로 더 발전한 금융 서비스 환경을 조성하는 것입니다.'라고 선언했다. 그의 장기적인 계획은 동전과 지폐를 없애고 대기업이 주주에게 배당금을 지급하거나, 연금 수급자가 젤리 한 봉지를 사는 것과 같은 영국의 모든 거래를 전자화하는 것이었을 가능성이 아주 높다. 사람들이 3천 년 동안 유용하게 사용해왔지만 이제는 불편하고 구식이라는 이유로 현금을 없애면 특히 40세 이상인 수백만 명의 시민들이 죽을 때까지 강력한 저항을 할 것이다. 이 연령대의 사람들이 세상을 떠나려면 앞으로 50년 더 기다려야 한다.

전 세계의 정부들 — 특히 유럽연합 — 은 세금 및 관세 통제를 목적으로 암호화폐를 규제하려고 노력한다고 볼 수 있다. 2021년 12월 오스트리아 정부는 2022년 3월 1일부터 암호화폐 자산에 보유기간과 상관없이 27.5%의 세율을 적용할 것이라고 발표했다. 이러한 조치는 암호 자산의 시가 총액이 2020년 초 이후 10배 증가해 2조 6천억 달러로 평가되며, 전 세계 금융자산의 약 1%에 해당하기 때문에 내려진 것이다. 영국은 현재 2백만 명 이상이 비트코인, 이더리움, 바이낸스 코인 등과 같은 암호화폐 자산으로 일인당 약 300파운드 정도를 보유하고 있다. 이런 사실은 영국이 도박의 나라라는 것을 안다면 놀랍지 않을 것이다. 언제나 어디서나 사람들은 통화 가치의 변화에 따른 환율에 투기를 해왔으며, 암호화폐가 일반 화폐보다 변동성이 더 크다는 사실은 도박 본능을 가진 이들을 막지 못할 것이다. 오히려, 이미 중독을 부추기고 있다.

## 도박

암호화폐는 끊임없이 생겨나고 사라진다. 새로 등장한 '시트코인shitcoin'이라는 암호화폐는 도박 토큰 이외에 아무런 기능이 없다. 시트코인은 등장하며 광고와 SNS에서 인플루언서들의 수다 덕분에 제대로 부풀려졌다. 투기꾼들은 가격이 폭락하기 전에 현금화를 꿈꾸며 매수하고 있다: 이를 '펌프 앤 덤프pump and dump'(암호화폐 시장에서 벌어지는 사기 행위를 의미한다. 채팅방 등을 통해 특정 코인을 구매하도록 유도해 인위적 가격 상승을 유도하는 것을 펌프라고 하고, 가격이 충분히 상승했다고 판단하면 자산을 매도하는 것을 덤프라고 한다 - 옮긴이)라고 부른다. 2021년 암호화폐 기업들은 런던에서 대형 광고판, 이층 버스, 지하철 역에 광고를 실으며 대대적인 홍보전을 펼쳤다. 이런 광고 전략은 효과가 좋았고 시트코인shitcoin과 같은 수십 개의 신생 암호화폐가 주목을 받았다. 축구 클럽과 개인 선수들은 이미 소셜미디어에서 암호 화폐 투자를 자랑하고 있었다. 스탠포드 대학교 정신과 교수이자 중독 전문가인 애나 렘브케Anna Lembke는 '소셜 미디어와 금융 플랫폼을 결합하면, 새로운 약물도 중독성이 강해집니다.'라고 말했다. 소셜 미디어에서 자주 사용하는 유행어 중에 소외에 대한 두려움을 뜻하는 포모FOMO가 있다. 이 용어는 암호화폐와 관련해 널리 사용되며 너무 늦기 전에 이런 저런 잡코인에 투자하려는 충동을 자극한다. 렘브케 박사는 '사람들이 시장에서 무슨 일이 벌어지는지에 관해 끊임없이 얘기하는 군중 심리가 생겨납니다. 사람들은 이익도 함께하고 손해도 함께 합니다: 이런 심리는 감정 경험을 강렬하게 공유하는 겁니다. 도파민 수치가 약간 올랐다가 다시 조금 낮아지고 그 상태를 어떻게든 재현해 보려고 하는 거죠.'[3] 영국에서는 아직 이에 대한 규제가 없다. 금융감독청Financial Conduct Authority(영국의 유명 시사 주간지 프라이빗 아이Private Eye가 습관적으로 조롱하는 기관)은 새로운 법안이 마련되지 않으면 아무런 권한이 없다. 또한 당시 영국 정부는 코로나19, 거의 붕괴 상태인 국민보건서비스, 급격한 인플레이션 그리고 수준 미달인 총리로 인해 연속적으로 마비 상태였다. 당시 영국 총리는 토리당의 중진 의원의 말을 빌리자면 '죽은 사람처럼 걷는다'라는 신랄한 비판을 받았다.


## 지구 환경 비용

영국의 전 재무장관 리시 수낵이 금융 서비스와 관련해 '그리너 Greener'라는 단어를 사용한 것은 제대로 이해하지 못하고 있다는 것을 보여준다. 사회적 피해를 잠시 제쳐두고, 암호화폐는 웨일스의 쓰레기 매립장을 다시 뒤져서 찾을 필요가 없더라도 엄청난 환경적 비용을 초래한다. 2018년 뉴멕시코 대학교 연구진은 비트코인의 가치 1달러마다 미국에서 건강 및 기후에 49센트 상당의 피해를 입힌다고 계산했다. 이러한 피해가 발생하는 것은 전 세계 데이터 센터의 컴퓨터가 블록체인에 새로운 블록을 채굴하기 위해 복잡한 알고리즘을 해결하는 과정에 엄청난 전기를 사용하기 때문이다. 2020년 9월 『스미소니언』 매거진은 이러한 데이터 센터가 이미 전 세계 전기 소비량의 약 1%를 사용한다고 추정했다(현재, 이 수치는 훨씬 더 높아졌다). 미국만 해도 데이터 센터에서 소비하는 전기와 물의 양이 필라델피아 규모의 도시의 1년 소비량과 맞먹는다. 이 정도의 전기를 생산하는 것으로 인한 오염은 문제의 일부에 불과하다: 온도 민감형 컴퓨터가 제 기능을 하려면 거대한 에어컨과 냉각 장치가 필요하다. 그리고 이런 장치를 가동하려면 추가로 더 많은 전력이 필요하다. 2022년 9월 29일 『메일온라인Mailonline』은 연구자들의 말을 인용해 비트코인 채굴에 오스트리아 전체보다 연간 더 많은 에너지가 들어가고, 탄소도 더 많이 배출한다. 소고기 생산이나 금과 구리 같은 귀금속 채굴보다 환경적 비용이 훨씬 많다고 보도했다. 『뉴사이언티스트New Scientist』가 이 보다 앞서 이런 추세를 예측했다.[4] 비트코인은 '디지털 금'과 비슷한 것으로 여기지 말고, 천연가스와 원유 같은 에너지 집약 제품과 비교해야 한다.

전기 에너지 측면에서 단일 비트코인 거래를 완료하려면 시간당 1,500kW의 전기가 필요하다. 이는 보통 가정이 약 53일 동안 사용하는 분량의 전기량이다. 이 글을 쓰고 있는 현재를 기준으로 영국에서 시간당 1kW는 52펜스로 상한선이 설정되어 있어, 1,500kW는 약 780파운드가 된다. 암호화폐는 당연히 전기 요금이 가장 저렴한 곳에서 채굴하게 된다. 그래서 중국이 금지하기 전까지 전 세계 채굴의 75%가 중국에서 이루어졌다. 필요한 전기 대부분은 석탄 화력 발전소에서 생산되었기 때문에 중국이 금지 조치를 내린 것은 환경적 관점에서 긍정적으로 평가되었다. 그러나 암호화폐 채굴의 대부분은 전기 요금이 그다음으로 저렴한 곳인 카자흐스탄으로 이동했다. 카자흐스탄은 미국에 이어 두 번째로 큰 비트코인 채굴 중심지로 급부상했다.『포춘Fortune』에 따르면, 2021년 8월까지 카자흐스탄은 전 세계 암호화폐 채굴의 18%를 차지했다. 환경 측면에서, 이는 더 나쁜 소식이다. 왜냐하면 카자흐스탄의 전력 생산은 중국보다 훨씬 더 많은 탄소를 배출하는 구소련 시대의 노후화된 화력 발전소에 크게 의존하기 때문이다. 국제 에너지 기구International Energy Agency에 따르면, 킬로와트시kWh당 카자흐스탄의 탄소 배출량은 중국의 두 배이다. 2022년 1월 카자흐스탄에서 폭동이 발생했고, 그 사이 인터넷 접속이 차단되었다. 이 일로 카자흐스탄에서 비트코인 채굴이 즉각 중단되었고, 비트코인의 가치는 다시 한번 주저앉았다. 지구의 입장에서 보면 이 사건은 반가운 일이었지만, 암호화폐의 인기가 늘고 있다는 점을 생각해 보면 결국 장기적으로는 큰 변화를 기대할 수는 없다.

2021년 미국 암호화폐 기업 마라톤Marathon은 몬태나주 하딘

Hardin에 있는 쇠퇴한 석탄 화력 발전소를 115 메가와트 전력 생산만을 위해 인수했다. 인접한 20 에이커 땅에, 마라톤은 데이터 센터를 건설하고 암호화폐 채굴 전용 컴퓨터인 3만대 이상의 안트마이너 에스19Antminer S19를 설치했다. 재가동에 들어간 발전소는 그해 3분기까지 20만 6천톤의 이산화탄소를 배출했다. 몬태나 환경 정보센터의 공동 센터장인 앤 헤지즈Anne Hedges는 이런 쓴 소리를 했다. '발전소를 재가동한다고 할머니들이 얼어 죽는 일을 막는 게 아닙니다. 소수만 배불리고, 우리의 기후는 엉망이 됩니다. 기후 변화가 걱정된다면, 암호화폐에는 눈길도 주지 말아야 합니다. 암호화폐는 기후에 재앙입니다.'[5]

누군가는 일론 머스크가 비트코인을 거절한 것을 희망적인 신호로 생각했다. 아마도 영향력 있는 사람이라면 암호화폐의 환경적 영향을 진심으로 걱정할 것이다. 머스크는 '비트코인 채굴과 거래를 위해 화석연료, 특히 연료 중에서 최악의 온실가스 배출원인 석탄 사용이 급증하는 것이 걱정스럽다.'라고 말했다. 그는 이런 말도 덧붙였다. '암호화폐는 좋은 아이디어입니다[…] 하지만 환경에 큰 피해를 줘서는 안 됩니다.'[6] 하지만 모두가 녹색 양심처럼 보이는 머스크의 행보를 믿지는 않았다. 버먼 인베스트Burman Invest의 줄리아 리Julia Lee는 '머스크의 그런 결정이 암호 화폐 시장에 영향을 미치려는 그저 또 하나의 전략이라며 의심하는 사람도 있을 겁니다. 머스크는 수많은 다른 경우에도 그런 식으로 했으니까요.' BBC의 기술 분야 기자인 로리 셀란-존스Rory Cellan-Jones는 일론 머스크가 테슬라 자동차를 개발하게 된 이유로 자주 언급한 환경 문제의 관점에서 볼 때, 비트코인이 정확히 친환경 프로젝트가 아니라는 것을 깨달은 지가 얼마 되지 않았다는 사실이 다소 놀랍다. 케임브리지 대학교Cambridge University의 대안 금융센터Centre for Alternative Finance는 비트코인 전기 소비지수를 운영하고 있다. 같은 대학의 저지 비즈니스 스쿨Judge Business School의 주장에 따르면 비트코인만으로 일 년에 144 테트라 와트시의 전력을 소비한다고 한다: 아르헨티나나 스웨덴보다 전기를 더 많이 사용한다.

암호화폐 열성팬들은 채굴에 주로 재생 가능 에너지를 사용한다고 주장할 수도 있다. 말도 안 된다. 채굴하는 사람들은 가장 저렴한 것을 추구한다. 2021년 2월 머스크가 자신의 대규모 암호화폐 계획을 발표했을 때 — 그리고 테슬라의 최고 재무 책임자를 '코인 마스터'라는 중세풍의 멋진 자리에 임명했을 때 —비트코인의 가치가 치솟았고, 머스크의 열광적인 팬들은 열렬히 지지했다. 비트코인 가격이 다시 떨어지자, 채팅방은 분노와 실망으로 가득 찼고, 팬들은 과거의 영웅을 배신자라며 비난했다.

머스크의 발표는 비트코인이 주류로 진입하는 신호라며 환영받았지만, 결국 암호화폐 시장이 얼마나 변동성이 심하고, 불안정한지를 드러냈다. 일론 머스크는 세계에서 가장 유명한 암호화폐 옹호자 중 한 사람으로, 비트코인과 한때 알려지지 않았던 도지코인Dogecoin

에 관해 트윗을 올렸다. 2021년 머스크가 올린 트윗은 소셜 미디어에서 장난으로 시작된 도지코인을 세계 4위의 암호화폐로 만들었다.[7]

## 블록체인의 두 얼굴: NFT와 ASIC

블록체인 기술을 사용하는 것은 암호화폐만은 아니라는 점에 주목해야 한다. 블록체인 기술은 대체 불가능한 토큰 데이터NFT를 저장하는 데 사용한다. 디지털 세상의 많은 것들처럼, NFT는 초보자들에게 이해할 수 없고 바보 같은 짓으로 보인다. 하지만 블록체인 기술은 엄청난 양의 현금을 창출한다. NFT는 블록체인 기반의 소유권 증명이 있는 가상의 '물건'을 의미하며, 암호화폐와 마찬가지로 '탈중앙 금융DeFi'이라는 광범위한 범주에 속한다. NFT는 일반적으로 창작, 구매, 판매의 과정을 거치는 디지털 '예술 작품'이다. 비플Beeple이라는 디지털 아티스트는 에브리데이즈: 첫 5,000일 Everydays: The First 5000 Days이라는 콜라주collage(질감이 다른 요소를 화면에 붙여 구성하거나, 종이, 사진 등의 조각을 붙여 그림으로 만드는 미술 기법 - 옮긴이)를 창작했는데, 2021년 3월 크리스티 경매에서 6,930만 달러에 낙찰되었다. 이 작품은 단순히 수십억 개의 전자 픽셀이지만 돈은 진짜이다. 탈중앙 금융, 즉 디파이DeFi는 당연하게도 생동감과 인기가 넘치는 분야가 되었다. 블록체인을 창의적으로 사용하는 다른 사례 — 가상 게임을 포함 — 들이 지속적으로 탄생하며, 여전히 환경 부담이 더 가중되고 있다. '2020년 12월 예술가 메모 아크텐Memo Atken은 NFT 작품 하나로 인한 평균 탄소 발자국은 내연 기관 차량으로 600마일 주행하는 것에 맞먹는다고 추정했다.'[8]

최근에는 비트코인 채굴이 환경과 일반 컴퓨터 시장에 점점 더 큰 영향을 미치고 있다는 새로운 소식이 전해졌다. 암호화폐 '채굴'로 수익을 내려면, 알고리즘 실행을 위한 훨씬 고성능인 신형 컴퓨터 칩이 계속 필요하다. 이러한 칩은 에이식ASIC 즉, 특정 응용 분야에 맞춰 최적화된 맞춤형 집적회로라고 하는데, 개발 속도가 빨라서 금방 구형이 된다. '비트코인 채굴 장치의 수명은 겨우 15개월 남짓이다. 그래서 현재 비트코인 네트워크로 인해 매년 30,700톤의 전자 장비가 소모된다. 이는 네덜란드와 같은 국가에서 발생하는 IT 및 통신 장비 폐기물 양과 비슷하다.'[9] 에이식 ASIC(다른 용도로는 쓸모가 없다)과 같은 채굴 장비에 대한 현재 수요로 반도체 글로벌 공급망이 교란될 수 있다고 경고했다. 반도체 공급은 이미 문제가 생겼고, 자동차의 컴퓨터화된 엔진에 들어가는 칩이 너무 부족해서 중고차 시장이 현재 급성장하고 있다.


## 해킹과 사기

양자 컴퓨팅이 일반화되기 전까지는 블록체인 보안은 뚫을 수 없을 것이라는 믿음이 팽배했지만, 시스템 자체 해킹이 불가능하다는 의

미는 아니다. 암호화폐의 '채굴자(즉, 마이닝 소프트웨어 사용자)'가 나쁜 의도로 네트워크 컴퓨팅 파워의 절반 이상을 소유하면, '51%'의 공격(블록체인 네트워크에서 50%를 초과하는 연산력으로 거래내역 등의 데이터를 조작하는 등의 해킹 공격을 의미한다 - 옮긴이)을 할 수 있다. 2019년, 이더리움 클래식의 블록체인에 접근 권한을 가진 사기꾼들이 51% 공격을 감행해 거래 이력을 다시 작성했다. 이렇게 해서 사기꾼들은 다른 참여자로부터 100만 달러가 넘는 암호화폐를 훔쳤다. 블록체인 데이터 분석 기업인 체이널리시스Chainalysis에 따르면, 사기꾼들은 2021년 140억 달러 상당의 암호화폐를 탈취했다: 이는 전년도에 훔친 금액의 두 배에 달한다. '해킹 불가능'이라고 자랑하는 어떤 시스템도 천재적인 악의를 가지면 결함을 찾아내는 데 결코 오래 걸리지 않는다. 양자 컴퓨팅 역시 순진한 과학자들이 주장한 것보다 취약성이 더 많이 드러날 것이다. 소위 '랜섬웨어Ransomware'는 이미 암호화를 무기로 삼아 개인과 기업의 컴퓨터 시스템을 장악하려고 한다. 피해자들은 하루 이틀 안에 거액의 몸값을 비트코인으로 내지 않으면 소중한 고객 데이터와 운영 파일을 영구적으로 파괴하겠다는 협박에 시달린다. 피비린내 나는 디지털 전쟁이 전 세계에서 매일 벌어지고 있지만, 피해자들은 당한 사실을 침묵 속에 감출 수밖에 없다.

# 익명성 vs 시민권

2022년 5월, 전 세계 암호화폐는 미국 달러와 1대1로 고정되었다고 하는 '스테이블코인' 중 하나인 테라Terra가 폭락하면서 대량 손실을 보았다. 테라가 23센트에 거래되자, 암호화폐 시장은 패닉에 빠졌고, 심지어 가장 비싸고, 가장 오래된 비트코인은 3년 만에 최저 수준으로 떨어졌다. 2022년 중반까지, 테라는 1센트에 거래되었다. 이러한 변동성에다 사기, 폭락, 희한한 NFT까지 더해지면, 일단 모든 열풍이 사그라들 때 암호화폐(그리고 탈중앙 금융 자체)는 아마도 결국 실패할 운명이라는 인상을 줄 수 있다.

그러나 이런 스캔들로 투기꾼, 도박꾼, 기회주의자, 다크넷 범죄자를 없앨 수 있기 때문에 실제로 디파이DeFi에 도움이 된다고 믿는 전문가들도 있다. 모건 스탠리, 마이크로소프트, 페이스북 등 일부 금융 거물과 기관들이 조용히 암호화폐 기술을 강력한 신자유주의 도구로 재평가하고 있다. 2022년 6월 10일 『운허드UnHerd』에 실린 에세이에서 데이비드 아우어바흐David Auerbach는 다음과 같이 썼다:

> 암호화폐 시장의 급락은 사실 전화위복이다. 소규모이자 평판도 좋지 않은 경쟁자와 투자자들을 걸러내고, 기본 인프라를 유지한 채 더 크고 시스템이 갖춰진 기관이나 사람들이 참여하게 될 것이다. 금융 시스템의 충격과 피해는 심각하지만, 버블의 붕괴를 축하하는

이들은 더 큰 게임이 진행 중이라는 사실을 깨닫지 못하고 있다.

맞는 말이다. 실제, 전 세계 암호화폐 시장은 몇백 명의 사람이 지배하고 있다. 새로운 기술이 소수의 기술 전문가만을 위해 사용된다면 심각한 환경 피해뿐 아니라 우리도 피해를 볼 수 있다는 것을 알려주는 완벽한 예시가 있다. 새로운 기술은 엄청난 부를 창출할 수 있고, 정부를 압박해 부유한 기업이 원하는 대로 움직이게 할 수 있다. 국가 원수조차 기업에 아부하고, 세금을 부과하는 것을 두려워하게 된다. 왜냐하면 재산을 전 세계의 조세 회피처에 숨겨두었기 때문이다. 힐러리 클린턴Hillary Clinton의 말이 결국 일리가 있었을지 모른다. 그러나 클린턴의 경고조차도 또 다른 하지만 마찬가지로 위험한 단점을 감추고 있다. 여러 면에서 디지털 시대는 자신들을 어떤 권위 있는 세력과도 결탁하지 않고 세계의 자유로운 시민으로 여기는 이들의 손아귀에 놓여있다. 미국 우파들은 점점 더 이런 태도를 보인다(유럽인의 기준으로 보면 대부분이라 할 수 있다). 경제적으로 안정되지 않은 사람들조차 정부라는 개념 자체에 근본적으로 반대하는 경우가 흔하다. 특히 공화당원들은 무기와 헌법의 문구 그리고 트럼프의 '워싱턴 D.C.의 늪을 말려라! (수도 워싱턴에 포진된 관료, 정치인, 언론 등 기득권 집단을 늪이라고 부른 트럼프가 이런 기득권 세력은 없애야 한다고 유세한 데서 비롯된 표현이다 - 옮긴이)'라는 주장을 내세우며 자신들의 입장을 지키려고 한다. 부유층은 세금 회피와 기타 공식적인 책임을 회피하려고 점점 더 교묘한 술책을 개발할 것이다. 가상화폐와 '메타버스' 속의 자아가 만들어 내는 수법으로 인해 이미 어려움에 처한 공무원 조직이 시민과 그들의 활동을 추적하는 것은 점점 더 어려워지고 있다. 그런 활동을 추적하려면 복잡한 기술과 적절히 훈련된 인력이 필요하며, 엄청 난 비용도 들어간다 — 이 비용은 어쩔 수 없이 나머지 사람들에 게 세금으로 전가된다.

이러한 '가상 시민'은 자신들에게 편안한 해외 여행을 보장해 주는 여권과 국내처럼 온갖 시민의 권리가 보장되는 서비스와 혜 택을 기꺼이 누린다. 하지만 그런 혜택에 따르는 세금 납부는 교묘 하게 하지 않으려 한다. 또한 잡혀서 세금을 내야 하는 상황에도 어떤 통치도 독재로 여기며 '정당하다'라고 보지 않기 때문에 일말 의 양심도 없다. 자신은 단순한 시민의 지위를 넘어선 지 오래된 자유롭고, 누구의 구속도 당하지 않으며, 거의 불멸의 '메타버스' 거주자로 생각하는 사람들이 많다. 그렇기 때문에 제한 없는 시민 불복종의 권리를 갖는 것이다. 이런 사람들의 존재는 디지털화된 세계 속에서만 가능하다. 이런 트렌드로 인해 정부와 관련 기관의 힘은 계속 약화한다. 정부와 기관의 역할이 없으면 그들을 제재할 수 있는 법적 구속력은 더 약화할 것이다. 결국, 사회 결속력은 약 화하고 무너져 모두에게 피해가 갈 것이다. 하지만 현재 가장 큰 피해자는 지구의 건강이며 (아마도 실수로) 더 시급한 문제로 여겨 지고 있다. 디지털 세계가 정부와 기관에 초래할 수 있는 퇴락의 슬픈 예를 들어보자. 영국의 은행 분야는 비교적 청렴한 시스템으로, 국제적으로 명성이 자자했다. 내가 젊었을 때 런던에서 은행가의 말 한마디는 신용이었고, 모든 거래는, 개인정보 보호법으로 보호되었지만, 여전히 이론적으로나 또 실제로도 정부의 감시를 받았다. 내 인생의 절반도 안 되는 시간 속에, 한 때는 그래도 신뢰할 수 있었던 시스템이 카리브해의 영국 해외 영토와 마찬가지로 국제 자금 세탁 — 허용된 것이 아니라 장려된 — 의 대명사가 되어 버렸다. 마약 거래, 매춘, 아동 포르노, 인신매매 등으로 얻어지는 천문학적인 돈이 일분마다 런던에 지점을 둔 외국 은행을 통해 흘러 들어간다. 은행은 이런 돈거래를 암호 같은 코드로 익명 처리를 하기 때문에 어떤 당국도 이를 추적할 수 없다.

테레사 메이Theresa May 정부에서 보수당 상원 의원이자 장관을 지냈던 폭스 경Lord Faulks은 2017년과 2018년에 범죄자의 재정과 자금 세탁에 관한 두 개 법안을 더 강화하려고 시도했다. 런던의 더러운 자금의 익명 소유권을 '추잡스러운 짓거리'라고 부르며, 해외 부동산 소유자를 공개하는 등록부를 도입하려고 했다. 하지만 두 가지 모두 뜻대로 되지 않았다.

솔직히 말해서 압력이 있었습니다. 총리실의 압력을 받았고 '해당 사안은 이미 처리 중'이라는 얘기를 들었습니다. 하지만 이후 아무런 조치가 없었으니 완전히 속았죠. 런던의 금융 중심지를 보호하려는 어리석은 열망 때문에 이렇게 모두 늦춰진 겁니다. 5년 동안 여러 장관들이 처리할 테니 걱정하지 말라는 달콤한 소리를 하더군요.

무슨 일이 있었나요? 전혀 아무 일도 없었습니다. 그러는 사이, 솔직히 말해 우리는 웃음거리가 되었죠. 경제 범죄의 위협에 대응도 안합니다. 오히려 황금 비자Golden Visa(영국에 투자하는 외국인에게 영주권을 제공하는 제도 - 옮긴이)를 안겨주고 있고, 세상 사람들은 영국은 아무 관심이 없다고 생각할 겁니다.[10]

그러나 정말 아무에게도 이득이 되지 않는 나쁜 일은 드물다. 우크라이나 전쟁은 결국 영국 정부를 부끄럽게 만들어 행동에 나서게 했다. 2022년 2월 17일 『데일리 메일Daily Mail』은 다음과 같은 헤드라인 기사를 실었다: '영국에 입국할 수 있는 200만 파운드 황금 비자 폐지 예정. 러시아의 "더러운 돈"을 막기 위한 우크라이나 전쟁 관련 강력한 조치의 일환[…] 최소 200만 파운드를 투자하는 조건으로 돈 많은 외국인이 영국에 살 수 있게 해주는 비자 제도는 폐지 예정이다. 영국 내무부의 "티어 1Tier 1" 투자자 비자 제도가 범죄 조직과 해외의 초고소득층에 의해 악용되고 있다는 우려가 오래 전부터 있었다.' 황금 비자 제도는 2009년에 고든 브라운Gordon Brown 노동당 정부가 영국에 투자를 유치하기 위해 도입했다. 그 이후로 12,000건 이상의 비자가 발급되었고, 이 중 2,500건은 러시아인에게 발급되었다. 이 제도가 잘못될 거라고 누가 예상할 수 있었겠는가?

사회가 제 기능을 하는데 필요한 민주적 이상을 본능적으로 믿는다면 시민과 정부 기관 사이의 모든 거래에서처럼, 은행에서도 개인정보 보호 원칙은 가장 엄격하게 지켜져야 한다고 동의할 것이다. 그러나 완전한 익명성을 의미하는 것은 아니다. 얼마 안가서 인간의 본능을 고려해볼 때, 개인 정보는 나쁜 목적으로 악용될 것이다. 따라서 '다크 웹'에 여러 법 위반 웹사이트가 지속적으로 증가하는 것은 놀라운 일이 아니다. 경찰이 단속하려는 조짐이 보이면, 인터넷의 광활하고 깊은 지하공간의 어두운 복도 속으로 바로 달아나 버린다. 대부분의 사람은 그런 다크 웹사이트에 접속할 정도로 컴퓨터를 잘 알지도 못하고, 그러고 싶은 생각도 없다. 완전한 익명성은 결코 온전히 순수한 것만은 아니다.

비관론자들은 2022년 5월 12일 『가디언The Guardian』에 실린 데이비드 에이 뱅크스David A. Banks의 글에서 위안을 얻을 수 있다. '암호화폐 팬은 엄연한 사실을 인정해야 한다: 화폐와 계약은 그 정당성을 인정하는 사람과 기관의 가치 또는 법적 구속력을 갖는다. 블록체인 기술은 이러한 사실을 바꾸지 못한다.' 간단히 말해, 모든 금융 시장은 규제가 필요하다. 규제도 받지 않고 신나게 시작하는 사업들은 무지하고 교활한 언론 보도로 부풀려지다가 얼마 못 가서 무너지고 만다. 다른 사람의 돈을 이용한 도박과 같은 이들의 본질은 폰지 사기Ponzi scheme(신규 투자자의 돈으로 기존 투자자에게 이자나 배당금을 지급하는 일종의 다단계 금융 사기 - 옮긴이)이다. 결국 투자자들은 모든 것을 잃을 위험에 처하게 된다.

# 운송과 쇼핑

지구의 건강에 긴급 조치가 필요하다는 호소에 가장 눈에 띄는 ― 심지어 우울한 ― 결과로 거대한 계획이 만들어졌다. 주로 현재의 생활 방식이 환경 피해를 덜 입히도록 만드는 것이었다. 생활 방식을 바꾸라고 제안하는 경우는 거의 찾아볼 수 없다. 지난 200년 남짓의 기간 동안 인간의 행동에 가장 큰 변화를 이끈 것은 결코 도덕적 논리나 결과의 위협이 아니었으며, 지성에 호소한 것은 더더욱 아니었다. 그것은 다름 아닌 우리 인간이 발명한 기술이었다: 증기 기관차, 전화, 자동차, 원자폭탄, 컴퓨터, 트위터, 페이스북. 호모 사피엔스는 먼 미래를 생각하는 데 능숙하지 않다. 20만 년 이상의 원시인의 삶 속에서, 수렵과 채집으로 하루하루 살면서, 다가올 겨울에 대비해 준비하는 것 이상으로 머나먼 미래를 생각할 필요는 없었다. 따라서, 발명품을 널리 사용하기 전에, 발명품이 장기적으로 어떤 영향을 미칠지에 관해 진지하게 고민한 적이 없다는 사실은 놀랍지 않다. 주의하라는 누군가의 말에, 우리는 항상 손짓으로 일축해 버리며 '아, 초기니까 문제가 조금 생길 수도 있죠.'라고 말한다. 그리고는 '어쨌든, 그런 문제를 해결할 수 있는 발명품을 곧 만들 겁니다.'라고 덧붙인다.

인간은 또한 기술이 자리를 잡고 나면 기술의 영향을 완화하기 위해 힘을 합치는 데도 별 재주가 없다. 자동차와 기차가 좋은 예이다. 2차 세계 대전 후, 왜 우리 영국인은 파괴된 교통 인프라를 재건하는 중요한 문제가 도로 건설과 확장 로비와 개인 차량 제조 업체의 이익에 흔들리도록 내버려두기 전에 잠시 고민해 보지 않았을까? 왜 우리는 연이은 정부들이 빅토리아 시대의 훌륭한 철도 네트워크의 대부분을 해체하고, 오염 없는 전기 트램과 트롤리 버스도 폐지하고, 농촌 지역을 위험할 정도로 고립시키고 대도시를 제외한 대부분 지역에서 대중교통을 축소하도록 내버려둔 걸까? 왜 우리는 너무나 비효율적이고 낭비적인 생활 방식에 무기력하게 굴복한 걸까? 이런 생활 방식 탓에 우리는 끝없이 차를 타고 이동해야 하고, 늘어나는 도로 위에서 주로 개인 자동차를 사용해야 한다.

무의미한 말장난… 지난 70년간 강력한 기업과 로비 단체를 편애하는 정책을 거의 의심도 안 하고 받아들였고, 주변은 아스팔트와 콘크리트로 덮이고, 광활한 농촌 지역은 파괴되고 탄소, 납, 고무 입자 등의 유해 물질로 오염되었다. 산업이 지역적 한계를 벗어나 거대한 중앙집중형 기업에 흡수되자, 예전의 노동과 고용, 심지어 쇼핑 방식까지 완전히 바뀌었다. 결국 작은 국가임에도 불구하고, 우리가 바꿔 놓은 경제와 생활의 물류 체계 때문에, 바쁜 개미처럼 늘 정신없이 움직여야 한다. 우리의 삶은 통근과 쇼핑으로 소모된다. 우리는 상당한 비용을 들여 여기저기 다니며 다양한 대기 오염물질을 들이마시고 내쉰다.

돌아보면, 이는 대규모 계획의 실패였으며, 국가 차원에서 발생한 일은 글로벌 차원에서도 벌어졌다. 선진국은 현재 국제 무역의 90% 이상을 처리하고 있는 컨테이너 선박, 유조선, 화물선 등의 장거리 해상 운송에 전적으로 의존하는 세계 경제를 창출했다. 거대한 선단은 끊임없이 이동하며, 가능한 빠르게 대양을 가로지르고 심각한 오염 흔적을 남기고 있다. 이는 우리 소비자에게 어떤 영향을 미칠까? 답은 우리에게 달려 있다. 왜냐하면 이제 우리가 구매하거나 사용하는 거의 모든 것이, 심지어 완성품이 아닌 부품이더라도 선박을 통해 운송되기 때문이다. 오래된 경제 모델에서나 이 같은 일이 가능했을 것이다. 그러나 현재 모든 기술적 노력은 배가 필요하지 않은 삶의 방식을 고안하기 보다 배가 환경에 미치는 영향을 줄이는 데 집중되고 있다.

(오도 가도 못하는 원숭이는 유리 항아리 속 자신의 주먹에 당황해하며 쳐다보지만, 진짜 보이는 건 바나나뿐이다. 너무 간절히

원하다 보니 제대로 생각을 할 수 없다.)

쇼핑은 많은 사람들에게 생활에서 중요한 요소이기 때문에, 물건에 대한 끝없는 욕망을 지구의 회복에 주요 장애물로 낙인찍는 것은 무례해 보일 수 있다. 사실, 많은 사람들이 거의 매일 반복되는 의식, 즉 식료품과 생활 필수품을 구매하려고 의무적으로 시간 낭비하며 이동하는 것을 정말 싫어하고, 그래서 쇼핑을 그만두고 싶어 할 것이다. 한편, 자신을 위한 쇼핑조차 싫어하는 소비자는 거의 없다(아마존은 이런 사실을 너무 잘 알고 있다). 싫든 좋든 우리는 쇼핑 중심의 세상을 만들었고, 글로벌 경제는 이런 세상에 의존하고 있다. 지구의 미래는 쇼핑 중심의 세상과 불가분의 관계에 있으며, 이제 이런 세상에서 벗어나기에는 너무 늦었다.

2021년 3월, 대형 컨테이너 선박인 에버기븐Ever Given호가 수에즈 운하Suez Canal를 지나다 일주일 동안 오도 가도 못하는 상황에 놓여, 운하 양쪽 끝에서 약 370척의 선박이 줄지어 기다려야 했다. 하루 지연으로 인한 손해는 무려 96억 달러에 달한 것으로 알려졌다. 이 사고는 글로벌 시스템이 얼마나 쉽게 교란될 수 있는지를 보여주었다. 심지어 2022년 말에도 상점과 기타 소매점으로 상품 배송이 여전히 심각한 차질이 빚고 있었고, 컨테이너 선박들은 전 세계의 항구, 특히 중국, 미국뿐 아니라 로테르담 등에서 입항을 기다리고 있었다. 이는 미국, 유럽, 영국에서 트럭과 화물 열차 운전사가 부족해서 항구에서 화물을 운송하는 것이 어려워졌기 때문이었다: 코로나19 팬데믹으로 항구가 폐쇄되면서 화물 운송

정체는 더 악화되었다. 결과적으로 운송 비용은 치솟았다. 2022년 초, 아시아에서 유럽으로 40피트 컨테이너를 운송하는 데 17,000 달러가 들었다. 1년 전에는 그 비용이 단 10분의 1에 불과했다.[1] 우크라이나 전쟁과 러시아 석유 및 가스 수출 금지 조치로 인해 이미 국제 연료 가격은 급등했고, 전 세계 소매 가격이 타격을 입었다. 그런데도 운송비는 과거에도 그리고 여전히 현재에도 말도 안 될 정도로 저렴하다. 중국에서 캘리포니아로 운동화 한 켤레를 운송하는데 기본 비용에 약 1센트만 추가된다. 최근에는 운송비가 두 배 심지어 세 배로 인상되었을 수도 있다. 에버기븐호가 수에즈 운하에서 보낸 비싼 일주일은 스코틀랜드 어부들이 잡은 생선을 중국으로 보내 필레로 손질해 가져오는 것이 스코틀랜드에서 직접 필레로 손질하는 것보다 더 저렴하다는 사실을 상기시켜 주었다: 경제성을 따지는 생활 방식으로 인해 전 세계 시장이 지구 환경에 피해를 주는 완벽한 예이다.

대부분의 상품이 고객 근처에서 제조된다고 해서 더 이상 이점이 없기 때문에 너무나 저렴한 대량 운송은 문자 그대로 세계 경제를 역사적으로 새로운 형태로 바꿔 놓았다.[2] 이는 어떤 형태의 정체도 용납하지 않고 상품과 시민의 기계화된 이동을 멈추지 말라는 거의 글로벌 음모 같은 현상이다. 수에즈 운하의 차단 사고는 이런 현상을 보여주는 이상적인 비유이다: 멈춰 서 있으면 매일 엄청난 비용이 들어가며 아무도 움직일 수 없게 되지만, 끊임없이 움직이면 돈도 벌고 경제가 살아난다. 볼테르Voltaire의 '우리 정원을 가꾸어야 한다.'라는 말이 새삼 만족스러운 삶을 위한 상식적인 교훈이라기보다 불안정한 현대적인 모든 것을 거부하는 낡은 사고방식의 표현처럼 들린다.

일반적인 화물 정체를 피하기 위해, 이케아Ikea, 홈데포Home Depot, 월마트Walmart 등 대형 소매업체들은 자체 컨테이너를 구매하고 선박을 전세하는 방식으로 화물을 운송했다. 이론상으로는 이런 방식으로 기업들이 가격을 낮출 수 있을지 모르지만, 코로나19 팬데믹의 여파로 선박이 정체된 항구 문제를 어떻게 해결할 수 있을지는 아직 알 수 없다. 거대한 컨테이너 선박은 아무 항구에 들어가 하역할 수 없다. 항구가 깊어야 하고 화물을 처리할 수 있는 거대 크레인 설비가 필요하다. 하역한 컨테이너를 도로나 철도로 운송하려면 적절한 만에 다채롭게 잘 정돈해 쌓을 수 있는 넓은 대기 공간이 필요하다. 이렇다 보니 거대 컨테이너 선박이 입항할 수 있는 목적지에 제한이 생긴다.

운송이 중단되는 일이 생기면 세계 무역이 화물의 효율적인 컨테이너화에 얼마나 의존하고 있는지를 명확히 알 수 있다. 현재 가장 큰 선박은 24,000개의 컨테이너를 운반할 수 있으며, 각 컨테이너의 길이는 20피트이다. 이런 대형 선박을 건조하려면 6개월에서 2~3년이 소요될 수 있으며, 한 척당 1억 달러에서 2억 달러의 비용이 들 수 있다: 전 세계 시스템이 원활하게 제 기능을 하지 못한다면 엄청난 문제가 생길 것이고, 무엇보다 환경 문제가 가장 심각할 수밖에 없다.

# 연료와 오염

오랫동안 전 세계 해운산업(당연히 크루즈 선박 포함)은 지구상에서 가장 심각한 대기 오염원 중 하나로 지목되어 왔다. 매년 해운산업만으로 약 9억 4천만 톤의 이산화탄소가 대기 중으로 배출된다: 이는 전 세계 이산화탄소 배출량의 약 3%에 해당한다. 전체적으로 해운산업이 항공산업보다 환경 파괴에 더 많이 기여하고 있다. 가장 큰 컨테이너 선박들은 대략 5천만 대의 가솔린 또는 디젤 엔진 차량과 맞먹는 오염물질을 배출한다. 세계에서 가장 큰 15척 선박은 지구상의 7억 6천만 대의 차량이 배출하는 양만큼의 질소산화물과 황산화물을 배출한다.[3] 대부분 화물선의 거대한 엔진은 여전히 벙커유를 사용한다. 벙커유는 걸쭉하고, 검은색을 띠는 비교적 정제가 덜 된 석유로, 엔진에 사용하려면 점성을 낮추기 위해 섭씨 50도로 가열해야 한다. 가장 큰 선박은 하루에 300톤의 벙커유를 사용한다. 수십년 간 국제 사회의 강력한 압력 — 크루즈 선이 단골로 찾는 베니스 같은 항구도 포함 — 끝에, UN의 국제해사기구IMO는 늦기는 했지만, 마침내 황산화물 배출 규제 구역SECA이라는 제한적 시스템을 도입했다. 이 규정은 규제 구역에서 사용하는 연료의 황 함량이 최대 0.1%를 넘지 않아야 한다고 명시하고 있다. 현재 황산화물 배출 규제 구역에 북해, 발트해, 영국 해협 및 미국 해안선과 하와이 주변의 전체 200마일 배타적경제수역EEZ이 포함된다. 유럽에서는 이 규정을 유럽 해양안전청European Maritime Safety Agency이 '스니퍼sniffer' 드론(주로 대기질 측정에 사용되는 드론 탑재 장비로 미세먼지, 온도, 습도, 이산화탄소, 황산화물 등의 농도 측정에 사용한다 - 옮긴이)으로 순찰하며 감시하고 있다.[4] 2020년 1월 1일부터 전 세계 바다의 나머지 지역에서 사용하는 벙커유는 황 함량 절대 최대치인 0.5%를 넘을 수 없다: 넓은 바다라 감시하기가 훨씬 더 어렵다. 보다 최근, 국제해사기구는 2050년까지 연간 해운 배출량을 50% 감축하는 목표를 설정했다. 이 목표는 당시 해운산업이 50%에서 250%사이의 성장률을 보일 것이라는 전망을 고려한 것으로 보인다. 더 효율적인 엔진과 최근 도입된 비교적 심하지 않은 배기가스 규제 덕분에 환경적으로 개선되어도 운송량이 현재보다 2.5배 더 늘어나면 말짱 도루묵이 되기 십상이다. 우리는 현재 제번스의 역설Jevons Paradox (기술 발전으로 자원 사용 효율이 높아졌을 때 오히려 그 자원의 총 사용량이 늘어나는 현상 - 옮긴이)의 영역에 빠져 있는 게 분명하다(103쪽 참고). 국제해사기구가 진심이라면, 배출에 대해 훨씬 더 엄격하고 전 세계적으로 시행되는 규제를 도입해야 한다. 정치와 기타 예기치 못한 상황이 결합하면 해상 운송산업 전체가 전 세계적으로 거의 마비 상태에 빠질 수 있다는 사실이 최근 드러났다. 이런 사실과 더불어 해운산업의 미래 예측의 불확실성 그 자체 때문에 수년의 시간과 수억 달러가 소요되는 선박 건조와 같은 장기 투자를 확실하게 내다보기란 쉽지 않다.

해운산업에서 마침내 환경에 관해 인식이 조금 나아지기 시작했지만, 영국 자체의 입장은 브렉시트Brexit로 인해 더 악화될 가능성이 높다고 영국 무역 및 비즈니스 위원회가 분석했다. 이러한 분석은 — 주최국에게 최대의 굴욕을 줄 수 있다 — 2021년 10월 31일 글래스고Glasgow에서 열린 제26차 유엔기후변화협약 당사국 총회COP26의 기후 정상회담 직전에 발표되었다. 이 보고서는 영국이 유럽연합에서 탈퇴한 이후, 가까운 유럽이 아니라 중국, 호주, 미국 등과 같은 먼 국가들과 무역 관계를 맺으면 영국의 해운산업 온실가스 배출량은 거의 두 배로 늘어나 88% 증가할 것이라고 합리적인 주장을 펼쳤다. 이런 문제는 이미 경제적으로 재앙적이고 정치적 도박으로 여겨지는 브렉시트가 초래한 또 다른 뜻밖의 일이었다. 브렉시트는 COP26을 주최한 보리스 존슨 총리가 주도한 일이었다. '영국 시장용 상품과 수출품을 싣고 전 세계로 장거리 운항하는 컨테이너 선박이 매년 추가로 650만 톤의 이산화탄소를 대기 중으로 배출한다. 이는 4만 4천 번 대서양 횡단 비행하는 것과 동일하다고, 무역 및 비즈니스 위원회는 밝혔다.'[5]

최근 대형 선박 여러 척을 소유한 선사 소유주 사이에서 메탄올을 연료로 사용하는 신규 선박을 발주하는 태도 변화가 나타났다. 이미 수십 척의 화물선이 훨씬 더 깨끗한 메탄올을 연료로 사용하고 있지만, 2021년 8월 큰 전환점이 마련되었다. 세계 최대 해운사인 머스크Maersk가 저황유와 메탄올을 연료로 사용할 수 있는 초대형 컨테이너 선박을 8척 발주했다고 밝힌 것이다. 환경적으로 좋은 소식이지만, 메탄올을 연료로 널리 사용하지 못하게 만드는 두 가지 요인을 살펴보자. 첫 번째는 비용이다: 메탄올은 석유보다 약 두 배 비싸다. 두 번째는 상대적 희소성이다. 현재 세계 메탄올 생산량은 연간 약 20만 톤이며, 머스크는 신규 선박 8척을 모두 합치면 매년 두 배 더 많은 메탄올이 필요하다고 판단한다. 현재 메탄올은 두 가지 방법으로 생산된다: 바이오매스에서 추출하거나 수소와 이산화탄소를 합성해서 만드는 e-메탄. 친환경 수소와 대기에서 포집한 이산화탄소를 혁신적인 산업 화학 기법으로 합성해서 얻을 수 있다(자세한 내용은 부록 2 바이오연료 참고). 현재, 바이오매스에서 추출하는 방법은 저렴하지만 환경적으로 한계가 있다. 어떤 방법을 사용하더라도 메탄올 생산을 늘리려면 시간과 비용이 필요하다. 머스크와 다른 선사들은 당연히 이 비용을 수출입 업체에 인상된 운임 비용으로 전가할 것이다. 소매점의 제품 가격도 당연히 따라 올라갈 것이지만, 마진이 이미 너무 적어 소비자에게는 큰 차이가 없을 것이다. 한편, 머스크는 액화천연가스를 선택한 독일과 프랑스 해운사들과의 경쟁에서 밀릴 가능성이 높다. 액화천연가스LNG는 훨씬 저렴하고 LNG를 선호하는 일부 규정의 혜택을 받게 된다. 가스전, 주유기, 선박의 엔진 자체에서 자주 발생하는 메탄 유출에도 불구하고 독일과 프랑스 해운사들의 선택을 받았다. 하지만 이런 유출 사고는 LNG 자체가 엔진에서 연소도 되기 전에 기후에 악영향을 미칠 수 있다는 것을 의미한다: 머스크 해운사가 LNG를 선택하지 않은 이유이기도 하다.

선박 건조에서 일어나고 있는 또 다른 조용한 혁명은 전기 추진을 사용하기 시작했다는 점이다. 선박과 해양 연구 선박은 추진체와 같은 장치를 오래전부터 사용해 왔다: 선체 양쪽의 수면 아래에 있는 보조 프로펠러로 배를 정교하게 조종할 수 있으며, 닻이 닿기에 너무 깊은 물에서 해저의 특정 지점 위에 정지 상태를 유지하는 데 사용한다. 이런 기능 덕분에 선박을 선체 후미에 설치된 하나 또는 여러 개의 거대한 스크루 대신 여러 개의 파워 포드power pod(프로펠러와 엔진을 통합해 선체 외부에 장착한 원통형 구조물 – 옮긴이)로 구동하는 개념을 생각해 냈다. 각 포드는 자체 전기 모터로 프로펠러를 구동하며, 완전한 회전도 가능하다. 즉 선박이 더 이상 전진 또는 후진과 상관없이 정지하거나 회전할 수 있고 측면 이동도 가능하다: 혼잡한 항구를 통과할 때 큰 장점이다. 포드형 프로펠러를 사용하면 엔진실을 훨씬 깔끔하게 사용할 수 있다. 엔진과 기존 추진 시스템 구성의 문제 중 하나는 커다란 기어와 프로펠러 샤프트 때문에 공간을 많이 차지한다는 점이다. 포드형 프로펠러와 같은 새로운 기술을 사용하면 프로펠러 포드에 전기를 공급하는 발전기를 선체 아래에 설치해 공간 문제가 해결된다. 배의 동력 공급을 전기화하는 개념 덕분에 선박은 훨씬 많은 유연성을 누리게 된다. 발전기는 메탄올이나 암모니아 같은 연료를 사용할 수 있으며, 나중에는 연료 전지로 완전히 대체할 수 있다. 화물선의 경우, 배터리로 추진하는 방법은 현재 심각한 고려 대상이 아니다. 머스크의 북미 환경 및 지속 가능성 담당 책임자인 리 킨드버그Lee Kindberg는 '컨테이너 선박을 배터리만으로 추진하려면, 화물을 실을 공간을 마련할 수 없을 것이다.'[6] 라고 말했다. 배터리가 확실하게 소형화된다면 이런 판단이 바뀔 수도 있다.

## 보조 동력

배의 갑판 위에 플레트너Flettner 로터를 설치하면 재생 에너지를 추가로 생성할 수 있다. 이는 1920년대 독일의 항공 엔지니어가 제안한 기발한 아이디어이다. 항공기의 날개 대신에 끝이 막힌 긴 실린더 사용을 제안했다. 실린더를 이용해 회전하며 마그누스Magnus 효과를 일으킨다. 로터 앞쪽에서 부딪히는 공기 흐름이 수직 아래로 굴절되어 양력이 만들어진다. 실험으로 이런 효과를 확인했지만, 이 시스템의 명백한 단점이 있었다. 실린더를 회전시키는 엔진이 고장 나면, 마그누스 효과도 중단되고, 날개가 없어 활공할 수 없어서 운이 나쁜 항공기는 돌처럼 추락할 수 있다. 그러나 플레트너 로터를 선박에 수직으로 설치하고, 측면에서 바람이 불면, 일정 수준의 전진 추진력이 생긴다. 현재 이러한 30미터 높이의 로터를 장착한 여러 척의 선박이 운항 중이다. 플레트너 로터는 시끄럽고, 당연히 변덕스러운 풍력으로 엔진을 대체할 수는 없다. 하지만, 측면 바람과 같은 역할을 할 수 있는 돛, 돛대, 삭구와 같은 불편한 구식 장치가 없어도 측면에서 부는 바람의 기계적 이점을 활용하면 연료 소비를 줄일 수 있다. 약 15년 전 독일 기업 스카이세일즈Sky Sails는 커다란 동력식 낙하산처럼 생긴 거대한 직사각형 캐노피를 개발해 화제를 모았다. 선박의 위에 설치한 캐노피로 상공의 바람을 모아 선박 엔진의 견인력에 힘을 싣는다. 하루 최대 10톤의 연료를 절약할 수 있다는 주장은 하루에 300톤의 연료를 사용하는 것에 비하면 많다고 볼 수 없다. 그래도 환경을 생각할 때 작은 것도 도움이 된다.

가장 친환경적이고 가장 경제적인 선박 추진 방식이 하나 있다. 바로 원자력을 사용하는 것이다. 원자력의 분명한 장점에도 불구하고 널리 채택되지 않은 이유는 거의 미신 같은 두려움 탓이라 볼 수 있다. 세계 원자력 협회World Nuclear Association는 현재 전 세계에 200개 이상의 소형 원자로로 구동하는 160척 이상의 선박이 있다고 주장한다. 핵 추진 잠수함과 기타 선박 — 모두 군사용 선박은 아님 — 은 수십 년간 아무 문제없이 사용되고 있다. 핵 원자로가 수명이 끝나면 해체라는 동일한 최종 문제를 안고 있지만, 해체되기 전까지 수십 년 동안 우수한 효율로 탄소 배출 없이 전력을 공급할 수 있다.

원자로 해체 문제가 국제적으로 해결된다면, 인간의 능력으로 해결책을 충분히 마련할 수 있을 것이다. 심해에 수백만 년 동안 지질학적으로 안정된 해저 아래에 오래된 원자로를 안전하게 보관할 수 있는 적합한 장소가 많다. 이런 처리 방식에 환경론자가 강하게 반발할 것으로 보인다. 하지만 육지에서는 이미 답이 없기 때문에 심해에서 처리하는 것이 가장 안전한(비록 막대한 비용이 들겠지만) 해결책이다. 액체 연료를 사용해 전 세계적으로 피해가 발생하는 것에 비하면 해저에 원자로를 매립하는 것을 더 선호할 것이다.

## 느린 항해

컨테이너 선박의 오염을 줄일 수 있는 효과적인 방법 중 하나(하지만 인기가 없다)가 천천히 항해하는 것이다. 화물선사들은 당시 선주들이 연료비를 긴급하게 줄여야 했던 2008년 금융 위기 시기에 이런 운항 방식을 채택했다. 선박의 항해 속도를 늦춰서 연료비를 줄일 수 있었다. 따라서 이산화탄소 배출 ― 황산화물과 질소산화물 배출도 포함 ― 이 거의 2억 톤 감소했다: 이는 네덜란드 규모의 국가가 연간 배출하는 양과 비슷한 수준이다. 국제해사기구가 속도 제한을 더 낮춰 적용한다면, 전 세계의 거대한 컨테이너 선박 함대가 환경에 미치는 영향을 빠르게 줄이는 효과를 거둘 수 있다.

물론 상품 배송 시간이 길어져 고객들이 좋아하지 않을 수 있다. 모든 해상 운송의 뒤에는 빠른 만족을 원하는 끝없는 소비 욕구가 있다. 사람들이 원하는 상품의 종류와 양은 너무나 다양해서 나열하기도 어려울 정도이다. 낮과 밤을 가리지 않고 바다로, 하늘로, 육로로, 그리고 온라인으로 상품은 쉬지 않고 이동한다. 만일 일 년간의 상품 이동 경로를 교실의 큰 지구본에 실로 표시한다면, 지구본은 어느새 실로 뒤덮여 거대한 양모 공으로 바뀔 것이다. 이렇게 얽힌 실은 전 세계 산업과 고객을 위한 공급망과 물류에 필요한 요소를 나타낸다. 글로벌 해상 운송은 대부분의 사람이 자동차 엔진에 대해 생각하지 않는 것만큼이나 결코 신경 쓰지 않는 것이다. 우리는 오늘날 소매로 물건을 사는 것에 익숙하기 때문에 원하는 모든 것을 언제나 구할 수 있다고 당연하게 생각한다. 어떻게 가능한 지에 대해서는 모르거나 관심조차 두지 않는다. 그저 물건이 원하는 곳에 있을 뿐이다. 상품 공급에 일시적으로 차질이 빚어지면, 불평하다가 걱정하기 시작하고, 어느새 SNS에 소문이 빠르게 퍼지다가 결국 사재기에 나서게 된다.

## 글로벌 바자회

동남아시아의 작은 마을에 사는 친구가 미국에 여행 갔던 얘기를 자주 했다 — 해외는 말할 것도 없고 집에서 40마일 이상 떨어진 곳에 가본 것은 이때가 유일했다. 이민을 간 삼촌과 외숙모가 항공료를 내줘서 로스앤젤레스에서 한 달 동안 지낼 수 있었다. 도착하자마자 삼촌과 외숙모는 그를 현지의 케이마트Kmart, 알디Aldi, 월마트Walmart와 같은 대형 슈퍼마켓에 데려갔다: 이런 대형 슈퍼마켓은 과잉 소비의 성지이다. 그가 받은 첫인상에 관한 설명은 항상 그대로였다. 상상도 할 수 없는 경이로움에 압도당한 어린아이와 같았다. 말로 표현할 수 없을 정도로 너무나 많고, 휘황찬란함 속의 슈퍼마켓은 아주 웅장했다. 처음에 그는 본 모든 것을 갖고 싶었다. 손에 한가득, 트럭이 넘칠 정도로 선물을 실은 채 야자잎으로 지붕을 댄 마을로 돌아가는 상상을 했다. 수많은 가족과 친구들이 모두 기뻐할 거라는 것을 알고 있었다: 옷, 세탁기, 스팀 다리미, 총, 컴퓨터, 도구, 밥솥, 유리 제품… 그리고 이 모든 물건이 여기 한 지붕 아래 있었고, 쌓이고 쌓여 산더미 같았다. 그 친구는 특별한 날에 닭을 잡는 일이 너무 익숙했지만, 베개 크기로 포장된 냉동 닭날개, 닭다리, 닭 넓적다리, 닭가슴살을 보고 말문이 막혔다. 온갖 종류의 해체된 동물이 거대한 냉장고에 가득했다: 마을 전체가 먹을 수 있을 정도로 많았다 — 아마도 한 지역 전체가 먹기에 충분했을지도 모른다. 그는 투명한 플라스틱 변기 시트에 화려한 색상으로 가짜 수족관 물고기가 박혀 있는 것을 보고 아주 신기하게 생각했다. 웃으며 사고 싶다는 생각이 들었지만, 자기 집에는 흙바닥에 야자잎으로 만든 움막 안에 시멘트로 된 재래식 화장실이라는 사실이 떠올랐다. LA에서 그 다음 날에도 그가 사는 세상이 얼마나 작은지를 새삼 깨닫고 또 깨달았다. 간장은 작은 봉지에, 담배는 한 개비, 두 개비씩 파는 그런 곳이었다. 갑자기 자기 고향 마을이 보잘것없게 느껴지면서 미국과 자기 동네가 이렇게 차이가 난다는 생각에 점점 슬픔이 몰려들었다. LA에서 함께 살기를 원한다면, 삼촌이 비자 후원 절차, 영주권, 이민 절차 비용 등 모든 복잡한 일을 도와주겠다고 약속했지만, 그 친구는 그렇게 하지 않았다. 슬픈 감정은 집을 향한 그리움으로 변했고, LA를 떠나서 좋았다고 말한다: 그 친구는 마법 양탄자를 타고 수평선 너머 머나먼 풍요로운 약속의 땅으로 갈 수 있는 제안을 거절한 몇 안 되는 사람 중 한 명이다.

어린 시절의 신비로움은 오래 전에 사라졌지만, 초대형 슈퍼마켓에 익숙한 쇼핑객들도 때로는 이렇게 거대한 슈퍼마켓이 자신의 행동에 어떤 영향을 미칠 수 있는지 깨닫게 된다. 2021년 10월

『데일리 메일Daily Mail』은 시드니에 사는 미국인 교사에 관한 기사를 다뤘다. 그녀는 남편에게 양말 한 켤레를 사러 동네의 케이마트에 잠깐 다녀오겠다고 말했다. 그녀는 '토끼 굴에 빠지는 것' 같았다고 나중에 설명했다. 양초, 티셔츠, 터퍼웨어Tupperware용기를 움켜쥐고 돌아왔지만, 정작 사러 갔던 양말은 빼놓고 말았다고 얘기했다. 여러 다른 여성들도 그녀의 쇼핑 경험에 공감하며, 이렇게 덧붙였다: '알디Aldi 슈퍼마켓의 특가 코너는 더 심하죠. 아크 용접기나 필요도 없는 무언가를 사게 된다니까요.'[7] 물론 이런 소매 심리가 세계 경제의 핵심이다. 사고 싶었는지도 모르던, 아니 필요하지도 않은 물건의 매력이 태평양과 대서양 하늘 아래서 매일매일 연기처럼 퍼져나간다. 비행운이 높은 하늘 위에서 옅게 퍼지며 흐려진다.

마지막으로, 해상 운송에서 주목할 만한 한 가지는 용어 — 주로 미국에서 사용 — 자체가 육로 배송을 포함한 상품 전달의 전 과정을 의미한다는 것이다. 아마존이 프라임 회원 대상으로 당일 배송 서비스를 발표하자, 월마트와 같은 다른 기업들도 더 빠른 배송을 약속할 수밖에 없었다. 한 연구 기관에 따르면, 지난 2년간 대부분의 소매업체에서 배송까지 걸리는 시간은 5.2일에서 4.3일로 줄었으며, 아마존은 평균 3.2일로 여전히 가장 빨랐다.[8] 유피에스UPS의 글로벌 지속 가능성 부문 책임자인 패트릭 브라운Patrick Brown은 빨라진 배송의 결과에 관해 명확하게 설명한다. '운송 시간은 환경에 미치는 영향과 직접 관련이 있습니다. 일반 소비자는 주문 상품을 내일 받는 것과 이틀 후에 받는 것의 환경 비용이 얼마나 차이가 나는지 잘 모르는 것 같습니다. 시간이 더 주어진다면, 배송망을 훨씬 효율적으로 운영할 수 있습니다.'[9] 배송시간을 맞추려고 트럭의 짐을 절반밖에 채우지 못하거나 심지어 겨우 제품 몇 개만 싣고 떠나는 경우를 말하는 것이다. 코로나19 봉쇄 조치와 폐쇄된 상점으로 인해 온라인 구매가 늘어나면서 소비자는 더 빠른 배송을 고집하게 되었다. 소비자의 구매 충동은 최근에 더 강해졌을 수도 있다. 이미 상품값을 지불한 고객에게 상품의 빠른 배송은 당연한 권리가 되어버렸다. 느려터진 배송을 좋아할 리 만무하다.

# 주변을 살피는 스틱 멍키

항아리에 손을 넣은 채 공터에 쭈그리고 앉은 원숭이는 운명이라는 것을 어렴풋이 알고 있다. 이제 곧 사냥꾼들이 돌아오면, 모든 게 끝날 것이다. 사냥꾼들이 다른 일에 정신 팔려서 다음날까지 안 올 수도 있지만, 어차피 길게 보면 달라질 건 없다. 수백만 년의 진화로 원숭이가 나무에서 내려오고, 껌으로 막대기를 감싸서 구멍에서 흰개미를 꺼내는 유용한 기술을 가졌지만, 장기적인 이득을 위해 눈앞의 보상을 포기하는 지적 능력은 갖지 못했다. 바나나를 손에서 내려놓으면 결국 바나나만 잃으면 된다는 것을 깨닫지 못한다. 바나나를 내려놓고 무리로 돌아가서 항아리에 절대 손을 집어넣지 말라고 경고할 수도 있고, 그러면 보스 원숭이로 선출될 수도 있는데 말이다.

유엔기후변화협약 당사국총회COP26와 같은 기후 변화 대응 회
의에서 목청을 높이는 젊은 기후 활동가와 플래카드를 흔드는 시
위대의 외침은 젊은 교사와 부모들에게 점점 더 공감을 얻고 있다.
이들의 비판은 정의로운 청소년의 열정으로 가득 차 있지만 어리
석게도 '세계 지도자'라는 쉬운 표적을 겨냥하고 있다. 어른이라면
뻔히 알고 있듯이 이런 정치인들은 변화할 수 있거나 변화를 원하
지 않는다. 거의 모두가 오늘 왔다가 내일 사라질 실용주의자들이
며, 다음 선거에서 승리한다는 보장도 거의 할 수 없다. 그런 사람
들이 세계 경제 체제를 바꾸는 것은 더더욱 불가능하다.

'대량 멸종이 시작되고 있는데, 돈과 내부 경제 성장만 얘기하
고 있다.'라고 그레타 툰베리Greta Thunberg는 2019년 6월 4일 유엔
에서 목청을 높였다. 툰베리의 주장에 맞서 스카이 뉴스 오스트레
일리아Sky News Australia의 베테랑 방송인 알란 존스Alan Jones는 아
주 신랄한 비판을 쏟아냈다. 황금 방송 시간대에 방영하는 TV 프
로그램에서, 그는 표면상으로 호주 청소년을 대상으로 말했지만,
모든 선진국의 청소년과 부모를 향한 발언이었다:

여러분은 교실에서 에어컨이 필요한 첫 세대입니다. 교실마다 TV가
있어야 하고, 수업은 모두 컴퓨터와 관련되어 있습니다. 온종일 전
자기기에 매달려 있습니다. 그 어느 때보다 등교할 때 걷지도 않고
자전거를 타지도 않습니다. 차로 등교하는 행렬로 교외 도로는 막히

고 교통 체증은 심해졌습니다. 역사상 가장 큰 제조품 소비자이며, 유행을 따라가기 위해 멀쩡하고 좋은 고가의 명품도 새 걸로 바꿔버립니다. 여러분은 여가 생활을 즐기기 위해 전자 기기에 의존합니다. 또한 여러분의 시위를 이끄는 사람들은 '이민을 통해 인위적으로 인구를 늘려야 한다고 주장합니다. 인구가 늘어나면 결국 에너지, 제조업, 교통 수요도 더 필요합니다. 인구가 늘어날수록, 더 많은 숲과 초원을 파괴하게 되고 환경 피해는 더 심해집니다.

이렇게 하면 어떨까요? 선생님들에게 에어컨을 끄라고 하세요. 학교까지 걷거나 자전거를 타세요. 전자기기는 다 끄고 책을 읽어 보세요. 가공된 패스트푸드 대신에 샌드위치를 만들어 보세요… 아니, 이런 일은 하나도 일어나지 않을 겁니다. 왜냐하면 여러분은 이기적이고, 제대로 배우지 못했고, 여러분 주위 어른들에게서 영감을 받은 도덕적 우월감을 뽐내는 보잘것없는 존재이기 때문입니다. 그 어른들은 서구식 사치와 높은 생활 수준에 빠져들면서 '고상한 대의'를 갈망합니다. 정신 차리세요. 성숙하게 행동하세요. 불평도 그만하세요.

드디어 누군가 원숭이가 왜 갇혀있는지 정확히 이해했다.

이 책에서 강조했듯이, 환경에 피해를 주지 않는 기술 혁신은 찾아볼 수 없다. 모든 기술 발전은 환경을 훼손하며, 종종 예측하기도 어렵다. 하지만 이러한 기술 혁신에서 엄청난 이익을 얻을 수 있기 때문에 막을 수 없다. 소셜 미디어가 무분별하게 확산되다 보니 이제는 축복이 아니라 더 큰 재앙처럼 되어버렸다. 사람들은 부도덕하거나 무책임하게 거짓말과 불신을 전 세계로 퍼뜨리기 때문이다. 그들의 증오와 거짓말을 무지한 대중이 믿게 되고, 문명사회를 간신히 지탱하고 있지만 이미 앙상하게 뼈만 남은 기반을 갉아먹을 뿐 아니라 '현실'이라고 부르는 자체를 계속 훼손하고 있다. 게다가 벌이가 아주 좋은 인플루언서들은 환경에 재앙적 결과를 초래할 수 있는 일시적인 유행과 대중적인 트렌드를 끊임없이 퍼뜨린다. 우리는 이런 것에 놀라서는 안 된다. 벌어질 수 있는 결과를 제대로 예측하지 못한 채 다음 단계로 넘어가는 것을 막지 못하는 우리의 무능함 — 무기력 또는 주저함 — 은 단지 인간이 항상 해오던 방식이다. 바나나만으로 원숭이를 잡을 수 없다. 더 화려한 미끼를 쓰면 같은 수법도 훨씬 잘 먹힌다.

첨단 기술의 다음 단계인 마크 저커버그Mark Zuckerberg의 '메타버스metaverse'는 플랫폼 자본주의로 알려진 현상의 산물이다. 온라인 플랫폼(우버Uber, 에어비앤비Airbnb 등)을 소유한 기업들은 비싼 사무실이나 물리적인 인프라가 필요 없으며 서비스 제공만으로 부를 축적한다. 그러나 이러한 새로운 단계에는 아주 비싼 장비가 필요하다. 현재 세계에서 가장 빠른 인공지능 컴퓨터는 완성 단계에 접어들었다. 어두운 검은 절벽처럼 배열된 거대한 전자 장비 콘솔들이 비밀스러운 장소의 끝이 안 보이는 조용한 통로에 줄지어 있다. 이런 시스템이 있어야 메타버스가 구동한다. 우리는 이렇게 윙윙거리는 거대한 괴물이 전력을 얼마나 소비하는지 상상도

할 수 없다. 메타Meta로 이름을 바꾼, 소셜 미디어 플랫폼 페이스
북Facebook은 앞으로 가상현실VR과 증강현실AR 헤드셋과 '스마트'
안경을 착용한 사용자들이 메타버스 안에서 접속할 수 있다. 기자
조나단 채드윅Johnathan Chadwick은 신중히 중립적인 느낌으로 다음
과 같은 기사를 작성했다: '이 슈퍼컴퓨터를 사용하면 메타버스 공
간에서 언어가 서로 다른 많은 사람들에게 실시간 음성 번역을 제
공하는 새로운 인공지능 시스템이 가능하다. 사용자들은 이 시스
템을 이용해 연구 프로젝트에서 협업하거나 가상현실 게임을 함께
즐길 수 있다.'[1] 메타버스 내에서 제품 간접 광고, 일반 광고 및 소
매 판매에서 얻을 수 있는 막대한 수익에 대한 언급은 전혀 없다.
같은 기사에서 '세계 최고의 컴퓨터 공학자 중 한 명인' 루이스 로
젠버그Louis Rosenberg는 메타버스가 참여자에게 미칠 영향의 가능
성에 관해 경고했다. 가상현실과 증강현실을 통합하고 사람들이
하루의 상당 부분을 디지털 세상에서 상호작용을 하게 되면 '우리
의 현실 감각이 변하고 날마다 몸소 체험하는 경험을 해석하는 방
법이 왜곡될 수 있다. 우리 주변은 실제로 존재하지 않는 사람, 장
소, 사물, 활동으로 가득 차겠지만, 우리에게는 너무나 진짜처럼
느껴질 것이다.'

이런 예상은 너무나 많은 사람들이 이미 세컨드 라이프Second
Life, 포트나이트Fortnite, 로블록스Roblox, 브이알챗VRChat과 같은 다
양한 가상 세계에서 삶의 상당 부분을 보내려고 한다는 것을 고려
해 볼 때 타당해 보인다. 저커버그가 만든 오웰의 디스토피아 같은

미래에는 헤드셋과 스마트 안경을 착용하지 않은 사람들은 오미크론Omicron 팬데믹 기간에 마스크 착용을 거부한 미국 항공기 승객들처럼 표적이 되어 비난받을지 모른다. 현실을 컴퓨터로 훨씬 쉽고, 훨씬 '진짜' 같은 환상의 세계로 만들면 사람들이 살고 있는 세상과의 경계가 더 모호해질 수 있다. 더구나 이런 세상을 '증강현실'이라고 부르는 것은 명백히 과장된 표현이다. 여러분의 아바타가 대면하는 '현실'은 아바타가 먹고 있는 음식을 여러분이 냄새 맡거나 맛볼 수 없고, 아바타가 걷고 있는 발 아래 땅을 여러분이 느낄 수 없다면, 현실처럼 증강되지 않을 것이다. 전자 기술이 더 발달해 여러분의 뇌에 개입해 미각, 후각, 촉각의 환상을 만들어낼 때까지 — 약속한대로 — 증강현실은 심각하게 축소된 현실에 머물 것이다. 그렇게 된 이후부터는, 와! 포르노! 사이버 공간에 여러분이 소유한 부동산에, 무엇이든지 무제한으로 원하는 것을 무한대로 즐길 수 있는 이상적인 매춘업소를 설치할 수 있다. 거기서 황홀경의 악몽에 빠진 채 여생을 보내게 된다… 그럼에도 불구하고 여러분의 아바타가 선택한 그림자 세상에서 어떤 연회를 즐기더라도, 여러분은 현실 세계에서 여전히 먹고 배설하며 살아야 할 것이다. 현실에서는 병에 걸리고 세상을 떠나게 된다.

한편, 현실 세계에서는 엄청난 부자들이 화성이나 달에 베릴륨beryllium(철보다 6배 강하고, 가볍다!)으로 만든 작은 집에서 여생을 보내려고 지구 탈출 계획을 세우고 있다. 보호복과 병에 든 공기가 없다면 평생 밖으로 나갈 수 없다. 이들이 무엇을 먹을지는 하나님은 알겠지만, 솔직히 누가 신경 쓰겠는가? 호모 사피엔스 이야기에서 마지막 게임을 보여주는 완벽한 은유이다. 사냥꾼과 원숭이는 지구라는 행성을 버리기로 했다. 사냥꾼은 로켓을 타고, 원숭이는 환상 속으로 지구를 떠난다. 어느 목적지가 더 살기 어려울지는 알 수 없지만, 둘 다 현실을 무시할 수는 없을 것이다. 초부자 사냥꾼의 경우, 사냥할 것도 채집할 것도 없는 세상에서 수렵-채집 꾼의 지위로 전락하는 어이없는 상황을 맞이하게 될 것이다. 동굴 같은 환경에서 살면 남극의 과학 기지 숙소가 클럽 메드 같은 고급 휴양지처럼 느껴질 것이다. 화성이나 달에서 유배 생활을 하며 생존, 태양의 복사열, 운석의 충돌을 걱정하는 것 말고 할 수 있는 게 뭐가 있겠는가? 우주에서나 볼 수 있는 바위, 분화구 같은 지질학적인 요소가 아닌 무언가를 애타게 갈망하며 잿빛 지평선을 바라보게 될까?

하지만, 아니다. 그런 일은 절대 벌어지지 않을 것이다. 이런 신흥 초부자들은 자신들이 창조하고 가능하게 만든 대체 현실에서 살게 될 것이다. 이들의 육체적 자아는 우주복을 입고 기저귀를 차고 산소병을 갖고 다니지 않으면 산책도 할 수 없을 것이다. 하지만 이들의 아바타는 여전히 파티를 즐기고, 사업상 거래를 하고, 데이트도 하면서, 도시를 설계하고, 물건도 구매하며 디지털 신기루가 가능하게 해준 모든 것을 누리며 바쁘게 삶을 이어갈 것이다. 달의 먼지나 화성의 사막을 터덜터덜 걸으며 우주복에 실례를 해야 할지도 모르지만, 이들의 마음은 가짜 세상을 자유롭게 돌아다니며, 망가진 인간관계와 인간이기에 엉망이었던 모든 것을 뒤로 한 채 과거에 했던 똑같은 실수와 어리석은 결정을 반복할 것이다. 그렇다면 달리 방법이 있을까? 그들이 잠시 살고 있는 한때 '원시적'이라는 묘사가 정확히 어울리던 세상은 인간의 존재로 인해 어쩔 수 없이 아주 천천히 오염되고 말 것이다.

그리고 원숭이는 어떻게 될까? 정글은 소고기를 구하기 위한 목장으로 만들기 위해 오래 전에 나무를 베어버렸고, 한때 원숭이가 항아리에 손을 넣은 채 앉아 있던 공터는 소의 발굽에 짓밟힌 흔적만 남았다. 하지만, 이런 시도는 곧 실패했고, 기후 변화로 인해 지구는 달궈져 풀 한 포기 없는 불모지로 변했다. 그보다 훨씬 전에, 사냥꾼은 물을 찾아 메마른 마을을 버리고 떠났다.

# 부록 1: 석유기반 생활 제품

(참조: https://whgbetc.com/petro-products.pdf)

석유산업에서 추출한 특정 화학물질(암모니아, 메탄올 등) 이외에, 아래에 제시한 목록은 석유를 이용해 최종적으로 제조되거나 파생된 제품 중 극히 일부만 나열한 것이다. 석유 기반 에너지(석유, 제트 연료, 난방유 등)를 제외하더라도, 현대 사회는 존재 자체를 거대 석유 회사에 의존하는 것으로 이루어져 있다. 거의 모든 플라스틱은 석유로 만들며, 플라스틱과 파생 제품들은 없는 곳이 없다. 다음은 수천 종의 석유 관련 제품 중 일부이다:

파라핀 왁스, 비료, 살충제, 제초제, 세제, LP 레코드, 사진 필름, 가구, 포장재, 서핑 보드, 페인트, 의류에 사용하는 인공 섬유, 가구 덮개, 커튼, 카펫, 잠옷, 용제, 카세트, 오토바이 헬멧, CD 플레이어, 비타민 캡슐, 퍼티, 퍼컬레이터, 스키, 도구 걸이, 닦는 걸레, 우산, 지붕 재료, 치아 접착제, 스피커, 테니스 라켓, 나일론 줄, 수도관, 샴푸, 기타 줄, 부동액, 빗, 증발기, 심장 판막, 네일 광택제, 마취제, 틀니, 콜드 크림, 팬 벨트, 냉장고, 장난감…

디젤, 아스팔트, 바닥 왁스, 자동차 차제, 밀봉재, 수도꼭지, 식품 보존재, 코르티손, 인형, 텐트, 신발, 접착제, 잉크, 카메라, 주사위, 핸드백, 베개, 항히스타민제, 구명 조끼, TV 캐비닛, 컴퓨터, 자동차 배터리 케이스, 변기 시트, 리놀륨, 플라스틱 목재, 고무 접착제, 양초, 손 로션, 여행 가방, 칫솔, CD, 풍선, 크레용, 인공 잔디, 영화 필름, 락커, 골프공, 액체 세제, 깨지지 않는 그릇, 소음차단제, 전기 테이프, 자전거와 자동차 타이어, 콘택트 렌즈, 일회용 기저귀, 마커 펜, 기포 고무, 보트 선체, 부동액…

볼펜, 바셀린, 소독제, 농구공, 데오도란트, 팬티스타킹, 소독용 알코올, 털이 긴 러그, 에폭시, 곤충 퇴치제, 낚싯대, 얼음 트레이, 고무 부츠, 쓰레기 봉투, 아스피린, 차양막, 페인트 붓, 페인트 롤러, 선글라스, 낙하산, 인공 수족, 면도 크림, 치약, 향수, 구두 광택제, 빨랫줄, 비누, 오일 필터, 헤어 염색제, 립스틱, 글리세린, 스케이트보드, 서핑보드, 샤워 커튼, 항공기 좌석, 카메라, 붕대, 헤어컬기, 피크닉 머그, 암모니아, 보청기, 아동용 물놀이장, 휴대폰, 전기 플러그, 목재 니스, 수혈 키트, 덕트 테이프, 피아노 키…

그리고 이 목록은 끝도 없이 이어진다.

# 부록 2: 바이오연료

자동차에 관한 장에서 기술과 물류가 따라잡기를 기다리는 동안 배터리나 수소 동력이 탄소 배출 문제를 해결하지 못할 가능성이 높은 이유 일부를 설명했다. 부록 2에서는 내연 기관을 구동하는 친환경 대안이라 할 수 있는 바이오연료가 비효율적이며 지구 환경에 피해를 준다는 사실을 설명할 것이다.

버스, 자동차, 트럭이 바이오연료 — 일반적으로 바이오디젤 — 를 사용하면, 대부분의 사람은 거대 석유 회사들이 땅에서 추출한 화석연료보다 당연히 더 친환경적이라고 생각한다. 하지만 잠시 생각해 보면 석유 역시 석탄과 마찬가지로 바이오매스에 의해 만들어지기 때문에 정말 아이러니가 아닐 수 없다. 바이오매스는 고대 식물, 숲, 동물의 사체가 수백만 년 동안 지질학적 열과 압력에 의해 석유로 변환한 것이다(플라스틱도 이와 아주 유사한데, 원유에서 출발해, 코카콜라 병으로 절정에 이르고, 기발한 화학과 에너지를 많이 투입하면 상당한 손실이 있기는 하지만 다시 석유로 전환할 수 있다).

바이오연료와 석유의 한 가지 차이점이라면, 바이오연료는 재생에너지 자원이고 석유는 그렇지 않다는 점이다. 더 중요한 점은 바이오연료는 좀 더 깨끗하다는 사실이다. 미국 환경보호국 Environmental Protection Agency/EPA에 따르면, 바이오디젤은 표준 디젤보다 일산화탄소는 11%, 미세먼지 입자는 10% 덜 배출한다고 한다. 미국 에너지 농업부Department of Energy and Agriculture는 바이오디젤을 사용하면 순 이산화탄소 배출량을 78% 줄일 수 있다고 한다. 또 다른 장점은 바이오연료를 폐식용유, 심지어 지방 덩어리와 같은 유기성 폐기물로 만들 수 있다는 사실이다.

## 에탄올

실제로 유럽, 영국, 북미 주유소에서 판매하는 모든 휘발유에는 사실상 이미 바이오연료가 들어 있다. 휘발유의 한 가지 문제는 고도로 튜닝된 요즘 엔진에서 부드럽게 작동하려면 첨가제가 필요하다는 점이다. 그래서 납이 1980년대 위험 오염물질로 금지될 때까지 첨가제로 사용되었다. 그 이후, 메틸 테르트-부틸-에테르(MTBE)를 연료 첨가제로 가장 많이 사용했지만, 잠재적 발암물질로 확인되면서 사용이 중단되었다. 대형 석유기업은 어떻게 했을까? 기업의 화학자는 에탄올 — 그리고 메탄올은 상대적으로 덜 사용 — 이 첨가제로 아주 적합하다고 결론 내렸다. 특히 옥수수나 사탕수수와 같은 작물에서 추출하면, 바이오연료이자 친환경 연료로 분류될 수 있기 때문에 더더욱 적합했다. 에탄올은 에틸알코올(C2H60)이다 — 진,

맥주, 기타 알코올 음료에 특유의 맛을 내는 널리 알려진 마실 수 있는 알코올이다. 메탄올과 메틸알코올($CH_3OH$)은 화학적으로 비슷하지만 독성 물질이다. 매년 전 세계에서 수백 명 — 심지어 수천 명 — 의 사람들이 이 물질로 인해 목숨을 잃는다. 대개 집에서 제조한 술을 증류하는 과정에서 실수로 인해 잘못된 종류의 알코올이 만들어지기 때문이다. 이름에서 알 수 있듯이 메틸알코올은 메틸화 알코올의 기본 성분이다. 에탄올과 메탄올은 바이오매스로 만들 수 있으며, 에탄올은 브라질에서 자동차와 트럭의 주요 연료로 오랫동안 사용되었다. 에탄올은 다양한 곡물과 폐기물에서 증류해서 만들 수 있지만, 브라질의 경우 주로 사탕수수에서 추출한다.

## 에탄올/휘발유

에탄올/휘발유 혼합 연료는 대단히 성공적인 것으로 증명되었다. 미국은 세계 최대의 연료용 에탄올 생산국(브라질이 2위)이며, 요즘 미국, 영국, 유럽연합의 자동차 운전자에게 판매되는 휘발유의 대부분에 5에서 10%의 에탄올이 들어있고, 일반적으로 주유기에 E5, E10으로 표시되어 있다. 휘발유/알코올 혼합물은 순수 휘발유보다 더 깨끗하게 연소되어 배기가스에 이산화탄소가 덜 포함된다. 하지만 단점도 있다. 에탄올 자체는 휘발유보다 에너지 생성률이 34% 적고 휘발성이 떨어지기 때문에, 추운 날씨에 엔진을 시동하는 것이 약간 더 어려울 수 있다. 에탄올/휘발유 혼합물은 연소할 때 물도 생성되기 때문에, 엔진이 더 마모될 수 있다. 10% 수준의 낮은 농도에서도 에탄올/휘발유 혼합물이 오래된 차량 엔진에 손상을 입힐 수 있다. 에탄올 농도가 15%인 E15는 2001년 이후 생산된 차량에 사용할 수 있다. E85로 판매하는 에탄올이 85% 함유된 휘발유 사용이 가능한 유연 연료 차량FFV은 더 일반화되고 있다. 이런 혼합 연료는 일반 차량에 절대 적합하지 않다. 왜냐하면 에탄올 함유량이 많으면 차량 연료 시스템의 고무와 플라스틱 부품이 손상되기 때문이다. 하지만 유연 연료 차량은 E85용으로 특별히 제작했기 때문에, 가속력과 마력 측면에서 더 뛰어난 성능을 발휘하며 배기가스 배출량도 적다.

## 메탄올

메탄올은 연료 첨가제로서 에탄올과 동일한 특성이 많다. 에탄올과 마찬가지로 메탄올은 배기가스에 이산화탄소 배출량을 최고 95%까지, 질소산화물은 80% 줄일 수 있다. 에탄올보다 지속 가능한 방법으로 생산하는 비용이 저렴하지만, 에너지 밀도가 낮다. 또 다른 단점은 실수로 마시면 치명적일 뿐만 아니라 메탄올의 증기는 독성이 있고 피부와 폐로 쉽게 흡수된다. 화학 연료로 사용하는 메탄올은 산업용과 가정용 제품 제조에 사용하는 등 용도가 아주 다양하다. 메탄올은 포름알데히드의 주요 원료로, 장갑, 마스크, 가운, 소독제, 의약품 등 다양한 의료 장비 제조뿐 아니라 MDF로 알려진 어디서나 볼 수 있는 섬유판을 만드는 데 사용한다. 에탄올과 마찬가지로 메탄올은 바이오매스의 가스화 과정 또는 천연가스 내의 메탄에서 직접 추출할 수 있다. 또한 기체 혼합물에서 쉽게 메탄올을 합성할 수 있다: 수소, 이산화탄소, 일산화탄소와 같은 기체는 다양한 바이오매스 원료에서 추출한다. 그러나 유독성 증기 때문에, 대부분의 나라에서 가정용 휘발유의 메탄올 함량을 3%로 제한하고 있다.

## 바이오디젤

대부분의 운전자가 사용하는 휘발유는 95%가 화석연료이고 친환경적인 요소는 겨우 1/20에 불과하기 때문에 바이오연료가 아니다. 훨씬 더 진정한 의미의 친환경이라면 100% 바이오디젤로 화석연료 성분이 전혀 없고 주유기에서 B100이라고 표시해 구분할 수 있다. 100% 바이오디젤을 사용하려면 차량의 엔진이 처음부터 바이오디젤 전용으로 설계되어야 한다. 에탄올과 마찬가지로, 바이오디젤은 대형 석유기업의 석유디젤petrodisel과 다양한 비율로 혼합해 사용할 수 있고, 대부분의 디젤 엔진은 B20 혼합물(즉, 바이오디젤 20%)로 엔진 설계를 수정하지 않아도 구동할 수 있다. 진정한 B100 바이오디젤은 바이오매스, 팜유와 대두에서 추출한 기름, 폐식용유와 같은 폐기름으로도 만들 수 있다. 이런 모든 원료는 복잡하지만, 정해진 산업 화학 과정을 거쳐야 바이오디젤로 만들 수 있다.

## 바이오매스와 바이오에너지 작물

표면적으로 바이오연료의 친환경 특성은 아주 긍정적으로 들린다. 하지만 생각만큼 좋지는 않다. 왜냐하면 국가의 농업 정책이 필요한 유형과 양의 원료작물을 재배하고 수확하기 위한 필요한 인프라와 산업 시설을 갖춰야 하기 때문이다. 바이오연료는 거대 석유 회사 자체에서 국제적으로 홍보한다. 이들 거대 석유 회사는 연료와 연료 관련 화학에 관해 가장 잘 알고 있으며, 이미 거의 무엇이든지 다른 물질을 이용해 합성해 낼 능력이 있다 — 비용은 많이 들여야 한다. 바이오연료는 현재 다양한 법규와 인센티브 덕분에 국제적으로 홍보되고 있다. 가장 인기있는 것은 깎은 풀이나 큰 나무 등 재생 가능한 거의 모든 식물 쓰레기를 의미하는 바이오매스이다. 바이오매스는 일반적으로 탄소 중립적이라고 홍보한다. 즉, 식물이 광합성으로 대기에서 흡수한 탄소가 연소하면서 다시 방출되기 때문에, 탄소가 늘어나지도 줄지도 않는다는 뜻이다. 최근 많은 연구에서 이런 낙관적인 주장에 비판적인 의문을 제기하며, 어떤 종류의 바이오매스를 사용 하느냐에 따라 차이가 있다고 지적하고 있다. 큰 나무를 태우면 원래 나무가 저장하고 있던 것보다 약간 더 많은 탄소가 배출된다. 어쨌든 전 세계적으로 이용할 수 있는 바이오매스의 양에는 한계가 있고, 우리의 수요를 100% 바이오연료로 충족시킬 정도로 충분하지 않다. 현재로선, 바이오연료 사용은 이미 생물 다양성이라는 대의에 심각한 피해를 주고 있다.

바이오연료 거의 대부분은 유기 폐기물이 아니라 콩, 기름 야자나무, 옥수수, 사탕수수처럼 특별한 목적으로 심은 '바이오에너지 작물'로 만든다. 위성 감시 시스템을 이용하면 매일 발생하는 상황을 확인할 수 있다. 정부가 영토 내에서 벌어지는 일에 관해 거짓말과 부인을 하던 옛 시절은 영원히 사라졌다. 인도네시아, 말레이시아, 브라질과 같은 나라의 거대한 숲이 눈에 보일 정도로 베어져 사라졌고 — 현재도 사라지는 중이고 — 그 자리에 셀 수 없이 많은 기름 야자나무oil palm를 심고 있다. 다른 곳에서는, 기존 농경지가 기름 야자나무 대농장으로 전환되면서, 원시림에서 대체 농경지를 찾아내야 하는 상황이 벌어지고 있다.

전체 피해량은 달라지지 않는다. 이런 탓에, 팜유는 최근 몇 년간 시위의 표적이 되었으며, 많은 사람들이 팜유가 들어 있는 제품을 불매 운동한다. 팜유 붐으로 인해 팜유가 세계에서 가장 널리 사용되는 식물성 기름이기 때문에 사용하지 않을 수 없다. 세계 야생동물기금World Wildlife Fund은 팜유가 화장품, 비누, 세제뿐만 아니라 아이스크림부터 반려동물 사료에 이르는 온갖 가공식품과 '건강에 좋은' 단백질 바 등 이제 모든 소비재의 거의 절반에 사용되고 있다고 주장한다.

지난 6년간 식물성 기름에 대한 수요가 많이 증가했다. 유럽에서는 수입 팜유의 절반 이상이 차량용 바이오연료로 사용된다. 항공 산업도 '친환경'에 적극 나서면서, 바이오연료 수요는 늘어날 것이고 전 세계의 급속한 숲 감소 문제는 더 심해질 것이다. 위성 데이터 덕분에, 2020년 한 해에만 420만 헥타르의 원시 열대우림이 농업(주로 팜유와 대두)과 가축 사육을 위해 훼손되었다는 사실을 알 수 있다. 브라질에서만 170만 헥타르가 사라졌다 — 무려 6,563 평방 마일 거의 전부가 소고기 생산에 사용되었다. 이중 상당 부분은 반려동물 사료로 사용될 것이다. 이 정도 면적의 나무가 사라지면 지구 기후에 엄청난 영향을 미친다. 2020년 한 해에만 산림 파괴로 260억 톤의 이산화탄소가 배출되었다: 이는 세계 4위 이산화탄소 배출국인 인도의 연간 배출량과 거의 비슷하다. 아주 우연하게도 이 정도로 배출하면 지금까지 지구상에 나무 심기 캠페인으로 이뤄낸 모든 성과를 거의 완전히 물거품으로 만들어 버린다.

바이오연료와 마찬가지로, 에탄올은 그 자체에 환경 문제가 있다. 사탕수수를 재배하면서 흙과 비료 때문에 강이 오염되고 해안에 피해가 발생한다(그레이트 배리어 리프Great Barrier Reef의 일부 지역이 대표적인 피해 사례이다). 인간을 위해 설탕을 생산하는 데만 엄청난 양의 물이 필요하다. 정제 설탕 1파운드(454그램)를 만들려면 213갤런(805리터)의 물이 필요하며, 이는 티스푼당 약 3갤런(11리터)에 해당한다. 사탕수수 재배로 인해, 브라질의 대서양 숲Atlantic Forest(브라질 대서양 연안의 열대우림으로 유네스코 세계 문화 유산이자 브라질 남동부 대서양림 보호지역이다 - 옮긴이)은 원래 면적의 겨우 7% 정도만 남았다. 브라질의 에탄올 생산량은 전 세계 공급량의 39%를 차지한다. 사탕수수 재배만으로 현재 전 세계적으로 2,630

만 헥타르가 필요하다. 2015년 한 학술지 논문은 '사탕수수에서 추출한 에탄올의 낮은 이산화탄소 배출로 산림 파괴로 인해 추가되는 이산화탄소 배출을 "상쇄" 하려면 약 20년이 걸린다.'[1] 라고 주장했다. 모든 가공식품에서 설탕에 대한 수요는 엄청나고 계속 증가하기 때문에 그로 인한 지구의 자원 소모라는 또 하나의 문제가 생긴다.

미국에서 옥수수maize(미국에서는 콘corn이라고 부름)는 에탄올을 얻기 위해 널리 재배하는 잠재적 자원이었다. 2014년 기후변화에 관한 정부 간 협의체IPCC는 '바이오연료는 직접적인, 연료 주기 온실가스 배출량이 휘발유나 디젤보다 30%에서 90% 낮다.'라고 긍정적으로 발표했다. 그러나 이런 추산에는 숲을 파괴하고 토지 사용을 단일 작물 재배로 전환해 생태계와 생물 다양성에 미치는 간접 영향은 포함되지 않았다. 아마도 우리는 에탄올의 기후 혜택이 제로라고 추산한 국제지속가능발전 연구소International Institute for Sustainable Development의 판단에 귀 기울여야 할 것이다. 미국에서는 자동차의 배출량을 줄이고 모든 승용차와 소형 트럭의 기업 평균 연비 기준을 일본의 경우처럼 갤런 당 최소 40마일로 낮추는 것이 훨씬 저렴할 뿐 아니라 100배 더 효율적일 것이라고 덧붙였다. '개인의 자유'가 독특하게 정의된 미국에서 이런 일이 생길 가능성은 작다.

영국 독자들을 위해 추가로 설명하자면, 영국이 2030년 이후 휘발유 또는 디젤 신차 판매를 금지할 예정이라고 해서, 수백만 대의 기존 오염 차량이 갑자기 도로에서 사라질 것이라 기대해서는 안 된다. 그렇게 되지 않을 것이다. 하지만 기존 자동차가 서서히 사라지더라도, 그중 많은 차량은 폐기되지 않고, 자동차 배출 규제가 엄격하지 않은 더 더운 해외로 수출될 것이다.

# 참고문헌

### 원숭이는 어떻게 갇힌 걸까?

1. Clarkson, N., 'Amazon founder Jeff Bezos's £48m Gulf Stream has led a 400-strong parade of private jets into COP25', *Daily Mail Online* (1 Nov. 2021).

2. Crawford, N. C., Watson Institute for Public Affairs, Brown University, 2019 figure. https://watson.brown.edu/costsofwar/papers/ClimateChangeandCostofWar; accessed 18 Oct. 2022.

3. Wallace-Wells, D., 'Ten Million a Year', *London Review of Books*, 43:23.

4. Subin, A. D., *Accidental Gods* (Cambridge: Granta, 2021), pp. 133-4.

### 애완동물을 먹어라!

1. Horowitz, K., 'All That Meat in Pet Food Has a Big Environmental Impact', *Mental Floss*, 4 Aug. 2017, www.mentalfloss.com/article/503376/all-meat-pet-food-has-big-environmentalimpact;accessed 3 Dec. 2021.

2. https://thedogvisitor.com/; accessed 5 Dec. 2021.

3. BBC News, 1 Jan. 2022.

4. King, J., 'No traces of TB found in Geronimo the alpaca's dead body', *Guardian* (10 Dec. 2021).

5. Horton, I. and Abiona, J., 'Why that lockdown hot tub is money down the drain: Thousands of Britons now regret splashing out on

luxury items such as pizza ovens and gym equipment during Covid shut-ins, research shows', *Daily Mail* (8 Nov. 2021).

6. *Guardian* (3 Jan. 2022).

7. BBC News, 23 Oct. 2021.

8. www.mentalfloss.com/article/503376/all-meat-pet-food-hasbig-environmental-impact

9. https://www.pdsa.org.uk/pet-help-and-advice/looking-afteryour-pet/puppies-dogs/the-cost-of-owning-a-dog; accessed 21 Oct. 2021.

10. www.gminsights.com/industry-analysis/pet-care-market; accessed 19 Oct. 2022.

11. www.statista.com; accessed 8 Dec. 2021.

12. Pirie, T. J., Thomas, R. L. and Fellowes, M. D. E., 'Pet cats (Felis catus) from urban boundaries use different habitats, have larger home ranges and kill more prey than cats from the suburbs', *Landscape and Urban Planning*, Volume 220, Article 104338.

13. Gorvett, Z., 'The hidden reason processed pet foods are so addictive', *BBC Future, Beyond Natural*, May 2021, https://www.bbc.com/future/article/20210519-the-hidden-reasonprocessed-pet-foods-are-so-addictive

14. Ly, C., 'Domestic cats are driving parasitic infections in wild animals', *New Scientist* (30 Oct. 2021).

15. Ly, C., 'Dog waste may harm nature reserve biodiversity by fertilising the soil', *New Scientist* (12 Feb. 2022).

16. freshwaterblog.net; accessed 17 Nov. 2020.

17. AFP, 'Raw dog food "may be fuelling spread of antibiotic-resistant bacteria"', *Guardian* (10 Jul. 2021).

18. futuremarketinsights.com; accessed 10 Mar. 2021.

## 정원 가꾸기

1. *Private Eye*, issue 1561 (26 Nov.–9 Dec. 2021).

2. Gillam, C., 'Only two out of 11 herbicide studies deemed reliable', *Guardian* (26 Nov. 2021).

3. Carrington, D., 'Peat sales to gardeners in England and Wales to be banned by 2024', *Guardian* (18 Dec. 2021).

## 스포츠

1. Richards, G., 'Climate emergency accelerates F1's efforts to clean up its image', *Guardian* (26 Nov. 2021).

2. Stanton, J., Lockwood, D. and Gornall, K., 'Premier League. Should clubs stop flying to domestic matches?' *BBC Sport* (12 Nov. 2021).

3. Benson, A., 'Formula 1 launches a plan to become carbon neutral by 2030', *BBC Sport* (12 Nov. 2019).

4. Berners-Lee, M., 'What's the carbon footprint of … the World Cup?' *Guardian* (10 Jun. 2010).

5. 'Winter Olympics: Artificial snow could cause environmental damage – report', *BBC News* (26 Jan. 2022).

## 자동차와 비행기: 하이브리드, 전기, 수소 동력

1. Read, B., 'Testing sustainable technology', *Aerospace* (Dec. 2021).

2. Dron, A., 'Fuelling aviation sustainability', *Aerospace* (Jan. 2022).

3. Carrington, D., 'Car tyres produce vastly more particle pollution than exhausts, tests show', *Guardian* (3 Jun. 2022).

4. Schätzl, S., *Kronen Zeitung* (22 Dec. 2021).

5. Vaughan, A., 'A hydrogen fuel revolution is coming', *New Scientist* (3 Feb. 2021).

6. Uekckerdt, F., 'Potential and risks of hydrogen-based e-fuels in climate change mitigation', *Nature* (6 May 2021).

7. Harper, G., 'Recycling lithium-ion batteries from electric vehicles', *Nature* (6 Nov. 2019).

8. Widburg, A., 'Hunter Biden, China, electric batteries, and child slavery', *American Thinker* (21 Nov. 2021).

9. Coward, R., 'Streets ahead? What I've learned from my year with an electric car', *Guardian* (8 Jan. 2022).

10. BBC Cumbria News, 12 Dec. 2021.

11. Hadaway, S., 'RAF Fauld and the RAF munitions supply network', *RAF Historical Society Journal* 78 (2022), p. 28.2 7 8

## 패션 산업

1. UN Climate Change News, 6 Sept. 2018.

2. *Geographical* (Mar. 2021).

3. Australian Government figures: Department of Agriculture, Water and the Environment, 2021.

4. Syren, F., 'Cotton – one of the most pesticide-contaminated crops in the world', 1 Dec. 2017, zerowastefamily.com (20 Oct. 2022).

5. Author's lockdown interview with fieldwork student, 23 Nov. 2021.

6. www.oceancleanwash.org; accessed 20 Oc. 2022.

7. Pitcher, L., 'New Study links major fashion brands to Amazon deforestation', *Guardian* (30 Nov. 2021).

8. digitaltrends.com; accessed 20 Oct. 2022.

9. Hale, B., 'Shameful cost of your fast fashion', *Daily Mail* (28 Jan. 2022).

10. BBC News, 8 Oct. 2021.


## 군대의 탄소발자국

1. Ambrose, T., 'World's militaries avoiding scrutiny over emissions, scientists say', *Guardian* (11 Nov. 2021).

2. Sabbagh, D., '"Colossal waste". Nobel laureates call for 2% cut to military spending worldwide', *Guardian* (14 Dec. 2021).

3. Distel, Marshall essay on fossilfuel.com; accessed 15 Mar. 2020.

4. Ambrose, T., 'World's militaries avoiding scrutiny over emissions, scientists say', *Guardian* (11 Nov. 2021).

5. Neimark, B., Belcher, O., Bigger, P., 'US Military Pollution', *The Ecologist* (27 Jun. 2019).

6. Watson Institute for Public Affairs, Brown University, https://watson.brown.edu/costsofwar/; accessed 5 Jan. 2022.

7. Distel, Marshall essay on fossilfuel.com; accessed 15 Mar. 2020.

8. Karbuz, S., 'US Military Energy Consumption: Facts and Figures', https://www.resilience.org/stories/2007-05-21/us-militaryenergy-consumption-facts-and-figures/; accessed 7 Jan. 2022.

9. International Renewable Energy Agency: 'Biofuels for Aviation', https://www.irena.org/publications/2017/Feb/Biofuels-foraviation-Technology-brief; accessed 7 Jan. 2022.

10. Davies, C., worldbeyondwar.org, (2020); accessed 7 Jan. 2022.

11. Pirani, S., *Burning Up: A Global History of Fossil Fuel Consumption* (London: Pluto Press, 2018).

12. Bonnett, A., *The Age of Islands* (New York: Atlantic 2020), p. 43.

13. Dahr, J., 'Iraq's wars, a legacy of cancer', https://

www.aljazeera.com/features/2013/3/15/iraq-wars-legacy-of-cancer

14. Hambling, D., 'US arms maker ends production of controversial depleted uranum rounds', *New Scientist* (19 Feb. 2022).


## 즐거운 휴가: 에코 롯지와 크루즈

1. https://www.maharajaecodivelodge.com; accessed 10 Dec. 2021.

2. Randall, I., 'Scientists studying microplastics in Antarctica',*Daily Mail* (13 Dec. 2021).


## 휴대폰과 컴퓨터

1. Berners-Lee, M., 'What's the carbon footprint of ... using a mobile phone?' *Guardian* (9 Jun. 2010).

2. Adams, W. M., www.datacenterdynamics.com/en/opinions/power-consumption-data-centers-global-problem/; accessed 3 Feb. 2022.

3. *Private Eye* (12 Nov. 2021).

4. Globalwaste.org; accessed 10 Mar. 2022.


## 웰니스와 뷰티

1. Kale, S., 'Get shredded in six weeks!' *Guardian* (27 Jun. 2018).

2. Fisher, J., BBC.com, 15 Feb. 2022, quoting a York University study: 'Pharmaceutical Pollution of the World's Rivers', PNAS (2022).

3. Fuller, G., 'How much indoor air pollution do we produce when we take a shower?' *Guardian* (17 Dec. 2021).

4. *Miami Herald* (3 May 2021).

5. *Washington Post* (26 Dec. 2021).

## 개인의 자유 vs 지구

1. Shurk, J. B., 'The Four Horsemen of the Left's Artificial Apocalypse', *American Thinker* (7 Jan. 2022).

2. 'Hillary Clinton: "Cryptocurrencies have potential of undermining the dollar"', *Breitbart* (19 Nov. 2021).

3. Davies, R., 'Trading is gambling – no doubt about it', *Guardian*(15 Jan. 2022).

4. Lu, D., 'Bitcoin mining emissions in China will hit 130 million tonnes by 2024', *New Scientist* (17 Apr. 2021).

5. Milman, O., 'Bitcoin miners revived a dying coal plant', *Guardian* (18 Feb. 2022).

6. '"Tesla will no longer accept Bitcoin over climate concerns," says Musk', *BBC News Online* (13 May 2021), https://www.bbc.co.uk/news/business-57096305

7. Ibid.

8. Walker, B., 'At Satoshi's Tea Garden', *London Review of Books* (43:9), p.37.

9. de Vries, A. and Stoll, C., 'Bitcoin's growing e-waste problem', Resources, Conservation and Recycling, 153 (2021), https://doi.org/10.1016/j.resconrec.2021.105901

10. Wintour, P., 'No. 10 pressured me to drop anti-money laundering measures, says ex-minister', *Guardian* (15 Feb. 2022).

## 운송과 쇼핑

1. Griffiths, G. of S&P Global Platts, quoted Baraniuk, C., 'Why even giant ships can't solve the shipping crisis', *BBC News Online* (14 Sept. 2021).

2. Lanchester, J., 'Gargantuanisation', *London Review of Books*(43:8), p. 2.

3. Stratiotis, E., 'Fuel Costs in Ocean Shipping', https://www.morethanshipping.com/fuel-costs-ocean-shipping/; accessed 10 Mar. 2022.

4. Sparkes, M., 'Drones are "sniffing" ship exhaust for illegal fuel in European waters', *New Scientist* (9 Oct. 2021).

5. Woodcock, A., 'Brexit shift in trade away from EU "could double UK carbon emissions from shipping"', *Independent* (29 Oct. 2021).

6. Jones, N., 'Swabbing the decks', *New Scientist* (27 Nov. 2021).

7. Cleary, B., 'American teacher shares what shocked her about shopping in Kmart in Australia', *Daily Mail Online Femail* (26 Oct. 2021).

8. Choudhary, A., 'The Environmental Cost of Shipping: A Brief Explanation', 4 Aug. 2021, letclotheslivelong.org

9. Ibid.

## 주변을 살피는 원숭이

1. Chadwick, J., 'Meta is building the world's fastest AI SUPERCOMPUTER', *Daily Mail* (24 Jan. 2022).

## 부록 2 바이오연료

1. Sant'Anna, Marcelo, 'How green is sugarcane ethanol?', https://direct.mit.edu/rest/article-abstract/doi/10.1162/rest_a_01136/108835/How-Green-Is-Sugarcane-Ethanol?redirectedFrom=fulltext; accessed 22 Mar. 2022.

# 색인

한국어

**박명수** 옮긴이

영어라는 말과 글에 매료되어 학부에서 영어영문학, 대학원에서 통역과
번역을 전공해 오랜 기간 통번역사로 활동했다. 미국 텍사스 어스틴에서
영어교육학으로 박사를 취득하고, 현재는 상명대학교에서 강의와 연구를
하고 있다. 스스로를 '언어생태학자'라 부르는 그는 여전히 말과 글에
매료되어 책을 직접 쓰기도, 멋진 글을 번역하기도 한다.

최근 저서와 번역서:

악수, 지구 디톡스, 언어풍경, 생생시사영어, 통역의 이해, 영상번역의 모든 것,

# 스틱 멍키:
## 탐닉의 대가

1판 1쇄 발행 2025년 9월 24일

지은이    제임스 해밀턴-패터슨
옮긴이    박명수(상명대학교)
펴낸이    김연희
펴낸곳    로이트리 프레스(RoiTree Press)
주소      경기도 화성시 메타폴리스로 42, 902
홈페이지  http://www.roitree.co.kr
이메일    roitree01@gmail.com
출판등록  2021년 1월 13일 제2021-000004호

ISBN     979-11-994700-0-2 (03330)